# 中国国际战略评论
## 2021（上）

CHINA INTERNATIONAL STRATEGY REVIEW

世界知识出版社

图书在版编目（CIP）数据

中国国际战略评论. 2021. 上 / 王缉思主编. —北京：世界知识出版社，2023.3
ISBN 978-7-5012-6629-6

Ⅰ.①中… Ⅱ.①王… Ⅲ.①国际形势—研究—2021 ②对外政策—研究—中国—2021 Ⅳ.①D5 ②D820

中国国家版本馆CIP数据核字（2023）第029452号

| | |
|---|---|
| 策划编辑 | 袁路明 |
| 责任编辑 | 张怿丹 |
| 责任出版 | 赵 玥 |
| 责任校对 | 张 琨 |
| 封面设计 | 山 峰 |

| | |
|---|---|
| 书　　名 | 中国国际战略评论2021（上）<br>Zhongguo Guoji Zhanlüe Pinglun 2021 (Shang) |
| 主　　编 | 王缉思 |
| 出版发行 | 世界知识出版社 |
| 地址邮编 | 北京市东城区干面胡同51号（100010） |
| 电　　话 | 010-65265923（发行）　010-85119023（邮购） |
| 网　　址 | www.ishizhi.cn |
| 经　　销 | 新华书店 |
| 印　　刷 | 北京虎彩文化传播有限公司 |
| 开本印张 | 787毫米×1092毫米　1/16　12¼印张 |
| 字　　数 | 260千字 |
| 版次印次 | 2023年3月第一版　2023年3月第一次印刷 |
| 标准书号 | ISBN 978-7-5012-6629-6 |
| 定　　价 | 68.00元 |

版权所有　侵权必究

# 目 录

特 稿

## 全球化的时代逻辑与中国
裘援平 ............ 1

专题：新形势下的中国国际战略*

## * 中美网络空间危机管理
许蔓舒 鲁传颖 ............ 8

## * 试论中印关系战略稳定问题
宋德星 ............ 24

## * 中国和欧盟在西巴尔干地区如何相处
### ——关于帝国主义与主权主义的冲突
简军波 ............ 37

\* 中非合作论坛高等教育奖学金对非洲人力资本发展的启示：
　　"海归"的经验
　　　　风　空　祁嘉琳　　　　　　　　　　　　　　　52

\* 中国在全球气候治理中的角色成长
　　　　薄　燕　　　　　　　　　　　　　　　　　　71

\* "新形势下的中国国际战略研究座谈会"
　　暨第一期"北阁沙龙"嘉宾观点综述
　　　　张亦珂　　　　　　　　　　　　　　　　　　85


美国涉疆政策体系的新特点及发展趋势
　　　　康　杰　　　　　　　　　　　　　　　　　　98

对美国核军控行为的战略分析
　　　　石绍柱　　　　　　　　　　　　　　　　　　113

阿富汗和平进程的逆转与挑战
　　　　富育红　席　猛　　　　　　　　　　　　　　128

新冠肺炎疫情对印度政治、经济和对外战略的影响
　　　　刘宗义　　　　　　　　　　　　　　　　　　139

能源外交视角下的东地中海天然气开发与地缘博弈
　　　　张　林　马晓霖　　　　　　　　　　　　　　156

日本无核政策形成过程的新研究——《核武装与知识分子：
　　在内阁调查室诞生的无核政策》介评 ———————— 166
董聪利

非洲"政治社会"的能动性
　　——《非洲起义：民众抗议与政治变革》述评 ———————— 176
孟子祺

特　稿

# 全球化的时代逻辑与中国

裘援平

进入21世纪以来，世界经历了"9·11"事件、国际金融危机、气候变化、非典和新冠肺炎疫情等重大的全球性安全危机事件，这些事件犹如潮水般一浪接着一浪、一个盖过一个，不断挑战着国际社会应对共同危机的意愿，考验着人类是否有能力抵御这些挑战。特别是造成百年一遇公共卫生危机的新冠疫情，对全球的冲击力和影响力更是史无前例，再发达的国家在它面前也表现得十分脆弱。

纵观世界历史，科技与经济发展推动人类社会进步，战争与重大危机改变国际政治进程。这一个个重大危机事件及其带来的深刻变化，都在反复地提示我们，世界不仅处于百年未有之大变局，而且早已步入了全球化时代，需要关注国际形势复杂变化背后的时代变迁。

时代问题，既是哲学社会科学领域的重要理论问题，也是人类社会发展史上的重大现实问题。理论问题尚且不谈，仅从现实问题的角度出发，正确认识和把握时代的基本特征，以及构成特定时代且区别于其他时代的主要标志，是我们顺应历史发展、推动社会进步的重要前提。对时代的认定和表述，人们可以有不同标准和不同维度。在冷战后世界和平与发展的大时代背景下，要关注世界范围生产力和生产关系、经济基础和上层建筑发生的阶段性变化，用综合性标准揭示具有全局性影响和决定性意义的时代特征，把握时代变迁带来的机遇与挑战。人类社会发展是大的历史时期与阶段性演变的统一进程，不能停留在可能延续百年乃至永恒的大时代主题概念上。面对如此宏大的话题，历史学家、经济学家、社会学家各有各的叙事，本文仅从国际关系的视角出发，探讨全球化时代这个问题，以及中国与世界未来发展应有的时代逻辑。

任何时代的核心内容都是围绕着生存与发展展开的。全球化时代区别于其他

---

裘援平　全国政协常委、前国务院侨务办公室主任。

时代的核心内容，是把世界作为一个整体，以全人类的和平共存和共同发展为主题展开的。如果说哥伦布发现美洲大陆是地理世界延展至全球的划时代事件，那么全球经济一体化和社会高度信息化的发展，已经将今天的世界改造成紧密关联、难以分割的统一体。和平共存的内在要求，是在相互依存的国家之间，只能用和平与合作而非武力与对抗的方式，解决彼此间的矛盾和分歧，携手应对共同性问题和挑战；共同发展的内在要求，是利益交融的国际社会需要寻求利益分享和共同繁荣，促进世界整体性发展，而非零和博弈、恶性竞争。全球化时代作为一个新的时代，其基本特征有的还在持续演变，有的处在由量变到质变的转换之中，以"化"的形式呈现演进趋势，但不能因此忽略其核心内容和基本走向。时代的变化有其历史规律，必然要求人们的思维导向和战略策略做出相应调整，甚至是革命性转变，否则难以适应、驾驭和影响新的时代。对世界是如此，对中国也是如此。

目前看，全球化时代的阶段性特征和演进方向有以下六个方面。

第一，经济层面。经济一体化在全球范围达到相当程度，全球化成为世界经济社会发展的主导趋势。经济发展是人类社会发展最基本的动力，而经济全球化是冷战后国际政治经济演变的核心动力源。数百年来，科技革命推动经济全球化经历了三次浪潮。以蒸汽技术为标志的第一次科技革命，推动农耕文明转化为工业文明。以电力技术为标志的第二次科技革命，推动形成资本主义世界经济体系。以信息技术为标志的第三次科技革命，将大多数国家卷入经济全球化进程，形成各类要素自由流动的世界统一大市场，形成全球产业链、供应链、资金链、物流链大循环，建立起基于规则的全球经济、贸易和金融体系，世界经济从国际化、区域化向全球化发展。现在世界又迎来以数字化为特征的第四次科技革命。新冠肺炎疫情全球蔓延的背景下，网络通讯、数字技术、云经济、无接触服务等逆势上扬，5G、人工智能、基因工程、量子科学等科技创新，各种新技术、新业态、新模式不断出现，工业经济向数字经济加快转型，深刻改变着人类生产和生活方式，影响着各国和世界的前途命运，成为国际竞争的战略焦点。在过去的几个世纪里，历史没有给世界大家庭所有成员提供公平竞争的机会。而随着以发达国家为中心的等级制国际分工体系瓦解，广大前殖民地和发展中国家凭借各自的自然禀赋和比较优势，不同程度地参与或融入经济全球化进程，在市场规律和开放政策的作用下，实现了前所未有的快速发展，发达国家垄断全球化收益的能力相对减弱，利益格局出现新的变动。

经济全球化也必然存在种种弊端，产生失衡问题，带来各种挑战，充满矛盾和竞争，应对不当更会加重不良后果，造成一体化与边缘化的巨大鸿沟。需要指出的是，我们看到的种种失衡、失序乃至危机状况，有些是全球化发展不平衡规律决定的，有些是应对全球化的方式和政策不当造成的。逆全球化、反一体化和保护主义、孤立主义风潮泛起，"退群""废约""脱钩"等举动，短期内可能造成局部损害或停滞倒退，但改变不了经济全球化在贸易投资自由化和区域一体化等多领域、多层次继续推进的大趋势，这是不以人们意志为转移的。

第二，社会层面。各国相互依存和全球共生系统生成，"地球村"效应日益扩大。经济全球化必然导致各国利益的交织融汇，数字经济更展现出非凡的联通效力，通过远程通讯、大众传媒、国际交易、投送系统和共享技术等，再加上大数据的计算能力，网络让人际关系和国际关系出现革命性变化，进而加快了社会和全球一体化整合步伐，经济全球化向各个领域渗透扩展。远的不说，瘟疫流行自古有之，而一场新冠肺炎疫情短短数月间能席卷全球，除极少数国家外，世界各国深陷其中，只要全球疫情未散，哪个国家也无法全身而退。这场公共卫生安全危机的影响被空前放大，让国际社会每个成员都真切看到了世界互联互通的社会生态圈，看到了一损俱损、一荣俱荣的人类共生系统，看到了世界整体性发展和"地球村"的大致面貌，也显示出人类社会已经进入相互依存、利益交融、荣辱与共、密不可分的全球化时代。在全球化时代的"地球村"中，这样的场景随时可能再现，人类命运共同体不再是虚无缥缈的畅想。

在一体化与边缘化并存的世界里，一面是工业化、现代化、科技化快速推进，人类文明高度物质化、数字化；另一面是经济社会发展停滞落后，基本生活物资缺乏保障，脱贫、教育、医疗、住房等仍是奢求，精神家园日益空虚，困扰人类社会的基本问题长期存在。人们在享受全球化带来的巨大好处的同时，也对世界未来的前途感到前所未有的困惑。

第三，政治层面。国际力量构成发生重大变化，世界格局真正具有全球意义。近现代国际关系史上，世界格局长期以欧美大国为中心和主角。进入21世纪，世界从单极独霸向多极化加速演变，新兴经济体和发展中国家群体性崛起，世界格局向南北均衡方向发展。

与历史上的多极格局不同的是，当下演进中的世界格局真正具有全球意义。全球化打破了利益集中垄断的局面，大国作为国际政治的主角，其构成及相互关系发生变化。大国成员增多、实力接近、利益交融、依存加深，合作应对全球性挑战的共同需求，以及对称和不对称军事力量的威慑作用，对大国间冲突对抗和战争形成有力制约，也促使各国更多从本国利益而非意识形态出发，以更大的务实性与灵活性权衡和处理国际关系。同时，国际力量也更加多元，各种国际力量的组合形式灵活多样。地区组织联合自强，区域合作机制众多，自贸区安排大量涌现，"利益联盟"应运而生，旧式同盟趋于松散，国际机构、跨国企业、网络媒体和非政府组织等行为体活跃，尤其是国际社会的整体性力量和影响上升。国际舞台角色多样化、国际权力分配日益分散化、国际关系走向民主化的趋势不断深化；单一国家独霸世界、强权政治主宰世界、集团势力割裂世界、多数国家被排除在外的历史正在远去，世界和各国有了更多的选择空间。

我们既不能再按自然科学的概念来理解"极"，也不能仅按大国及其相互关系来确定式样，更不能从极与极就是相互排斥与对抗的关系来认识。而要从多维多元意义上理解多极化，最重要的是看到国际力量对比朝着相对均衡的方向发展，以客观反映国际关系复杂变化的具体面貌和本质特征，避免掉入旧时代"大国均势""大国制衡"等思维窠臼。

第四，安全层面。全球性挑战日益增多，国际安全威胁重心转向普遍安全问题。全球化时代的安全问题越来越具有国际性和普遍性，即便是原有的传统安全问题，也须用全球化的思维寻求解决之道。我们看到，历史遗留的领土主权和海洋权益争端仍然是最敏感的安全问题，任何时候都可能成为焦点话题或导致紧张冲突；全球和区域大国的地缘战略角逐仍在持续，各类矛盾引发的局部冲突和热点问题不断；对意识形态和政治制度差异的偏见挥之不去，集团对峙、军事结盟和冷战热战等旧时代的旧机制、旧观念顽固不化。

与此同时，世界各国乃至整个人类共同面临的非传统安全问题大量产生，越来越成为各国和国际安全的核心问题。21世纪以来发生的几次世界性危机，无一不是非传统安全危机，涉及大规模杀伤性武器扩散、人类公共卫生健康和国际经济金融安全，此外还有气候变化、网络安全、恐怖主义、自然灾害、跨国犯罪、人口激增和大量迁徙、外空等战略新疆域、能源资源和粮食安全等挑战。通信技术革命、社交媒体发展、贫富差距拉大、环境日益恶化、瘟疫反复出现、战争毁灭性后果等让人们感到人类似乎已难以控制这个世界。非传统安全问题不是国家间的相互安全威胁，而是对整个国际社会的威胁。既涉及人类生存和发展问题，也与各国政治、经济、社会现实关联互动，还与传统安全问题交织缠绕。在全球化时代，无论传统和非传统安全问题，都不能仅从安全和一国角度出发予以应对，而是需要相关国家和国际社会勠力同心，以公正合理、标本兼治的方式来加以应对和治理。而冷战思维、零和博弈、意识形态偏见、集团式对抗和军事同盟体系等旧安全观和旧安全机制，显然与国际安全现状和时代发展方向格格不入，严重干扰破坏着国际合作、特别是大国安全合作。如果不加以改变，只会使世界陷入乱象丛生、纷争四起的险恶境地，最终导致一损俱损的悲惨结局。

第五，制度层面。全球治理成为国际议程的焦点，助推国际体系和国际秩序变革。国际关系的历史见证了多种国际体系和国际秩序，从威斯特伐利亚体系到维也纳体系，从凡尔赛—华盛顿体系到雅尔塔体系，依仗强权和霸权维持的国际秩序从来都无法造就长治久安。两次生灵涂炭的世界大战使人们认识到，广泛参与的多边机制是维护世界和平与稳定的基本保障，联合国的成立构建起基于规则的多边主义世界秩序。但随着全球化的深入发展，原有国际规则体系滞后于国际力量对比、国际安全性质和相互依存局面等时代变化，难以有力应对全球性挑战和有效管理全球性事务。近些年来，应对全球性问题和人类共同挑战的迫切需求，促使世界各国不同程度地参与议题式全球治理及相关机制，形成了应对气候变化的《巴黎协定》、防止核扩散的《伊核协定》等国际协定，催生出二十国集团等新兴治理机制，推动了经济金融、公共卫生、网络安全、跨国犯罪等领域的全球和区域治理合作，原有多边机制和规则的缺陷多少有所改善。特别是新兴经济体和发展中国家的参与，使多边主义秩序和治理体系更具有广泛代表性和全球意义，促使全球治理从强权掌控向广泛参与、全球共治的方向演进。

同时，推进全球治理的国际合作也受到单边主义和强权政治的干扰破坏。以实力获取本国优先权的政策宣示，以国家利益为名退出国际组织和国际契约的行为，以霸凌方式冲击国际体系和解决自身问题的图谋，其基本逻辑是：只要退回到大国权力政治、国家中心主义和极端民族主义的过去，全球性问题就会自行解决。这不仅是认知上的严重谬误，更是将世界推到前进还是后退的十字路口。

第六，文化层面。全球化与逆全球化两大思潮的交锋，成为影响世界未来走向的主导性话题。在不同文明文化、民族种族、宗教信仰、意识形态和社会制度组成的国际社会中，如何实现包容互鉴始终是一个重大课题。主义之争、制度之争、意识形态之争，导致国际社会的长期撕裂和集团对抗。随着全球性问题的涌现和全球治理需求的增多，共同安全和可持续发展成为世界关注的主题，全球化、全球治理、世界秩序成为重要辩题，如何应对和适应全球化的发展，更成为各国和国际社会探索的重点，随之产生了两种尖锐对立的社会政治思潮。

一种是在全球化引领国家出现的反全球化和逆全球化浪潮，这在一些国家的国际战略、内外政策和实践层面都有体现。在国际政治领域表现为权力政治、国家中心主义和极端民族主义的回潮，在经济和社会领域强调民族国家至上、本国利益至上、国家实力至上的民粹主义、保护主义、反一体化、反自由贸易、排外主义等兴起，它们形成一种运动式的强势负面力量，成为解决全球性问题的严重障碍。

另一种是全球化时代诞生的全球治理新理念、新实践。国际金融危机和新冠肺炎疫情防控等全球性挑战，暴露出原有主导性制度模式的弊端和局限性，引发各国政界和思想界的集体反思。到底什么样的制度模式、治理体系和世界秩序更适应全球化时代，更具有抵御各种风险挑战的能力？早在现代意识形态冲突出现前就产生的"治理"概念，以超越意识形态和制度差异的客观视角，考察和处理政府与社会、国家与国际秩序的关系问题，被世界各国广泛接受。社会治理、国家治理、区域治理和全球治理理念在拓展，相关研究成果和实践探索陆续推出。习近平主席提出的构建人类命运共同体，国际上出现的"创建全球社会""创立全球国际关系学""管理全球公域"，以及种种国际新秩序主张不断出现，呼唤着、回应着全球化时代的全球治理、秩序重塑和共同价值。这些新理念、新探索的基本前提和总体思路，是对全球化和多极化的感悟，是对世界整体性发展和对"地球村"的关注，是对人类基本伦理和自然法则的坚守，是对国际合作解决全球性问题的思考，突破了传统意识形态和制度竞争的狭隘眼界，是以世界主义情怀超越国家主义观念的追求。

这两种全球观和世界观的根本差异在于，在全球化时代，是笃信动物世界弱肉强食、零和博弈的丛林法则，还是寻求人类社会基于共同利益的合作共赢。这是全球化时代国际关系和世界秩序的核心问题，需要在尊重差异性和多样性的基础上，以人类共有的利益诉求和价值取向，为世界整体和国际社会提供应对全球性问题的解决方案、维持世界秩序所需的制度框架。

中国这样一个拥有世界五分之一人口的发展中大国，能够通过改革开放实现快速发展，根本原因之一，就在于认清了世界潮流，顺应了时代大势，抓住了发展机遇。四十多年前，当认识到和平与发展已取代战争与革命成为时代主题和世界潮流时，中国毅然告别了以阶级斗争为纲的政治斗争和封闭状态，将工作重心转向经济和现代化建设，推行改革开放的基本国策，参与经济全球化和区域合作，充分利用两种资源、两个市场实现转型发展，从国际体系的旁观者成为参与者和贡献者。四十多年后的今天，中国再次看到世界呈现的百年未有之大变局，透过变局乱局危局的表象，紧盯全球化时代发展的大趋势，始终保持战略清醒、战略定力和战略前瞻。在纷乱复杂的国际环境中，坚持顺应世界和平与发展潮流，走和平发展和合作共赢道路，首先做好自己和自己的事情，顾及外部世界对中国崛起的感受，处理好与别国和人类共同利益的关系。坚持顺应经济全球化和区域一体化趋势，全面深化改革、扩大对外开放，把新时代改革开放和"一带一路"建设的制度设计同国际规则和全球治理衔接起来，在与世界和本地区融合共生中实现发展。坚持顺应世界多极化发展趋势，寓中国崛起于国际体系、区域合作和新兴力量群体之中，在与国际社会和世界各国充分合作而非一争高下中，发挥力所能及的建设性作用。坚持顺应国际关系民主化趋势，遵守法治原则、主权平等、对话协商等国际关系准则，做和平友善、可亲可敬但不可欺的文明大国，最大限度地扩大朋友圈，推动构建新型国际关系和人类命运共同体。坚持顺应文化多样化发展趋势，虚心学习和借鉴人类创造的一切优秀文明成果，拥抱属于全人类的共同价值，尊重别国选择自身道路的权利，不搞意识形态输出与竞争，在与各国交流交往交融中实现繁荣进步。坚持顺应全球化时代的全球治理需要，维护以联合国为核心的国际体系和以国际法为基础的国际秩序，遵循多边主义和共商共建共享原则，不谋求领导和主导，超越对抗性竞争，顾及彼此安全利益，在相互尊重和平等基础上和平解决争端，与国际社会共同应对全球性挑战，携手推进治理体系和国际秩序的改革建设。

面向后疫情时期，中国对未来五至十五年的发展做出新的规划部署，开启了高质量发展的新阶段。为适应新形势新要求，提出了构建以国内大循环为主体、国内国际双循环相互促进的新发展格局，愿意商签高标准的自由贸易协定，以更有效率地实现内外市场联通、要素资源共享、发展质量提升，为世界提供更大的中国市场，为国际社会注入更多的发展能量。

有人说中国的战略不透明、不清晰，那是因为他们没有看到，中国的国家战略规划是以科学判断形势、因应世界潮流为前提和依据的。认清了历史逻辑，把住了时代脉搏，也就找到了了解中国国家战略的钥匙。尽管中国崛起的外部环境并不宽松，对外关系中的矛盾和分歧长期存在，面临的风险、挑战和阻力重重，但是中国始终笃信"世界潮流浩浩荡荡，顺之者昌，逆之者亡"的铁律，将坚定地站在历史正确的一边。新时代，中国更会以天下观天下、从世界看中国，秉持国际社会成员和世界公民的身份，以全球化时代的新视野，内外兼修，与世界各国一道，在开放中创造机遇，在发展中破解难题，在合作中应对挑战，充分融入时代发展进步的潮流之中。

专题：新形势下的中国国际战略

# 中美网络空间危机管理

许蔓舒　鲁传颖

**内容提要**：随着以互联网为代表的现代信息技术的迅猛发展，网络空间成为国家安全和国际竞争的新领域。网络空间冲突引发国家关系紧张、甚至走向全面对抗的危险不断上升。网络安全问题给中美关系带来了巨大的风险和隐患。回顾过去，中美网络空间的危机管理有成功的案例，也有失败的教训。当下，中美面临着战略意图误读、科技竞争意识形态化、缺乏战略默契的挑战。未来，中美两国需要共同努力，寻求达成网络空间危机管理基本原则的共识，充分发挥学术交流机制的作用，采取措施建立信任，为双方在网络空间危机管理中达成合作奠定基础。

**关键词**：中美关系　网络空间安全　危机管理

## 一、前言：理解网络空间危机管理

从20世纪90年代至今，以互联网为代表的现代信息技术在全球迅猛拓展，塑造并形成了人类活动的第二空间。在虚拟的网络空间中，国家间的较量此起彼伏，并日益走向常态化。不过，发生在网络空间的国家间对抗并不直接造成人员伤亡和损害，所呈现的冲突强度较低，远未达到战争迫在眉睫的危机程度。因此，即使是网络空间的军事行动也只是被划入战争门槛以下的冲突范围中。尽管总体处于低烈度有限对抗水平，但网络空间的对抗仍可能加剧国家间的紧张关系，甚至推动冲突双方走向全面对抗、甚至战争。

---

许蔓舒　上海国际问题研究院网络空间国际治理研究中心特聘研究员；鲁传颖　上海国际问题研究院网络空间国际治理研究中心秘书长、研究员。

首先，低烈度、高频度的网络恶意行动会加剧国家间的猜忌、不信任和安全困境。一方面，随着信息通信技术的快速发展和应用，网络空间与国家经济、社会治理、国家安全密切相联，网络空间安全对国家安全具有"牵一发而动全身"的作用。另一方面，通过网络空间，国家和非国家行为体具备了直接或者间接损害他国繁荣、安全和重要价值的能力。加之在网络空间采取行动的成本低、技术扩散迅速、非国家行为体数量庞大，难以确定源自一国的网络攻击的发动主体是谁及发动原因，因而也无法基于国际法向有关责任方进行追责。其次，低强度的网络恶意行动可以达成损害他国利益的战略目的，容易导致国家间关系陡然紧张。例如，网络信息可以影响一国选举结果；网络攻击可以破坏核设施的运行；通过破坏敌国的经济、通信、交通等关键基础设施的信息系统，网络攻击甚至能够提供比导弹更加致命的破坏能力。最后，网络空间的军事行动增加了触发现实世界战争的危险性。从军事上看，网络空间行动的最大优势在于，"无需在他国领土建立物理存在就可以实现火力投送"。[1] 跟传统的军事斗争方式相比，网络空间军事斗争的方式更加多样、隐蔽、灵活，更容易通过欺骗、重定向、系统设置等方式远程操控对手的网络空间目标，这些不仅增加了战争迷雾，而且降低了动用国家军事力量的门槛。

总之，网络空间的出现给国家间对抗提供了新的角力场。网络情报收集、关键基础设施攻击、信息影响行动、网络空间作战，成为网络空间国家对抗的主要行动样式。伴随着攻击与报复的循环往复，网络空间对抗的升级、外溢、失控的后果可能超出政治家的控制。在此背景下，网络空间危机管理也被"整合到一般意义下的危机管理架构、政策和计划中"。[2] 在国际问题研究中，危机管理的对象通常指的是国际危机，即"指两国或多国的对抗，通常会包括参与方所感受到的爆发战争的可能性急剧增加的一小段时期"；[3] 危机管理的任务是"在危机中采取减少战争风险的克制措施"。[4] 换言之，在国际政治的语境下，危机管理是综合运用外交、军事、经济等方式，对危机进行控制和处理的行为，其目的是为了避免危机失控或者引发战争，确保危机能在国家重大利益不受损害的前提下得到和平解决。依照此思路，网络空间的危机管理可理解为：对可能导致国家间关系紧张、武装冲突、甚至战争的网络行动或事件进行控制和处理，目的是防止发

---

[1] U.S. Joint Chiefs of Staff, "Joint Publication 3-12: Cyberspace Operations," p. XII, https://fas.org/irp/doddir/dod/jp3_12.pdf, 2021-06-02.

[2] Panagiotis Trimintzios, Roger Holfeldt, Mats Koraeus, Baris Uckan, Razvan Gavrila, and Georgios Makrodimitris, "Report on Cyber Crisis Cooperation and Management: Comparative Study on the Cyber Crisis Management and the General Crisis Management," European Union Agency for Network and Information Security, November 2014, p.10, https://www.enisa.europa.eu/publications/ccc-study, 2021-05-09.

[3] Phil Williams, *Crisis Management: Confrontation and Diplomacy in the Nuclear Age*, Martin Robertson & Co. Ltd., 1976, p.25.

[4] Gilbert R. Winham, ed., *New Issues in International Crisis Management*, Westview Press, 1988, p.15.

生在网络空间的国家间对抗发生升级和外溢，避免引发现实世界的战争。

网络空间危机管理是国际危机管理的新发展。国际社会对网络空间危机管理的理解继承了传统国际危机管理的有关概念，包括目标与手段；遵循危机预防、危机控制和危机降级等阶段的划分；试图通过危机预防、建立信任、军备控制、谈判和国际调停，以及危机处理、恢复重建等方面的工作，加强对国家在网络空间激烈对抗的事前、事中和事后管理。但是，网络空间的虚拟性、匿名性和军民两用性，以及网络冲突的低烈度、高频度等特征，使得网络空间危机管理有着自己的特殊性，其"任务的拓展、时间线的延长、行为体的增加使得危机管理工具的有效协调成为紧急的优先事项"。[1]

在实践中，网络空间危机管理已经成为国际军控领域的新议程，得到了一些国际组织和学术研究机构的关注。例如，联合国裁军研究所（United Nations Institute for Disarmament Research, UNIDIR）建立了"网络稳定"项目，并组织召开年度性会议探讨加强网络空间危机管理。人道主义对话中心（Center for Humanitarian Dialogue）自2019年关注网络安全威胁对国际安全的影响，希望通过对话找到信任建立措施及其操作指南，帮助减少网络大国之间的紧张关系和不信任。美国麻省理工大学计算机科学和人工智能实验室于2016年发起了"网络军事稳定圆桌会议"，旨在通过召开"1.5轨道"的研讨会，汇集美国、中国、俄罗斯等国的学者、智库和政府官员，共同探讨如何减少网络风险，促进国际和平与安全。

本文将中美网络空间危机管理定义为：对可能导致中美两国关系紧张、武装冲突甚至战争的网络事件进行控制和处理，目的是管控中美两国网络空间分歧，降低可能引发中美两国关系恶化甚至走向全面对抗的网络风险。通过分析中美网络空间危机管理的实践和面临的主要挑战，笔者希望找到可行的途径，减少中美在网络空间中的不信任，促进两国建立更为稳定的网络安全关系。

## 二、中美网络空间对抗与危机管理的历史回顾

中美两国经历了多次网络空间冲突，网络安全问题给中美关系带来了巨大的风险和隐患。中美网络空间危机管理有成功的案例，也有失败的教训。通过回顾

---

[1] Christian Mölling, "Comprehensive Approaches to International Crisis Management," *CSS Analyses in Security Policy*, Center for Security Studies (CSS), ETH Zurich, p. 1, https://css.ethz.ch/content/dam/ethz/special-interest/gess/cis/center-for-securities-studies/pdfs/CSS-Analyses-42.pdf, 2021-05-09.

历史，本文旨在找出中美网络空间危机管理可以吸取的经验和教训。

## （一）克林顿和小布什执政时期

20世纪90年代，美国总统克林顿在国内开启"信息高速公路"计划，同时推动互联网在全球扩张和拓展。小布什执政时期，美国在网络空间的战略重心旨在加强关键基础设施保护，侧重于从国内安全角度审视网络安全。中国于1994年正式接入国际互联网，信息化起步虽晚但发展迅速，到2008年中国网民数首次超过美国，居世界第一。[1] 从总体实力看，彼时美国的信息技术及产业规模在全球遥遥领先，中美两国的网络实力对比差距明显。同时，在克林顿和小布什执政期间，中美涉及网络的交集较小，因而两国的网络安全矛盾并不突出。

## （二）奥巴马执政时期

奥巴马执政时期，中美之间涉网议题逐渐增多，争议集中在网络安全审查、网络窃密等网络空间上，即具体的网络管理措施或网络空间活动。其间围绕网络间谍问题，中美发生了激烈的较量。所幸在高层的直接努力下，两国成功地对这一网络空间危机进行了有效管理，建立了网络安全对话机制，稳定了双边关系。

奥巴马政府强调"互联网自由"，借信息自由流动之名，反对其他国家的互联网公共政策，"要求其他国家向美国企业开放市场，把美国的互联网企业推向全球"。[2] 中国在2010—2020年进入移动互联网时代。当网络作为交流平台的社会价值不断显现、互联网的规模效应足以影响国家安全时，中国采取了必要手段对国内出现的互联网问题进行监管。但在美国看来，互联网是自由贸易、言论自由、信息和经济交流的平台，中国的网络安全审查政策与美国的价值观相冲突。脸书（Facebook）、推特（Twitter）被限制，谷歌（Google）退出中国等事件也反映了中美在网络治理上的观念差异。尔后，伴随着美国对华为等中国高科技企业的安全审查和打压，美国政府、企业、媒体、学界大肆渲染和指责中国针对美国的网络窃密行动，中美的网络间谍争端开始升级，一度上升到国家间的激烈较量。

此次争端源起于2013年2月美国曼迪昂特公司（Mandiant）发布的一份报告，该报告指责中国军方直接参与针对美国企业、政府及重要基础设施的网络入侵活动。[3] 这是有史以来首份直接点名中国"网络间谍"问题的研究报告。同年6月，

---

[1] 中国互联网络信息中心(CNNIC):《中国网民数量首次超过美国》,《北京日报》, 2008年7月25日, https://it.sohu.com/20080725/n258380068.shtml, 2021年5月19日登录。

[2] 鲁传颖:《奥巴马政府网络空间战略面临的挑战及其调整》,《现代国际关系》,2014年第5期, 第57页。

[3] Jim Finkle, "Mandiant Goes Viral after China Hacking Report," Reuters, February 23, 2013, https://www.reuters.com/article/net-us-hackers-virus-china-mandiant-idUSBRE91M02P20130223, 2021-05-09。

"棱镜门"事件[1]曝光美国情报机构对中国实施了长期的、大范围的网络监听活动。基于构建新型大国关系的共识,[2] 2013年6月8日,中美两国元首首次就网络安全问题开展对话,网络议题由此纳入中美战略与经济对话中。尤其值得一提的是,在该对话机制下,双方于2013年7月成立中美网络安全工作组并举行了第一次会议,而且双方都认可该工作组是两国网络安全问题双边对话的主平台。[3]

2014年,中美网络间谍争端开始升级。2014年5月,美国司法部以网络窃密为由起诉5名中国军官。对此,中国外交部迅速做出回应,表示强烈愤慨和坚决反对,要求美方撤诉,并随后中止了中美网络安全工作组对话。至此,中美网络安全关系跌至冰点。随后,双方围绕网络间谍问题的争端进入僵持阶段。2014年9月,中国银监会等部门联合发布《关于应用安全可控信息技术加强银行业网络安全和信息化建设的指导意见》;同年12月,中国银监会与工信部联合发布《银行业应用安全可控信息技术推进指南(2014—2015年度)》,要求中国金融机构提高信息系统的自主可控率,以加强行业安全可控信息技术以及网络安全的建设;2015年3月,中国拟议《反恐怖主义法(草案)》(以下简称《反恐法》),要求企业为有关部门依法防范调查恐怖活动提供技术接口和协助。对此,美国一些官员及西方商业团体认为中国的《反恐法》,包括新出台的上述银行业监管规定,对外资企业构成了不公平的监管压力。[4]

2015年,中美网络间谍争端继续恶化。5月16日,天津大学张浩教授在洛杉矶入关时被捕,被当地法院以涉嫌经济间谍罪起诉。[5] 6月底,美国联邦人事管理局称其计算机网络遭到攻击,包括2100多万美国人的社保号码和其他个人信息被盗取。美方将上述网络攻击事件跟中国联系起来,认为是中国对美国采取的

---

1 2013年6月,前美国中央情报局(CIA)职员爱德华·斯诺登(Edward Snowden)将两份绝密资料交给英国《卫报》和美国《华盛顿邮报》。6月5日,英国《卫报》披露美国国家安全局有一项代号为"棱镜"的秘密项目,要求电信巨头威瑞森通信公司必须每天上交数百万用户的通话记录。6月6日,美国《华盛顿邮报》披露称,过去6年间,美国国家安全局和联邦调查局通过进入微软、谷歌、苹果、雅虎等9大网络巨头的服务器,可以对即时通信和既存资料进行深度监听。

2 Caitlin Campbell and Craig Murray, "China Seeks a 'New Type of Major-Country Relationship' with the United States," U.S.-China Economic and Security Review Commission Backgrounder, June 25, 2013, p. 4, https://www.uscc.gov/sites/default/files/Research/China%20Seeks%20New%20Type%20of%20Major-Country%20Relationship%20with%20United%20States_Staff%20Research%20Backgrounder.pdf, 2021-05-19.

3 参加中美网络安全工作组的中方官员来自中国外交部、国防部、公安部、工业和信息化部、商务部、国务院新闻办公室等部门;美方官员来自美国国务院、国防部、国土安全部、司法部、财政部、商务部、联邦调查局及总统国家安全事务委员会等部门。Office of the Spokesperson of the U.S., "U.S.-China Strategic and Economic Dialogue Outcomes of the Strategic Track," July 12, 2013, https://2009-2017.state.gov/r/pa/prs/ps/2013/07/211861.htm, 2021-05-19.

4 Ben Blanchard, "China Passes Controversial Counter-terrorism Law," Reuters, December 28, 2015, https://www.reuters.com/article/us-china-security-idUSKBN0UA07220151228, 2021-05-19.

5 Lindsay Dunsmuir, "U.S. Charges Six Chinese Nationals with Economic Espionage," Reuters, May 20, 2015, https://www.reuters.com/article/us-usa-china-theft-idUSKBN0O41PP20150520, 2021-05-19.

报复行为。时任美国国家情报局局长克拉珀（James Clapper）在国会听证会上称，中国是袭击的"主要嫌疑犯"，并补充说，鉴于"入侵"的困难，"必须向中国人致敬，因为如果我们有这样的机会，我们也不会犹豫的"。[1] 2015年习近平主席访美前夕，美国媒体释放消息称"美国酝酿制裁因网络窃密而受益的中国实体和个人"，[2]而且美国国内出现了中止中美元首会晤的声音。[3]至此，中美网络安全关系已经剑拔弩张。

在中美两国元首的直接指示下，两国特使围绕网络安全问题进行了互动。2015年8月30日，时任美国总统国家安全事务助理赖斯（Susan Rice）访华，与中方谈到了包括网络安全在内的一系列敏感问题，但是，两国官员在记者面前并没有提及任何在网络攻击方面的分歧。[4] 9月9日，习近平主席特使、中共中央政治局委员、中央政法委书记孟建柱访美。9月11日，中美双方对外宣布就网络安全的突出问题达成重要共识；[5]同日，美国总统奥巴马到米德堡军事基地发表讲话，称中国针对美国的"网络攻击""无法接受"，"我们可以选择在这一领域展开竞争——我保证，只要我们想赢，就一定能赢。"不过，"还有另外一种选择，我们可以达成某种共识，确认网络战无益于任何一方，然后建立某些基本的行为准则。"[6] 9月22日，习近平主席访美。在四天行程中，习近平在四个不同场合

---

[1] Kristin Finklea, Eric A. Fischer, Susan V. Lawrence, and Catherine A. Theohary, "Cyber Intrusion into U.S. Office of Personnel Management: In Brief," Congressional Research Service, July 17, 2015, p. 2, https://digital.library.unt.edu/ark:/67531/metadc743551/m1/1/high_res_d/R44111_2015Jul17.pdf, 2021-05-19.

[2] Ellen Nakashima, "U.S. Developing Sanctions against China over Cyberthefts," *The Washington Post*, August 30 2015, https://www.washingtonpost.com/world/national-security/administrationdeveloping-sanctions-against-china-over-cyberespionage/2015/08/30/9b2910aa-480b-11e5-8ab4-c73967a143d3_story.html, 2021-05-09.

[3] Nick Gass, "Susan Rice Headed to China Later This Week,"Polling Center, August 25, 2015, https://www.politico.com/story/2015/08/susan-rice-to-china-121714, 2021-05-19.

[4] Edward Wong, "National Security Adviser Meets With Chinese President Before His U.S. Visit," *The New York Times*, August 28, 2015, https://www.nytimes.com/2015/08/29/world/asia/susan-rice-xi-jinping-china.html, 2021-05-09.

[5] 2015年9月9日至12日，习近平主席特使、中共中央政治局委员、中央政法委书记孟建柱，率公安、安全、司法、网信等部门有关负责人访问美国，同美国国务卿克里、国土安全部部长约翰逊、总统国家安全事务助理赖斯等举行会谈，就共同打击网络犯罪等执法安全领域的突出问题深入交换意见，达成重要共识。"U.S., Chinese Officials Meet on Cyber Security Issues: White House," Reuters, September 13, 2015, https://www.reuters.com/article/idUSKCN0RC0S420150913, 2021-05-09；《孟建柱访美就共同打击网络犯罪开展执法合作》，新华网华盛顿2015年9月12日电，http://www.xinhuanet.com//world/2015-09/12/c_1116543523.htm，2021年5月19日登录。

[6] "Obama: China Cyber Attacks 'Unacceptable'," BBC News, September 12, 2015, https://www.bbc.com/news/world-us-canada-34229439, 2021-05-09.

谈论了互联网问题,包括《华尔街日报》书面采访[1]、西雅图欢迎晚宴[2]、中美互联网论坛[3]以及两国元首会晤[4]。访美期间,习近平反复强调,中美之间要合作,不要对抗。9月25日,中美双方就网络安全问题达成重要共识,[5] 标志着一度白热化的中美网络对抗缓和下来。双方达成了标志性的协定,两国政府[6]承诺均不得从事或者在知情情况下支持网络窃取知识产权,承诺不将关于外资的国家安全审查范围泛化。除此之外,双方决定在网络安全信息共享、网络犯罪调查、网络空间国家行为规范等领域开展合作。

> 奥巴马执政时期,中美网络间谍争端的解决被广泛认为是一个成功的网络空间危机管理案例。此次危机的化解直接得益于中美双方首脑的直接努力,而根源在于中美在战略上互有需求。

奥巴马执政时期,中美网络间谍争端的解决被广泛认为是一个成功的网络空间危机管理案例。此次危机的降级和平息直接得益于中美双方领导人的直接努力,而危机管理成功的根源在于中美在战略上互有需求。双方需要在经济增长、地区稳定和气候变化等议题上持续合作。中美两国的决策者并不希望网络问题脱离中美关系的正常轨道,或干扰中美在其他广受关注的问题上的合作。[7]

此次危机缓和之后,中美加强了两方面的合作,使得中美网络争端在奥巴马执政后期,基本处于可控状态。一是建立了中美打击网络犯罪及相关问题的高级别联合对话机制。[8] 在2015年到2017年的三次对话中,第三次联合对

---

1 《习近平接受〈华尔街日报〉采访》,新华网,2015年09月22日,http://www.xinhuanet.com/world/2015-09/22/c_1116642032.htm,2021年5月19日登录。

2 《习近平出席西雅图参加欢迎宴会并发表演讲》,央广网,2015年9月23日,http://china.cnr.cn/NewsFeeds/20150923/t20150923_519951619.shtml,2021年5月19日登录。

3 《习近平出席中美互联网论坛:中国倡导建设和平、安全、开放、合作的网络空间》,央广网,2015年9月24日,http://china.cnr.cn/gdgg/20150924/t20150924_519955675.shtml,2021年5月19日登录。

4 《习近平:增强中美战略互信,推动中美新型大国关系不断向前发展》,新华社,2015年9月25日,http://www.gov.cn/xinwen/2015-09/25/content_2938968.htm,2021年5月19日登录。

5 《习近平主席对美国进行国事访问中方成果清单》,新华社,2015年9月26日,http://www.gov.cn/xinwen/2015-09/26/content_2939210.htm,2021年5月19日登录。

6 Elizabeth Thomas, "US-China Relations in Cyberspace: The Benefits and Limits of a Realist Analysis," *E-International Relations*, August 28, 2016, p.3, https://www.e-ir.info/2016/08/28/us-china-relations-in-cyberspace-the-benefits-and-limits-of-a-realist-analysis/, 2021-05-09.

7 Tang Lan, and Adam Segal, "Reducing and Managing U.S.-China Conflict in Cyberspace," *NBR Special Report* no. 57, April 15, 2016, p.45, https://www.nbr.org/wp-content/uploads/pdfs/publications/special_report_57_us-china_april2016.pdf, 2021-05-09.

8 在中美打击网络犯罪及相关问题的高级别联合对话机制中,中方代表来自中央政法委、公安部、外交部、工业和信息化部、国家安全部、司法部和国家互联网信息办公室;美方代表来自司法部、国土安全部、国务院、国家安全委员会和美国情报机构。U.S. Department of Justice, "First U.S.-China High-Level Joint Dialogue on Cybercrime and Related Issues Summary of Outcomes," December 2, 2015, https://www.justice.gov/opa/pr/first-us-china-high-level-joint-dialogue-cybercrime-and-related-issues-summary-outcomes-0, 2021-05-09.

话被认为是一个里程碑,[1] 双方同意建立网络安全高级专家组讨论网络空间国际规范,[2] 并启动了打击网络犯罪的中美热线。[3] 这一机制使得中美在网络领域建立起了工作层级的沟通渠道。二是中美互联网企业签约了大量的合作项目,包括微软和中国电子科技集团公司共同开发中国政府版 Windows 10 操作系统,微软和百度共同开发 Windows 10 搜索引擎,思科和浪潮共同开发云服务,易安信(EMC)和联想在数据存储项目上的合作,以及甲骨文和腾讯在数据库项目上的合作。双方互联网企业的深度合作对中美网络空间关系起到了压舱石的作用。

### (三)特朗普执政时期

特朗普执政时期,中美网络争端扩展到信息和通信技术产业(Information and Communications Technology, ICT 产业),包括相关的技术、产品和服务。在这一时期,中国进入产业互联网时代。中国政府提出"以信息化驱动现代化,建设网络强国",[4] 致力于"推动互联网、大数据、人工智能和实体经济深度融合"。[5] 特朗普上台后将中国界定为"战略竞争者",确定了"全政府"对华竞争策略,对华发动贸易竞争,同时综合利用经济、法律、外交、安全等政策工具加大在科技领域对中国的打压,推动在科技、产业方面与华"脱钩",限制中国高科技产业的发展。在此背景下,两国在信息和通信技术领域爆发了激烈的斗争。

2018年8月,美国商务部以损害国家安全为由,对参与军民融合的中国科技企业采取出口管制、限制进口、扩大投资审查、撤销运营牌照、强制出售等经济制裁措施,严重影响了企业的正常运营;11月,美国司法部发布"中国行动计划",对中国所谓"商业间谍行为"展开重点执法及调查活动,同时调查美国高科技产业受到中国对其进行投资并购的威胁、美国高科技企业供应链安全受到的威胁和出现"非法代理人"的情况。2020年,美国政府在"清洁5G"倡议的基

---

[1] U.S. Department of Justice, "Third U.S.-China High-Level Joint Dialogue on Cybercrime and Related Issues," December 8, 2016, https://www.justice.gov/opa/pr/third-us-china-high-level-joint-dialogue-cybercrime-and-related-issues, 2021-05-09.

[2] U.S. Department of Justice, "Second U.S.-China Cybercrime and Related Issues High Level Joint Dialogue," June 14, 2016, https://www.justice.gov/opa/pr/second-us-cybercrime-and-related-issues-high-level-joint-dialogue, 2021-05-09.

[3] U.S. Department of Justice, "Third U.S.-China High-Level Joint Dialogue on Cybercrime and Related Issues," December 8, 2016, https://www.justice.gov/opa/pr/third-us-china-high-level-joint-dialogue-cybercrime-and-related-issues, 2021-05-09.

[4] 中共中央办公厅、国务院办公厅:《国家信息化发展战略纲要》,http://www.gov.cn/gongbao/content/2016/content_5100032.htm,2021年5月19日登录。

[5] 习近平:《决胜全面建成小康社会 夺取新时代中国特色社会主义伟大胜利——在中国共产党第十九次全国代表大会上的报告》,www.xinhuanet.com//politics/19cpcnc/2017-10/27/c_1121867529.htm,2021年5月19日登录。

础上追加"清洁互联网"计划,限制中国互联网企业开展海外业务。对此,中国外交部和商务部采取了相应反制措施;同时,中国强调依靠科技自立自强来确保产业链、供应链安全,强调建立"双循环"新发展格局。中美围绕信息和通信技术供应链安全争端的背后,实际是两国产业和技术上的竞争。

随着美国在信息和通信技术领域持续打压中国企业,双方在网络空间中冲突升级的风险不断增加。美国大幅调整国防部网络安全战略,提出了极具进攻性的"持续交手"(persistent engagement)和"前置防御"(defense forward)政策,[1]并且通过《2019财年国防授权法案》及2018年8月特朗普签署的关于"美国网络行动政策"的第13号国家安全总统备忘录,简化了国防部发起进攻性网络行动的审批程序。这不仅增加了中美军事部门间的敌意,也提高了双方在网络领域动用国家力量的可能性。

特朗普执政时期,中美在信息和通信技术领域的冲突是一个失败的危机管理案例。从危机管理的角度看,中美在信息和通信技术领域冲突不断恶化的原因有四点:一是美应对中方的战略定位具有强烈的对抗性。美国将大国竞争列为国家安全战略的首要关切,2017年12月的美国《国家安全战略报告》和2018年的美国《国防战略报告》都明确聚焦与中俄的大国战略竞争。[2]中国被视为挑战美国实力、影响力和利益,试图损害美国安全和繁荣的长期战略竞争对手。在此大背景下,美国担心中国的军事现代化,认为中国是美国在网络领域最主要的安全挑战者。[3]

二是网络安全问题的泛化。特朗普政府将网络安全问题与经济、贸易、科技、甚至意识形态捆绑在一起,使网络安全问题出现了前所未有的泛化和政治化。[4]当网络问题演变成政治问题,其解决必然需要政治意愿和议程。在美国将中国看作首要对手并对华采取极限施压策略的背景下,网络安全被特朗普用作与中国开展贸易战和科技战的抓手。在此情形下,美方难以产生控制中美在信息和通信技术领域冲突升级的意愿。

三是沟通渠道几乎全部中断。特朗普就任美国总统后,中美于2017年10月4日举行了首轮执法与网络安全对话。新机制延续了原有的打击网络犯罪相关事

---

[1] U.S. Cyber Command, "Achieve and Maintain Cyberspace Superiority: Command Vision for US Cyber Command," March 23, 2018, https://assets.documentcloud.org/documents/4419681/Command-Vision-for-USCYBERCOM-23-Mar-18.pdf, 2021-05-09.

[2] U.S. Congressional Research Service, "Renewed Great Power Competition: Implications for Defense—Issues for Congress," Updated March 4, 2021, https://crsreports.congress.gov/product/pdf/R/R43838, 2021-05-09.

[3] Lyu Jinghua, "Keeping China–U.S. Cyber Conflict off the Cards," January 11, 2019, Carnegie Endowment for International Peace, https://carnegieendowment.org/2019/01/11/keeping-china-u.s.-cyber-conflict-off-cards-pub-78124, 2021-05-09.

[4] 唐岚:《从政策演进轨迹分析拜登政府的"网络安全观"》,《中国信息安全》,2021年第2期,第77—80页。

项的高级别对话，但美方认为该机制无法将网络空间规范、信息和通信技术贸易等问题纳入其中。随着中美关系的恶化，中美之间的四个高级别对话机制，包括外交与安全对话、全面经济对话、执法与网络安全对话、社会与人文对话，都遭到特朗普政府单方面中断。中美之间的90多个政府间交流机制均处于休眠状态，[1] 这也加剧了双边误判和冲突升级的风险。

四是源于信息通信技术本身的特殊性。信息通信技术是构建网络空间的物质基础，当网络空间与现实世界加速融合时，信息通信技术客观上已经成为"地缘政治力量的来源"[2]。这种新的力量可以作用于经济、民用关键基础设施、民意（舆论），也可以影响军事系统。正如学者拉什·多希（Rush Doshi）和凯文·麦吉尼斯（Kevin McGuiness）认为，"对全球电信网络的控制是一种政治权力"，"争夺电信技术标准主导权决定了国家的网络领导权"。[3] 同时，以信息通信技术为代表的战略新兴技术将继续开辟人类生产生活的新方式，赋予经济发展以新动力，这方面的技术优势将转化为一国长期的经济优势和军事优势。美国国家人工智能安全委员会（NSCAI）向国会提交的2021年度最终建议报告指出："巨大的技术机会与战略脆弱性时刻保持一致。中国是一个拥有实力、人才和雄心的竞争对手，可以挑战美国的技术领先地位、军事优势和更广泛的世界地位。"[4] 当美国认为中国"处于人工智能、5G和量子计算等信息技术的前沿"[5] 时，遏制中国相关技术及产业发展，成为美国保持自身科技优势的必然选择。正因如此，中美在信息和通信技术领域的冲突不可能被成功管理。

---

1 The White House, "Remarks by President Obama and President Xi Jinping of the People's Republic of China After Bilateral Meeting," June 8, 2013, https://obamawhitehouse.archives.gov/the-press-office/2013/06/08/remarks-president-obama-and-president-xi-jinping-peoples-republic-china-, 2021-05-09.

2 Thomas F. Lynch III, ed., *Strategic Assessment 2020: Into a New Era of Great Power Competition*, National Defense University Press, 2020, p.139, https://ndupress.ndu.edu/Portals/68/Documents/Books/SA2020/Strategic-Assessment-2020.pdf?ver=-NTckVdG56-CfFYJ73PTgg%3d%3d, 2021-05-09.

3 Rush Doshi, and Kevin Mcguiness, "Huawei Meets History: Great Powers and Telecommunications Risk, 1840-2021," Brookings Institution, March 2021, pp.2-5, https://www.brookings.edu/wp-content/uploads/2021/03/Huawei-meets-history-v4.pdf, 2021-05-09.

4 National Security Commission on Artificial Intelligence, *Final Report: National Security Commission on Artificial Intelligence*, p.19, https://www.nscai.gov/wp-content/uploads/2021/03/Full-Report-Digital-1.pdf, 2021-05-09.

5 Martijin Rasser, and Megan Lamberth, "Taking the Helm: A National Technology Strategy to Meet the China Challenge," Center for a New America Security, January 2021, p.10, https://s3.us-east-1.amazonaws.com/files.cnas.org/documents/Taking-the-Helm_FINAL-compressed.pdf?mtime=20210113105310&focal=none, 2021-05-09.

## 三、中美网络空间危机管理未来面临的主要挑战

如何处理对华关系是拜登政府面临的重要议题。由于美国两党对"中国威胁"有着高度共识,拜登政府在"回归"正常外交时,仍然会继承特朗普政府对华政策的一些要素。当美国认为"中国对美国的每一个重大的国家利益都产生了深刻的影响"[1]时,网络空间可能演变为"大国竞争的另一个决定性的维度"[2],无疑将成为中美竞争的一个主战场。

在奥巴马执政时期,美国对华挑起网络间谍争端,反映了美国政府"基于对中国网络能力增长和网络安全战略选择的应对,特别是对中国提出的网络强国战略可能对美形成全面挑战的防范"。[3]在特朗普任内,中美网络关系受到贸易战、科技战和新冠肺炎疫情等诸多因素的挑战,呈现出高度竞争甚至是对抗的态势。由于网络安全与国家安全高度关联,拜登政府不会对特朗普政府的网络安全问题做出剧烈的调整,中美网络空间竞争的主基调不会发生本质变化。[4]

> 未来,中美网络空间博弈将继续围绕网络情报斗争、关键基础设施攻防、信息干预、网络力量对抗及国际规则制定展开,并更多体现为围绕供应链安全、知识产权保护、技术标准制定、信息和通信技术产业发展等方面的科技竞争。

总体而言,中美网络空间博弈将继续围绕网络情报斗争、关键基础设施攻防、信息干预、网络力量对抗及国际规则制定展开。同时,由于以信息通信技术为代表的新兴技术竞争成为中美战略竞争的重要组成部分,中美网络空间博弈将更多体现为围绕供应链安全、知识产权保护、技术标准制定、信息和通信技术产业发展等方面的科技竞争。从危机管理的视角来看,要防止中美网络空间竞争引发两国关系恶化、甚至走向全面对抗,中美两国还需要着力解决战略误解、争议政治化、沟通失灵等问题。中美网络空间危机管理未来面临的主要挑战包括:

首先,如何解读对方网络战略意图。网络安全是中美关系中的一项新议程。中美"在网络空间的相互不信任不断增加,并对彼此长期战略意图产生深深的负

---

[1] Washington International Trade Association, "The Longer Telegram: Toward a New American China Policy," January 28, 2021, p.6, https://www.wita.org/atp-research/new-american-china-strategy/, 2021-05-09.

[2] John Thornhill, "China is Setting itself up to Win Cold War 2.0," *Financial Times*, June15, 2020, https://www.ft.com/content/b6c5558e-ba0e-4381-b2b4-1acceb2ab484, 2021-05-19.

[3] 汪晓风:《中美经济网络间谍争端的冲突根源与调适路径》,《美国研究》,2016年第5期,第102页。

[4] 陈东晓、鲁传颖:《竞争但不失控:共建中美网络安全新议程》,上海国际问题研究院,2021年2月,第1页,http://www.siis.org.cn/Research/Info/5258,2021年5月9日登录。

面理解"。[1] 网络安全本身的复杂性及其所带来的深刻影响,使得传统的知识结构和认知模式都难以简单地应用到对对方网络战略的判断中。[2] 中国将信息和通信技术及其应用看作是经济发展的新引擎,希望以新兴技术促进经济发展,提高经济增长的质量。但美国对此有不同的理解,认为中国"要寻求在技术上超越美国,从而取代美国成为世界经济强国"[3];中国将"利用新兴技术实现其国家优势,使其他国家处于劣势"[4]。

中美在网络安全和军事安全的政策上存在差异。中国坚决反对将网络空间军事化,反对一切形式的网络战备,强调国防建设中的网络防御。[5] 但美国认为,中国网络力量发展"不透明",故意掩盖网络军事力量发展,意在利用网络空间的不对称优势给美国制造战略突袭;担心中国具有利用网络手段破坏美国太空资产、核武器系统的能力,与美构建类似核领域的相互威慑。对于美国公开承认拥有"世界上最成熟、最先进的网络军事能力",[6] 中方则认为,美国网络军事上的"透明"是一种展示实力的威慑手段。对于美军网络司令部提出的"前置防御"和"持续交手"战略概念,中国学者认为,其核心思想是美军网络作战力量要在网络空间与对手保持持续的对抗,采取持续的竞争性网络行动获得持续的战略优势。[7]

所有这些分歧和战略认知上的差距都会影响双方对彼此战略意图的判断,也决定了双方究竟有多大动力避免冲突的升级。

其次,如何避免科技竞争意识形态化。美方把网络黑客攻击、数据安全、新兴科技发展等问题与意识形态问题联系在一起,甚至认为中美在网络治理上的差异反映了两国意识形态和发展模式的不同,把这种差异夸大为"道路之争"。例如,2021年美国国土安全部发布的"应对中国威胁的战略行动计划",称中国采用灰色区域战略开辟新战场,从而对美国造成五个方面的不利影响,其中包括

---

[1] Kenneth Lieberthal and Peter W. Singer, "Cybersecurity and U.S.-China Relations," Brookings Institution, February 2012, p. IV. https://www.brookings.edu/wp-content/uploads/2016/06/0223_cybersecurity_china_us_lieberthal_singer_pdf_english.pdf, 2021-05-09.

[2] 鲁传颖:《中美关系中的网络安全困境及其影响》,《现代国际关系》,2019年第12期,第20—21页。

[3] Washington International Trade Association, "The Longer Telegram: Toward a New American China Policy," p.6.

[4] Samuel J. Brannen, Christian S. Haig, Katherine Schmidt, and Kathleen H. Hicks, "Twin Pillars: Upholding National Security and National Innovation in Emerging Technologies Governance," Center for Strategic & International Studies, January 23, 2020, p.3, https://www.csis.org/analysis/twin-pillars-upholding-national-security-and-national-innovation-emerging-technologies, 2020-05-09.

[5] 《新时代的中国国防》,中华人民共和国国防部,2019年7月24日。http://www.mod.gov.cn/regulatory/2019-07/24/content_4846424_3.htm,2021年5月19日登录。

[6] Cyberspace Solarium Commission, "Transition Book for the Incoming Biden Administration," January 19, 2021, p.10, https://www.solarium.gov/#h.jlr70j8saqnt, 2021-05-09.

[7] 鲁传颖:《保守主义思想回归与特朗普政府的网络安全战略调整》,《世界经济与政治》,2020年第1期,第67—68页。

"中国利用信息收集威胁美国公民隐私以及信息安全"[1]。而给中国的数字技术发展和治理贴上意识形态的标签[2]也很可能成为拜登政府继续压制中国科技公司的政策借口。

理论上，在危机中追求有限目标和使用有限手段是危机管理的两个政治要件，[3]而美方过度关注网络意识形态问题则与这两个政治要件背道而驰。一方面，意识形态化容易让对手感到其根本利益受到威胁，导致危机中双方突破原有的战略目标，推动冲突快速升级。另一方面，意识形态化容易导致己方在危机互动中反应过度，减少对网络行动的限制，扩大网络行动的范围，通过增加网络行动的频率来获得自身在网络安全领域的安全感。

最后，如何在网络空间竞争中达成战略默契（tacit agreement）。在参与制定"持续交手"战略的美国学者费舍尔凯勒（Michael P. Fischerkeller）看来，网络空间是一个特殊的战略竞争空间，介于作战的限制条件和低于战争门槛的作战行动之间。通过默许的竞争（tacitly agreed competition），竞争方可以找到不明说的可接受/不可接受的网络空间竞争行为，从而在达成不明说的君子协定的同时，小心地避免与武装攻击相当的行动。[4]但现实并未如美国政策制定者所愿。2019年6月，美国在俄罗斯电网系统里放置进攻性恶意软件，以防止俄罗斯在2020年美国大选时在美国的关键州实施选择性停电。[5]不过，按照美国的说法，2020年底俄罗斯黑客通过太阳风（Solarwinds）供应链网络攻击已经建立了打击美国电力、能源、水利、通信等关键基础设施的能力。[6]而且根据火眼公司CEO凯文·曼迪亚2021年2月国会听证会上的证词，"攻击者疑似在2019年10月进行了一次'预演'来进行技术测试，然后在2020年3月至6月之间开始实际攻击"。[7]此轮美俄

---

1 U.S. Department of Homeland Security, "DHS Strategic Action Plan to Counter the Threat Posed by the People's Republic of China," January 12, 2020, p.7, https://www.dhs.gov/sites/default/files/publications/21_0112_plcy_dhs-china-sap.pdf, 2021-05-09.

2 Erol Yayboke and Sam Brannen, "Promote and Build a Strategic Approach to Digital Authoritarianism," Center for Strategic & International Studies, October 15, 2020, p.1, https://www.csis.org/analysis/promote-and-build-strategic-approach-digital-authoritarianism, 2021-05-09.

3 Alexander L. George, ed., *Avoiding War: Problems of Crisis Management,* Westview Press, 1991, p. 24.

4 Michael P. Fischerkeller and Richard J. Harknett, "Through Persistent Engagement, the U.S. Can Influence 'Agreed Competition'," *Lawfare*, April 15, 2019, https://www.lawfareblog.com/through-persistent-engagement-us-can-influence-agreed-competition, 2021-05-09.

5 David E. Sanger and Nicole Perlroth , "U.S. Escalates Online Attacks on Russia's Power Grid", the New York Times, June 15, 2019, https://www.nytimes.com/2019/06/15/us/politics/trump-cyber-russia-grid.html, 2021-05-09.

6 U.S. the Cybersecurity and Infrastructure Security Agency, "Joint Statement by the Federal Bureau of Investigation (FBI), the Cybersecurity and Infrastructure Security Agency (CISA), the Office of the Director of National Intelligence (ODNI), and the National Security Agency (NSA)", January 05, 2021, https://www.cisa.gov/news/2021/01/05/joint-statement-federal-bureau-investigation-fbi-cybersecurity-and-infrastructure, 2021-05-09.

7 Scott Ferguson, House SolarWinds Hearing Focuses on Updating Cyber Laws, February 26, 2021, https://www.databreachtoday.com/house-solarwinds-hearing-focuses-on-updating-cyber-laws-a-16078, 2021-05-09.

之间的网络较量说明,"持续交手"战略不仅无法促成网络空间竞争中达成战略默契,反而促使竞争方做"最坏情况"的打算。

如果在同中方互动过程中,美方继续采取一系列点名羞辱(naming and shaming)、极限施压等方式,那么,中美之间将很难达成战略默契,也难以就军事等高政治领域的问题达成有效的制度安排。

## 四、促进中美网络空间危机管理的建议

中美是全球网络空间中最重要的两个大国,双方都前所未有地依赖网络空间,并给予网络空间极大的重视。2011年美国颁布的《网络空间国际战略》提出打造一个"和平、可靠的网络空间"。[1] 中国在《网络空间国际合作战略》中指出,致力于"共同构建和平、安全、开放、合作、有序的网络空间"。[2] 通过加强网络空间危机管理,共同构建一个和平与可信赖的网络空间符合中美共同的利益。

第一,建立关于危机管理基本原则的共识。尽管中美在网络领域的冲突越来越多,涉及的领域越来越广泛,但双方还缺乏危机管理的基本共识。这背后折射出双方在网络战略意图和网络军事安全政策方面存在深层差异,以及双方在沟通机制等方面的不足。危机管理基本共识的缺乏阻碍了双方在网络空间危机管理领域进行合作。

网络空间危机管理要想获得成功,需要遵循危机管理的基本规律。考虑到网络空间的特殊性,为有效控制网络冲突,网络空间危机管理需要把握以下四个一般性原则:(1)双方需要从外交层面高度重视危机管理的最基本要求,包括正确理解对方在网络空间中的利益诉求,准确判断对方网络政策的意图;(2)在提出相关政策时要给对方留出体面妥协的退路,避免使用点名羞辱、极限施压等方式,以免导致矛盾积累、激化,最终与解决问题的目标背道而驰;(3)避免以武力来处理危机和急于发出最后通牒,要给对方留有足够的时间来修正政策,这就意味着双方需要正确地认识到,网络安全是一个跨领域的议题,其决策过程往往涉及跨部门的协调,这在客观上大幅增加了决策难度,很难在短期内对对方的诉求做出回应;(4)避免以零和博弈的原则处理危机。[3]

此外,由于网络安全涉及多个议题领域,中美网络空间危机管理还需要特别

---

[1] The White House, "International Strategy for Cyberspace," May 1, 2011, p.3, https://obamawhitehouse.archives.gov/sites/default/files/rss_viewer/international_strategy_for_cyberspace.pdf, 2021-05-09.

[2] 中国外交部、国家互联网信息办公室:《网络空间国际合作战略》,新华网,2017年3月1日,www.xinhuanet.com/2017-03/01/c_1120552767.htm,2021年5月19日登录。

[3] 丁邦泉主编:《国际危机管理》,北京:国防大学出版社,2004年版,第32—35页;Alastair Iain Johnston, "The Evolution of Interstate Security Crisis-Management Theory and Practice in China," *Naval War College Review*, Vol. 69, No. 1, p. 5, https://digital-commons.usnwc.edu/nwcreview/vol69/iss1/, 2021-05-15.

防止危机向其他领域外溢。这正是议题控制的意义所在，就事论事，防止议题的政治化，尽可能低政治化处理。同时，网络安全的专业性比较强，在开展危机管理时，需要实行专业部门的归口管理。但是，受到危机直接冲击的部门，或者利益受损部门最好能退出危机处理的领导地位，从而避免意气用事，影响大局。

第二，发挥学术交流机制在危机管理中的作用。在危机管理中，危机当事国为了显示某种决心，通常会采取抗议、谴责、召回大使、制裁等具有对抗性的行动。而这些行动无疑阻碍了正式的直接沟通渠道发挥作用。因而，国家间要尽可能建立多元化的沟通机制，保证在正常的沟通渠道阻断时，还能有畅通的民间渠道。

在民间层面，中美之间有两个机制对稳定中美网络空间关系作出了巨大贡献。一个是中美互联网论坛，另一个是中美网络安全"二轨对话"。前者由中国互联网协会同美国微软公司于2007年创建，旨在促进中美两国互联网业界的交流与合作，2015年后未再举办；后者由中国现代国际关系研究院与美国战略与国际问题研究中心于2009年共同创办，现已成为两国学界、战略研究界交换彼此关切的重要平台。

中美两国的学界如能以分歧点为牵引，开展深入交流和联合研究，不仅有利于深入了解双方的矛盾、关切和共识，寻找在政策层面双方可以接受的解决方案，更重要的是可以促进双方决策层的良性互动，为双边合作进行危机管理奠定基础。[1] 中美在网络空间有分歧和矛盾，也有共识和共同利益，双方需要也能够找到在网络空间实现竞争性共存的路径。中美能否实现网络空间良性互动，能否以联合国负责任国家行为框架为基础，寻找双方愿意合作的事项，制定降低冲突风险的措施，这些都需要中美学界共同研究并挥作用。

第三，采取措施建立信任。中美之间可以通过信任建立措施增加互信、减弱双边对抗强度。信任建立措施可以是军事的，也可以是非军事的；可以是单边的，也可以是双边的、多边的。例如，美国网络空间日光浴委员会（Cyberspace Solarium Commission）建议拜登政府，重新评估美军网络空间行动的授权，保持对军事行动的政治控制，[2] 这就是一项非常积极的、能有效避免网络行动导致危机快速升级的单边信任建立措施。

对于网络军事信任建立措施，双方可以就"可接受的行为规范、使用武力的门槛和作战条令的透明度等内容展开正式讨论"[3]。比如，中美双方可在2014年两军签署的《关于建立重大军事行动相互通报信任措施的谅解备忘录》和《关于

---

[1] 许蔓舒：《促进中美网络空间稳定的思考》，《信息安全与通信保密》，2018年第6期，第25—28页。

[2] Cyberspace Solarium Commission, "Transition Book for the Incoming Biden Administration," p.11.

[3] Adam Segal, "Stabilizing Cybersecurity in the U.S.-China Relationship," *The National Bureau of Asian Research (NBR) Report*, September 4, 2015, p.3, https://www.nbr.org/publication/stabilizing-cybersecurity-in-the-u-s-china-relationship/, 2021-04-06.

海空相遇安全行为准则的谅解备忘录》的基础上,研究增加"网络安全危机通报"和"网络空间安全行为准则"的附件。[1] 考虑到网络信息技术给核领域带来的风险,中美两国可以在多边框架下讨论并共同推动关于禁止对核武器使用网络攻击的国际协定。[2]

对于网络非军事领域的信任措施,由于维护网络空间的开放、和平与安全是中美的共同利益,双方可以在全球经济高度依赖的国际关键基础设施保护方面加强合作。例如,在全球进入万物互联的时代,网络漏洞已经成为影响一个国家经济发展和国计民生的重要网络安全风险,也是国际社会共同面临的网络空间治理难题。针对这种网络安全本源性的难题,中美两国可以共同推动国际社会构建一个互利的、稳定运行的漏洞管理国际机制,以漏洞管理为突破口落实负责任的网络空间行为规范,并以此作为构成网络空间国家间信任的基点,消除信息通信技术和依赖这些技术的基础设施所面临的潜在威胁。

---

[1] 陈东晓、鲁传颖:《竞争但不失控:共建中美网络安全新议程》,第6页。
[2] 阿里·莱维特等:《关于中美建立网络—核指挥控制与通信系统稳定性的报告》,上海国际问题研究院与卡内基国际和平研究院联合报告,2021年4月,第25—28页,http://www.siis.org.cn/Research/Info/5321,2021年5月19日登录。

专题：新形势下的中国国际战略

## 试论中印关系战略稳定问题

宋德星

**内容摘要**：当前中印边界重大危机事态连续发生，警示我们中印关系十分复杂，需要从战略高度予以考量和维护。中印两国尽管进行过一系列的外交努力，两国关系的基础也较为稳定，但中印同时崛起背景下印度对华的复杂心态，加之中印间安全两难和第三方因素的作用，以及印度国内政治生态的变化，使得莫迪政府在发展对华关系问题上渐趋强势。为此，两国需以富有耐心、富有远见的战略规划和战略行动，大力优化双边关系，核心是把维护中印关系总体战略稳定放在重要位置。

**关键词**：中国 印度 中印关系 战略稳定

20世纪90年代以来，中国和印度的崛起已经成为影响亚洲地区国际关系乃至整个国际体系的重大事件。这方面，积极的事态主要包括中印各自的经济成长对世界经济增长的引擎作用、中印作为大国对维护地区秩序和国际秩序的作用发挥、中印在全球治理领域的积极影响等；而消极事态则包括中印之间因边境地区摩擦斗争而引发的紧张对峙、围绕第三方展开的外交博弈、两国间地缘战略竞争态势的强化趋向等。正是这种积极与消极并存的势能，使得中印关系极为复杂，并直接反映在两国关系的曲折发展进程之中。更为重要的是，作为人口均超过十亿的发展中大国，中国和印度的关系不仅为国际事态所牵引，而且深受各自国内政治生态的影响，这种内在张力进一步增添了处理两国关系的困难。实际上，作为崛起的大国，中印之间的磨合远未结束，不仅如此，也不能完全排除两国关系因重大危机事态发生逆转的可能性。2017年的洞朗对峙事件和2020年的加勒万

---

宋德星 国防科技大学国际关系学院战略与安全研究所执行所长、教授、博士生导师。

河谷冲突就警示人们，中印关系十分复杂，需要从全球战略的高度予以维护，以确保两国关系总体稳定。换言之，维护中印关系战略稳定问题依然十分紧迫。

## 一、中印建立战略互信的不懈努力及其局限

在中印关系史上，尽管两国共同确定了指导国际关系的和平共处五项原则并据此建立起了友好关系，而且两国关系中最为敏感的边界问题主要是英国殖民统治的历史遗留问题，但独立后的印度在发展对华关系问题上一直在下述两个目标间游离：一方面希望朝前看，与时俱进地推进对华关系；另一方面又不愿放弃英印当局的殖民外交遗产，对华始终抱有零和思维逻辑。故从尼赫鲁时代开始，这种矛盾政策就体现得淋漓尽致，即一面推进中印友好合作，一面又为侵占中国领土而大肆强硬推行"前进政策"，结果导致印度在其挑起的1962年边境武装冲突中惨败，[1] 也使得中印关系由此陷入长时间的冷和平状态，直到1988年两国关系才开始正常化。

在此后的中印关系发展进程中，双方逐渐达成了一系列指导两国关系的基本共识，它们主要包括：边界问题是中印关系中的敏感局部问题，不能因为这一问题影响两国关系全局；中印关系具有全球意义，要从全球战略的高度予以重视和维护；中印关系有其内生逻辑和特性，其发展不针对第三方，也不应受第三方干扰；中印互不构成威胁，为此需不断增进战略互信，推动两国关系不断向前发展，等等。上述基本共识就战略指导而言尽管多是原则性和方向性的，但却极为重要，它们构成了中印关系总体战略稳定的宏观基础。邓小平同志早在1988年底就谈到的一个道理。当时他对访华的印度总理拉吉夫·甘地（Rajiv Gandhi）说："真正的亚太世纪或亚洲世纪，是要等到中国、印度和其他一些邻国发展起来才算到来。"他还强调指出："中印两国如果发展起来了，那就可以说我们对人类做出了贡献。也正是在这个伟大目标下，所有发展中国家应该改善相互之间的关系，加强相互之间的合作。中印两国尤其应该这样做。"[2]

尽管维护世界和平、促进共同发展已经成为中国的国家意志，[3] 但1962年边境武装冲突的阴影仍然笼罩着相当大一部分印度公众，所谓的"中国威胁论"还不时地冲击着中印双边关系。在这样"妖魔化"中国的舆论氛围和敌视心态的作用下，印度政府难以根据时代的变化和新的战略目标来理性地推行一项现实主义的对华政策。换言之，印度对华现实主义政策取向首先必须重视并解决

---

[1] 宋德星：《试析印度在中印边界问题上的战略构想》，《世界经济与政治》，1999年第6期，第73—77页。
[2] 邓小平：《邓小平文选》（第三卷），北京：人民出版社，1993年版，第282页。
[3] 中华人民共和国国务院新闻办公室：《中国的和平发展道路》，中华人民共和国中央政府网站，2005年12月22日，http://www.gov.cn/zwgk/2005-12/22/content_134060.htm，2021年3月28日登录。

好国内的大众舆论问题，特别是要正确地审视和评判1962年的边界武装冲突以及中印两国的边界领土争端。所以，1998年6月，在印度联邦院发表讲话时，印度总理瓦杰帕伊（Atal Bihari Vajpayee）就特别指出："印度人民必须确实感到与中国的友好关系将是促进和平与稳定的一大要素，将有助于增强我们的安全。"尽管他也呼吁中国方面应当注意印度在边界问题和巴基斯坦防务问题上的沉重感情。[1]

如今，印度宣称其长期战略目标是在21世纪亚太地区可能出现的新的国际秩序中赢得像美国和中国今天所享有的这种地位，但印度在南亚印度洋区域面临的关系其未来世界一流大国前程的紧迫问题，连同其经济优先的发展战略，足以使其将对华合作置于重要地位。一位印度学者就指出，"未来印度外交面临的挑战，将是在与中国在亚洲以及更广阔的区域进行竞争的同时，如何发展与中国之间的友好合作关系"。[2] 正是基于这样的认识，中印双方在2003年6月23日共同签署的《中华人民共和国和印度共和国关系原则和全面合作的宣言》中明确宣布，"双方的共同利益大于分歧。两国互不为威胁，互不使用武力或以武力相威胁"。[3]

基于这些基本共识，及至今日，中印两国针对彼此的政策有了明显的、积极的变化。

首先，双方都强调了对方的重要性。作为崛起中的新兴大国，印度渴望在世界大国间缔造一种稳定的战略平衡关系，以确保印度顺利地实现和平崛起，[4] 在新世纪里真正成长为莫迪总理所鼓吹的"领导型大国"，[5] 这也是印度鼓吹要推动实现一个合作的多极化世界的真正意涵所在，其中显然包括了与中国的合作。同样地，中国作为世界上最大的发展中国家，其战略目标是要成长为世界性的有着杰出地位的大国，妥善处理对印关系是中国外交战略的重要组成部分。故此，推动两国关系同国际大势相结合，增进双方战略互信，妥善管控分歧，维护好共同利益，以推动建立平等互信、包容互鉴、合作共赢的国家关系，便是题中应有之义。

---

[1] 关于中巴关系，特别是双方的防务合作关系，时任中国外长唐家璇指出，中国和巴基斯坦享有包括军火贸易关系的主权国家间的正常关系，它符合国际法和国际规范。它们之间的关系就像印度享有的与其他国家之间的关系。印度外长辛格（Jaswant Singh）2001年12月在议会里说："我们已与中国讨论了有关中国帮助巴基斯坦的导弹发展计划问题。中国坚持说它与巴基斯坦的军事合作遵从了现有的不扩散国际体制。"见 Prakash Nanda, *Rediscovering Asia: Evolution of India's Look-East Policy*, New Delhi: Lancer Publishers & Distributors, 2003, p. 414。

[2] Nancy Jetly, ed., *India's Foreign Policy: Challenges and Prospects*, New Delhi: Vikas Publishing House, 1999 p. XXVII.

[3] 《中国和印度关系原则和全面合作的宣言》，中国新闻网，2003年06月24日。http://www.chinanews.com/n/2003-06-24/26/317306.html，2021年3月28日登录。

[4] 宋德星、时殷弘：《世界政治中印度和平崛起的现实与前景》，《南亚研究》，2010年第1期，第15—24页。

[5] Neelam Deo, "Indian Foreign Policy: A Paradigm Shift?" *Gateway House*, December 14, 2016, http://www.gatewayhouse.in/indian-foreign-policy-a-paradigm-shift/, 2021-03-17.

其次，双方都强调了合作的必要性。尽管中印关系中还有一些历史遗留问题和现实难点问题，两国之间也存在着明显的竞争关系，但推进合作关系乃大势所趋，这不仅仅是由中印各自的战略权重决定的，也是和平与发展这一时代主题所催生的必然结果。一位印度外长就曾指出，印度的政策不是基于畏惧中国的强大，也不是基于对中国经济发展的忌妒，而是基于印度必然走向繁荣和中国必然走向繁荣和强大的坚定信念。因此，为了双方的利益，两国不仅要学习共存，而且要学习解决分歧，并建立共同点，这才是合乎逻辑和合理的。[1] 其中，对于两国经贸合作问题，尼赫鲁大学国际关系专家阿尔卡·阿查里雅（Alka Acharya）强调指出："竞争必然会出现，尤其是因为我们面对同样的市场、寻求同样的技术和能源资源。不过，为什么说中国也是印度最重要的潜在伙伴，原因也就在于此。……我们都太大，不能同时在同一地区争夺相同的东西。"[2] 实际上，从中长期目标来看，快速现代化的印度和中国，将发现它们有很多的合作机会，在许多其他方面也存在竞争。如同在互利领域里的合作不能取代双方在那些存在利益冲突的领域里的竞争一样，只要仍有合作的可能性，竞争无须、也不应妨碍合作。

最后，双方都强调了向前看的重要性。中印关系的发展并非总是一帆风顺，在不同时期会遇到这样或那样的矛盾问题，甚至会出现局部紧张。进入21世纪后，中印关系同样面临着各种考验。对此，印度前外长辛哈（Yashwant Sinha）曾指出："有些分析家认为，印中之间将有一场争夺亚洲霸权的战斗。他们谈论印中之间由于势力范围的重叠和两国决心要成为世界大国而发生冲突是不可避免的。让我们彻底揭穿这些理论，并且充满信心地说，印度不会追求也不会制定基于两国冲突不可避免的政策。"他强调，印度对待与中国的关系的态度是向前看的，并且持乐观态度。[3] 中国国务委员兼外交部长王毅也反复强调，中国愿与印方相向而行，不断探索相邻大国的共处共赢之道，为亚洲和世界的振兴发展作出应有贡献。[4] 正是本着这样的外交理念，在推进中印关系向前发展问题上，中国政府的政策立场一贯且鲜明。

历史早已证明，避免错误的政策选择的一个重要途径在于不因单一因素而使

---

[1] Inaugural Address by Mr. Yashwant Sinha, India's External Affairs Minister, at the Fifth Asian Security Conference Organised by the Institute for Defence Studies and Analysis, New Delhi, February 4, 2003. https://mea.gov.in/Speeches-Statements.htm?dtl/4161/Inaugural_address_By_External_Affairs_Minister_Shri_Yashwant_Sinha_at_the_Fifth_Asian_Security_Conference_organised_by_the_Institute_for_Defence_Studi, 2021-01-20.

[2] [美]麦马克、亨利·朱：《印中关系解冻》，《洛杉矶时报》，2006年8月25日。转引自新华社：《参考消息》，2006年9月12日。

[3] Inaugural Address by Mr. Yashwant Sinha, India's External Affairs Minister, at the Fifth Asian Security Conference.

[4] 《王毅谈中印关系：探索相邻大国共处共赢之道》，人民网，2018年12月11日，http://world.people.com.cn/n1/2018/1211/c1002-30460436.html，2021年3月17日登录。

两国关系敌对化。[1] 实际上，为发展与印度的新型大国关系，中国政府做出了不懈努力。印度学者也承认，冷战结束以来，中国政府的南亚政策出现了一系列明显的变化，且对印度来说是利好。[2] 总体上，得益于双方的外交努力，20 世纪 90 年代以来，中印关系已经成功地实现了三个方面的超越，即成功地超越了冷战，成功地超越了印度核试验危机，成功地超越了边界领土争端，不使之影响双边关系的全面发展。同时，双方致力于互信机制建设，不断取得积极成果。继 1993 年 9 月两国签署意义深远的《关于在中印边境实际控制线地区保持和平与安宁的协定》之后，中印在 1996 年 11 月签署了《中印两国政府关于在中印边境实际控制线地区军事领域建立信任措施的协定》，2005 年 4 月签署了《关于解决中印边界问题政治指导原则的协定》，2012 年 1 月签署了《关于建立中印边境事务磋商和协调工作机制的协定》。

正是得益于前述的基本共识和不懈的外交努力，中印关系总体上保持了发展的势头，特别是在敏感的边界问题上建立起了特别代表会晤机制，以寻求双方都能接受的解决方案；2017 年洞朗危机后，习近平主席和莫迪总理共同开启了具有浓厚危机管控色彩的两国领导人非正式会晤机制，在重大关键时刻发挥了把关定向、进而稳定两国关系大局的重要作用。同时也应该看到，尽管中印关系的总体稳定有了一定的基础，有一系列双边协定和重要机制予以保证，但 2020 年加勒万河谷冲突事件，[3] 一定程度上揭示了两国关系依然有其脆弱的一面。根本原因在于有关中印关系的基本政策共识易为现实矛盾问题所撕裂，推进双边关系的积极努力易为危机事态的破坏性影响所稀释，结果是中印关系的优化还远不能满足国际战略形势和国内政治生态双重变化所催生的预期，因此战略焦虑也就无从避免。其中，就印度而言，一方面是国际权势转移导致的国际秩序的深度调整变化，另一方面是印度教民族主义思潮上扬激发起来的大国抱负，使其既看到了战略机遇，又深感挑战巨大。曾任瓦杰帕伊总理防务与外交事务高级顾问、政府外长的贾斯万特·辛格（Jaswant Singh）就强调指出，冷

**中印关系的基本政策共识易为现实矛盾问题所撕裂，推进双边关系的积极努力易为危机事态的破坏性影响所稀释，结果是中印关系的优化还远不能满足国际战略形势和国内政治生态双重变化所催生的预期，因此战略焦虑也就无从避免。**

---

[1] Dimmi Kurian, *Emerging China and India's Policy Options*, New Delhi: Lancer Publishers & Distributors, 2001, pp. 202-203.

[2] 印度方面认为，中国南亚政策的变化尤为明显地体现在下述三个方面：第一，在印度和巴基斯坦之间中国更加"平衡"；第二，视克什米尔问题为印巴之间必须用非武力方式加以解决的双边问题；第三，在印巴冲突中保持"中立"。参见 Bharant Karnad, *Nuclear Weapons & Indian Security*: *The Realist Foundations of Strategy*, London: Macmillan, 2002, p. 544。

[3] 有关加勒万河谷事件的缘由和是非曲直，见《中国驻印度大使：中印加勒万河谷事件完全由印方挑起》，中国新闻网，2020 年 6 月 25 日，https://www.chinanews.com/gn/2020/06-25/9222096.shtml，2021 年 3 月 17 日登录。

战的结束明显地造就了美国的单极，但同时也导致其他权势中心的崛起。国际均势的支点已从欧洲转向了亚洲，亚洲均势伴随着新的同盟和新的安全真空正在形成。他誓言，印度将为缔造一个稳定的亚洲均势努力作出自己的贡献。[1] 换言之，在亚洲，寻求与中国之间的力量平衡成为印度对外战略的基本价值取向之一。恰恰是在大国崛起进程中，中国在某种意义上成为印度大国地位的参照系。但是，在被提及时频繁地被与中国相比，"印度战略家对人们还没有足够重视印度感到既气愤又窘迫"。[2] 而更为重要的是，印度某些固有的基本弱点在与中国的对比中被显著放大，[3] 直接导致印度在大国地位渴望与战略耐心之间形成更大的落差，[4] 加之印度和平崛起战略的历史较短、民族主义的影响更大，故其在处理对华关系时更显迟疑、不安甚至冒进。2017年和2020年两次边界重大危机事态就是由印方挑起的。

## 二、影响中印关系战略稳定的主要因素：印度对华政策的分析

与中国政府致力于维护中印关系总体战略稳定不同的是，印度政府在处理印中关系时心态更加复杂，受到的牵制更多。特别是其国内的政党之争和民族主义情绪，使得其外交政策盘算既想着眼长远，又谋求现实利益，以便为稳固国内执政地位加分，于是机会主义外交便成为印度对华政策的一大特色。究其原因，主要有以下几个根本因素。

一是印度对华复杂心态决定了其对华外交难以形成稳定的国内共识。在长期的历史交往中，印度对中国的态度极为复杂，包括了"怀疑、神往、震惊、团结、竞争、友好、焦虑、恐惧、愤怒、畏惧、敬重、轻视，而首要的是迷惑不解"。[5] 特别是第二次世界大战后，中印关系的起起伏伏直接影响着印度的中国观。[6] 正如一项研究所指出的，"影响一国外交政策的一个既重要又微妙的因素是，一代人如何评价给本国造成心灵创伤的近期重大历史事件。"

> 特别是其国内的政党之争和民族主义情绪，使得其外交政策盘算既想着眼长远，又谋求现实利益，以便为稳固国内执政地位加分，于是机会主义外交便成为印度对华政策的一大特色。

---

1 Jaswant Singh, "Against Nuclear Apartheid," *Foreign Affairs*, Vol. 77, No. 5, Sept./Oct. 1998, pp.41-52.

2 [美] 斯蒂芬·科亨著：《大象和孔雀——解读印度大战略》，刘满贵等译，北京：新华出版社，2002年，第21页。

3 参见宋德星、时殷弘：《世界政治中印度和平崛起的现实与前景》，第21页。

4 关于印度的中国观及其战略关切，见宋德星：《21世纪的中印关系：印度的根本战略关切及其逻辑起点》，《南亚研究》，2007年第2期，第3—8页。

5 Amitabh Mattoo, "Imaging China," in Kanti Bajpai and Amitabh Mattoo,eds. *The Peacock and the Dragon: India-China Relations in the 21st Century*, New Delhi: Har-Anand Publications, 2000, p. 14.

6 有关印度的中国观，见宋德星：《21世纪的中印关系：印度的根本战略关切及其逻辑起点》，第5—6页。

其中，战败是一国最痛苦的经历。¹ 显然，在最近时期的中印关系上，印度既存有中印是兄弟的友好记忆，又怀有1962年战败的耻辱。尽管1962年的边境武装冲突是尼赫鲁政府错误政策的结果，但印度却将自己描述成"受害者"。可以说，印度至今还没能逾越1962年边境武装冲突带来的"失败后遗症"。一位前印度驻华大使曾撰文指出，这场战争对印度产生了严重的后果。他强调："在历史上，很少有如此短暂、如此有限却带来了如此严重的政治后果的一场战争。在印度人的心里，它留下的是摆脱不了的情结：必须有足够的防务安排来应对这里或那里的敌人。"² 尽管中国和印度分别在1993年和1996年签署了两项致力于建立边境地区信任措施的协议，但是，印度对中国的怀疑和安全担忧依然根深蒂固。

因此，印度的对华政策尽管是实用主义的，却仍然是两方面的折中：即经常散布"中国威胁论"的极端民族主义者和设想与中国进行某种合作的尼赫鲁式的传统主义者之间的折中。对此，印度前政府高官、曾出任印度人民党主席的苏布拉曼尼安·斯瓦米（Subramanian Swamy）认为："今天，印度的中国观自相矛盾。一方面认为中国是一个具有侵略和扩张主义性质的威胁，另一个极端则是认为中国是一个姐妹性质的古老文明。"³ 所以，斯瓦米迫切地感到，一个有效的对华政策首先要求形成全国共识，因为自1962年以来世界已经发生了巨大的变化。在这样一个变化了的世界里，印度该怎样来界定自己与中国的复杂的利益关系呢？⁴ 显然，在这方面，印度还远未找到一个令人满意的答案，当前国大党和印度人民党围绕中国问题的国内政争就是明显的例证。2021年1月16日，在印度议会外交事务委员会例会上，莫迪政府外交部长苏杰生（Subrahmanyam Jaishankar）与国大党领导人拉胡尔·甘地（Rahul Gandhi）就莫迪政府的对华政策展开辩论。《印度斯坦时报》（Hindustan Times）报道称，国大党领导人在会议上抱怨现政府的对华政策是"洗衣清单外交"，而不是"应对中国威胁的协调性战略"。苏杰生则说，与拉胡尔·甘地的辩论"可能会无休止地继续下去，因为双方都不能接受对方的观点"。⁵

二是中印间安全两难客观上强化了印度对华战略竞争思维定式。鉴于中印之间的互相戒备心理，考虑到中印两国地理相邻、又同为兴起中的大国强国这一事实，加上主要由1962年战争引起的宿怨和目前虽已搁置、但毕竟仍未解决的边

---

1 ［美］罗伯特·A.帕斯特编：《世纪之旅：七大国百年外交风云》，胡利平、杨韵琴译，上海：上海人民出版社，2001年版，第31页。

2 A. K. Damodaran, "India's China Policy: A Retrospective Survey," in Surjit Mansingh, ed., *Indian and Chinese Foreign Policies in Comparative Perspective*, New Delhi: Radiant Publishers, 1998, p. 41.

3 Subramanian Swamy, *India's China Perspectives*, New Delhi: Konark Publishers, 2001, p. VII.

4 Ibid., p. 143.

5 胡博峰：《边境对峙以来首次！印度两大党激辩对华政策》，《环球时报》2021年1月18日，https://world.huanqiu.com/article/41Ytw9kdvzH，2021年3月28日登录。

界争端，中印之间安全两难的形成至少不易避免。印度认为，中国借助巴基斯坦这一传统盟友卷入了南亚问题的核心，从而威胁到了印度的安全；而在中国关于印度发展前景的评判中，也有着中长期性的安全担忧，尤为集中体现在印度发展中远程核导弹、远洋海军问题以及借美制华问题上。一种看法是："两国仍将对彼此的长远目标和意图抱着一种怀疑态度。在短期和中期，无论新德里还是北京，都将不会采取任何破坏双边关系的行动，或采取引起它们在亚洲地区小型邻国怀疑的行动，它们将致力于巩固自己的权势和地位，同时努力解决更加紧迫的国内问题。"[1]

围绕长远目标的矛盾冲突问题，印度前外长 J.N. 迪克希特（Jyotindra Nath Dixit）曾从地缘层面做出精辟分析。他指出："（中印两国）能否避免竞争的潜流和处于萌芽状态的怀疑，建立起持久的、积极稳定的双边关系？中国会否鼓励支持在其南部边陲出现一个强大的印度？印度能否接受一个强大的中国在战略上主导印度洋地区的东南亚？"[2] 对于印度来说，答案显然是否定的，理由很简单：相较于中国，印度实力更弱。故在论及中印关系时，迪克希特告诫说："我们必须记住，最大的现实是中印之间的不对称。中国相对于印度更强大的经济实力和军事实力使印度警觉到，中印关系完全不是基于相互尊重。故印度对华政策目的应是营造一种稳定的氛围，以便改变上述不平衡，以及减轻中国政策中的这部分内容，这就是印度政策和战略的关注点。"[3]

三是第三方因素的直接影响使得印度对华外交更加复杂。影响中印关系的核心要素不仅有世纪竞争这一根本问题，还包括巴基斯坦和美国这两个重要的第三方。就南亚地区而言，独立后的边界问题与印度国内政治问题的相互作用，使印度坚定决心强化英国的殖民战略思想，即唯一可行的防御是将南亚次大陆作为一个整体和排除外部强国对南亚事务的干预。结果，在印度外交决策者中，一个广泛的共识是：印度外交政策的首要目标是致力于使南亚地区国家和区外国家，特别是主要大国接受印度的南亚主导者地位。印度坚持其他南亚国家的外交政策必须考虑到印度的利益和地位，或至少是在那些对印度来说十分重要的问题上，不要在这两个方面与印度发生冲突。为此，印度希望南亚其他国家在地区问题上必须自加限制，不寻求或依附于任何外部势力。[4] 故莫迪执政以来，一直将"邻国优先"（Neighbour First）作为外交政策基石。[5] 显然，在南亚地区外交方面，印

---

[1] J. Mohan Malik, "India-China Relations in the 21st Century: The Continuing Rivalry," in Brahma Challeny, *Securing India's Future in the New Millennium*, New Delhi: Orient Longman, 1999, p. 388.

[2] J. N. Dixit, *India's Foreign Policy and Its Neighbours*, New Delhi: Gyan Publishing House, 2001, p. 219.

[3] Ibid, p. 248.

[4] Bhabani Sen Gupta, "Regional Security: The Indian Doctrine," *India Today*, August 31, 1983, p. 20.

[5] S. D. Muni, "A Disappointing SAARC Summit," *Al Jazeera*, November 28, 2014, http://www.aljazeera.com/indepth/opinion/2014/11/disappointing-saarc-summit-2014112885157300755.html, 2021-03-17.

度把中国视为最大的挑战，理由是：中国不仅与南亚国家地理上邻近，而且正在凭借自身的实力优势和战略主动，成为南亚地区又一个具有吸引力的力量中心，结果是南亚地区印度一家独大的局面可能逐渐演变为中印两强并存的态势。基于这样的安全战略思维，印度把中巴友好合作关系视为对自己安全的一大威胁，认为中国借助地区国家巴基斯坦遏制印度，成为印度崛起的一大外部障碍，并推而广之，将中国政府发展与南亚其他国家的友好合作关系同样视为旨在弱化印度的地区影响力。

同理，在审视中印关系时，我们需要将之放在更广阔的战略空间去考虑，于是美国的作用也就必须考虑。实际上，无论是冷战时期、冷战后还是21世纪，美国因素始终作用于中印关系。特别是随着印美关系的深入发展、中美战略竞争态势的不断强化，中美印三边关系的互动越来越具有深远的地缘战略意义。在中美印三边关系中，印度要实现借美制华的目标，首先必须强化实力对华的一面，以期在战略上撬动致力于遏制中国的美国政府——印度是可资利用的平衡力量；其次必须强化战略自主性，在发展对华关系时以国家利益为根本取向，避免为美国火中取栗而伤及自身。此外，印度意识到，中美之间的对抗并不必然会给自己带来多大的好处。一旦中美发生"冷战"，印度将发现自己很难抉择。故在印度的对华外交中，美国因素始终存在，且难以为其完全掌控。

就当前的莫迪政府而言，除去上述结构性因素的根本作用外，下述两个方面的直接影响同样值得关注。

一个方面是，就战略缔造而言，今天印度内生的战略动能十分强劲，强势外交实乃大势所趋。这得益于莫迪政府的"双强双稳定"，即政治上的强人强势，经济增长和执政基础的稳定。莫迪政府作为冷战后印度政坛极为罕见的"强势政府"，其基于强大民意之上的国内政治自信，使得莫迪对印度外交政策的引领作用堪比当年印度开国总理兼外长尼赫鲁。在此背景下，面对世界体系的持续变革趋势和"印太"地缘政治大变动，莫迪政府主动投身于大国战略角逐，其外交战略运作视角也从陆地走向海洋，从周边地区走向"印太"板块，从关注四邻小国到积极塑造大国关系网络。印度认识到，它的崛起不仅有赖于自身的行动，而且有赖于世界其他国家对此进展的反应，以及今后几十年的客观环境。

因此，在大国博弈和扩展中的外交这两方面，印度都表现出了特有的积极、进取和强势。用苏杰生的话说："在更大的国际政治范畴中，印度欢迎逐渐变为现实的多极世界，也欢迎一个同样多极的亚洲。"[1] 他还强调未来的多极世界应建立在大国间稳定的平衡之上。理由很简单："稳定的平衡在于实现一个合作的多极化世界，因为它能满足各极及整个世界的希望与利益。这才是印度致力于实现

---

[1] Ashley J. Tellis, "India as a Leading Power," Carnegie Endowment for International Peace, April 4, 2016, http://carnegieendowment.org/2016/04/04/india-as-leading-power/iwlr, 2021-03-17.

的世界。"[1] 毫无疑问，在印度看来，首要的追求便是中印之间所谓的"稳定的平衡"。基于这样的外交政策方针，莫迪政府在对华外交审慎务实的同时，也展现出了强硬和机会主义的一面，洞朗危机和加勒万河谷事件便是这一政策的结果。

另一个方面是，莫迪政府作为印度人民党政府，和印度其他政党一样，都有国家意义上的政治宿命，但印度教民族主义意识形态强烈。相较于国大党，印度人民党有着尤为明显的教派民族主义特征，这意味着它会更加强调国家尊严和民族自豪感。结果，世界大国地位追求成为了印度国家意义上的政治宿命，成为了印度国家意志。为此，莫迪总理鲜明地提出印度争当"领导型大国"的口号，并贯彻到外交政策之中，结果是中印之间的大国战略竞争态势被有意或无意地强化了。此外，莫迪总理本人的出身和政治经验也使得印度现政府更加倾向于强势外交。莫迪总理本人来自印度低级种姓，相比于国大党的婆罗门精英，他更需要用强势的政绩来争取普通民众的支持，从而弥补其在印度等级森严的社会中的合法性不足的问题。强势风格一直是莫迪执政的作风，这一作风在政治领域就是"更加果断地坚持基于印度利益的实用主义"。[2] 在这种情势下，中印两国具体领域（特别是边界问题）的争端如果长期累积，可能会在印度一方民族主义的煽动下发展成为国家间的危机引爆点。在莫迪执政期间，中印间重大危机事态的不断发生，便与印度国内政治生态的发展变化密不可分。于是，加强危机管控便成为当前中印关系面临的一大课题。

## 三、关于维护中印关系战略稳定的思考

印度既是崛起的大国、印度洋沿岸大国、发展中大国，又是中国的陆上强邻、不容忽视的新兴市场国家、金砖国家中的重要国家。因此，需在战略上将中印关系置于中美战略竞争大格局下考量，紧紧抓住印度这个地区核心国家，把防止出现针对中国的大国联合阵线作为重大任务之一。可以肯定，未来随着中国全方位崛起步伐的加快，中美之间的战略竞争态势也将愈益明显，美国因素对中印关系的影响无疑会更加微妙。在中美印三边关系中，尽管印度不会也不愿完全成为美国制衡中国的一枚棋子，但我们仍需对印美关系中的中国话题保持战略警觉。为此，要理性看待中印两国崛起和民族复兴的地缘意义，善用领导人非正式会晤机制、金砖峰会、上海合作组织等平台，努力拓展深化中印战略合作的空间和领域，稀释战略互疑的消极后果，从战略上确保两国关系总体稳定。当前，尤其需要处理好两大战略问题：一是发展战略对接问题，重点是尽可能降低印度对

---

1 [印]瓦杰帕伊：《未来印度——建设一个印度世纪》，《今日印度》，印度驻华大使馆，2004年第3期。
2 Harsh V. Pant, "Out with Non-Alignment, in with a 'Modi Doctrine'," *The Diplomat*, November 13, 2014, https://thediplomat.com/2014/11/out-with-non-alignment-in-with-a-modi-doctrine/, 2021-03-17.

中国在南亚印度洋方向的"一带一路"倡议的抵制；二是理解印度的大国抱负和大国追求，就共同关心的地区和全球重大安全战略问题进行沟通，不断增进共识。就像习近平主席所指出的那样，推进中印关系要在"四个结合"上用力，即推动中印关系同国际大势相结合、同各自发展需求相结合、同两国复兴进程相结合、同振兴东方文明相结合，以增进战略互信，深化务实合作，妥善管控分歧，扩大交流对话。[1] 一句话，要着眼战略大势，稳定并发展两国关系。

当前，中印关系的一大现实是，尽管双边关系在地区和全球的战略权重日益上升，却极易受到危机事态的影响和冲击，尤其是易受边界问题和印度对中国南亚外交的疑忌的消极影响。为此，需要创新战略思维，努力纾困解难。其中，要坚持不因极为敏感的边界问题影响两国关系大局的基本原则不动摇。据此，战略上坚持和平解决边界问题的根本指向，始终将协商解决作为现实选择；外交上坚持塑造良好氛围不动摇，不断释放和累积阶段性成果；安全上持续推进边境地区信任措施，本着同等相互安全原则，确保互不构成威胁。当前，尤其要重视危机管理，重点发挥边界问题特别代表会晤机制和领导人非正式会晤机制的作用，瞄准实际控制线的维护问题持续用力。

作为近邻，中国政府视南亚地区为和平稳定大周边的重要一环，为此积极与南亚国家发展全方位、多维度、不针对第三方的友好合作关系，以实现共同发展。对于中国日益增大的地区影响，印度基于传统的势力范围思想和地缘安全考量，妄图通过对邻国的拉拢和施压两手排挤中国，以维护其地区主导地位。然而，其他南亚国家清醒地认识到排斥中国不仅不能给它们带来更大的利益，反而会更加被动，更易受困于地区强国印度。对于它们来说，经济发展、民生改善、公共福利等实际需求远比中印、中美竞争本身更值得关注。换言之，它们更多考虑的是自身利益的多元化而不是地缘战略对抗。鉴于大国平衡外交可以帮助它们同时从美、中、印获得好处，故而南亚国家欢迎中国力量的存在，以平衡印度过大的影响，不愿在中印或中美之间选边站。为此，中国政府应顺势而为，重视南亚地区的全方位外交，同时发展与印度和南亚其他国家的双边关系，尤其要在比较困难的条件下争取稳定，甚至是较大程度地促进中印关系，努力和耐心地争取消减中印间过度的战略猜疑、历史宿怨和战略或经济竞争可能性。这方面，美国助理国务卿阿米蒂奇（Richard Armitage）的下述言论无疑具有启示意义："无论何时，当你企图基于第三国因素而与一国发展关系时，你注定要失败。"[2]

实际上，就莫迪政府而言，发展对华关系也有其内生动力。2019年5月获得

---

[1] 习近平：《推动中印战略合作伙伴关系迈上新台阶》，中华人民共和国中央政府网站，2013年10月23日，http://www.gov.cn/ldhd/2013-10/23/content_2513684.htm，2021年3月17日登录。

[2] Jane Perlez, "U.S. Ready to End Sanctions on India to Build Alliance," *New York Times*, August 27, 2001, https://www.nytimes.com/2001/08/27/world/us-ready-to-end-sanctions-on-india-to-build-alliance.html, 2021-03-17.

连任后，莫迪总理誓言要建设一个"新印度"，领导印度迈向世界经济强国，即到2025年将印度建设成为年GDP达到5万亿美元的经济体，为全印度所有人谋发展。如此宏大的发展目标决定了印度不仅需要一个和平的国际环境，而且需要一个稳定的周边安全环境；不仅需要推进与美西方关系以获得发展援助，而且需要深化与中国这个世界第二大经济体的经贸合作。特别是在新冠肺炎疫情背景下，面对经济下滑的态势和民生改善的巨大压力，莫迪政府政策的内向化不可避免。在这一逻辑下，尽管出现边境对峙事件这类严重事态，推动中印关系重回正常轨道仍是两国间最大共识。对于中印两国来说，2017年洞朗对峙事件和2020年加勒万河谷事件最大的警示在于：中印双方都无法承担因边界问题导致两国关系全面倒退、全面恶化的严重后果。中印双方最终通过外交磋商解决危机向国际社会发出信号：保持中印关系大局稳定依然是双方国家利益之所系。

2017年和2020年两次重大边界危机事态充分揭示，维护中印关系总体战略稳定成为中印关系面临的一大挑战，核心是坚持边界问题不是中印关系的全部，尤其是不能让分歧上升为冲突。[1] 显然，在这一点上，中印仍有不同的认知。2021年1月28日，印度外长苏杰生在出席第13届全印中国问题研究大会时就印中关系发表主旨演讲，其"八项基本政策主张"之一就是强调"边境地区的和平与安宁是其他领域关系发展的基础"，[2] 隐含的逻辑就是将边界问题与中印关系的全面发展相挂钩。对此，2021年2月25日在与印度外长苏杰生通话时，中国国务委员兼外交部长王毅表示，边界争议是客观现实，应予足够重视和认真对待，但边界问题不是中印关系的全部，应置于双边关系适当位置。要坚持两大新兴经济体携手发展的大方向，并肩前行而不是相互牵制，合作发展而不是互垒高墙。[3] 3月7日，王毅在两会记者会上再次强调，中印关系的实质是世界上两个最大的发展中国家如何和睦相处、共同发展振兴的问题。他强调，中印双方应相互成就而不是相互消耗，加强合作而不是彼此防范。[4] 就像一位印度学者所指出的："未来印度外交面临的挑战，将是与中国在亚洲以及更广阔的区域进行竞争的同时，如何发展与中国的友好合作关系。"[5] 其逻辑同样适用于中国。对于中国而

---

1 《王毅谈中印关系：我们不会主动采取使事态复杂化、扩大化的举动，当然我们也要坚定维护自身的主权和领土完整》，中华人民共和国外交部网站，2020年9月1日，https://news.china.com/international/1000/20200901/38695146_5.html，2021年3月28日登录。

2 《中方回应印外长"八项基本主张"：希望印方同中方相向而行，推动两国关系重回正轨》，《环球时报》，2021年1月30日，https://world.huanqiu.com/article/41iqjUikZjh，2021年3月28日登录。

3 《王毅同印度外长通电话：中印边境事态是非曲直很清楚》，中华网，2021年2月26日，https://news.china.com/domestic/945/20210226/39324334.html，2021年3月28日登录。

4 《国务委员兼外交部长王毅就中国外交政策和对外关系回答中外记者提问》，新华网，2021年3月8日，http://www.xinhuanet.com/politics/2021lh/2021-03/08/c_1127181623.htm，2021年3月28日登录。

5 Nancy Jetly, ed., *India's Foreign Policy: Challenges and Prospects*, New Delhi: Vikas Publishing House, 1999, p. XXVII.

言，当前尤其需要把维护中印关系总体战略稳定放在更加突出的位置上，以富有耐心、富有远见的战略规划和战略行动，去努力优化中印关系，这才是合乎逻辑和理智的选择。

专题：新形势下的中国国际战略

# 中国和欧盟在西巴尔干地区如何相处

## ——关于帝国主义与主权主义的冲突

简军波

**内容提要**：西巴尔干地区在中国和欧盟各自对外关系中的地位截然不同，这既反映了中国和欧盟对西巴尔干的不同认知，也决定着二者处理与该地区关系的不同方式。在上述背景下，欧盟对中国在西巴尔干地区日益增长的经济活动持强烈批评态度，这反映出欧盟在面对与中国的竞争时，仍然持有陈腐过时的帝国主义思想。只有在去除这一陈旧思想观念的基础上，欧盟才会找到更多与中国在西巴尔干地区进行合作的机会；在双方都愿意促进与该地区互联互通的意愿的基础上，才能共同促进西巴尔干地区的稳定与繁荣。

**关键词**：西巴尔干　中国　欧盟　帝国主义　主权平等

近几个世纪以来，西巴尔干一直是与西方列强兴衰密切相关的地区。[1] 围绕该地区，西方列强相互竞争、合作、冲突、对抗。21世纪以来，从海湾国家到俄罗斯、从土耳其到美国，有越来越多的大国怀着不同目的介入进来，并扮演不同角色。随着中国全球利益的快速扩展，作为东西方两大力量的中国和欧盟，在西巴尔干地区"不期而遇"，双方矛盾也由此产生。

有关中国在西巴尔干地区的参与、欧盟所面临的挑战以及欧盟如何应对等话

---

简军波　复旦大学国际问题研究院中欧关系研究中心副主任、副研究员。
1 本文所指西巴尔干国家包括：塞尔维亚、克罗地亚、波黑、黑山、北马其顿和阿尔巴尼亚。

题，已有不少文献涉及，[1]而本文将主要着眼于欧盟对中国加强与该地区交往的不满及其背后根源。为此，本文第一部分将论述西巴尔干在这两大力量各自对外政策中的地位；第二部分将概括中欧双方在这一地区相遇带来的冲突或欧盟对中国的指责；在结语部分，本文将探讨如何在兼顾西巴尔干国家利益的同时，寻求中欧在该地区相互合作的可能途径。

## 一、中欧认知差异：西巴尔干在各自外交政策中的地位

根据国际关系建构主义理论，"认知"是决定一国对外政策决策的重要因素，不同的认知会导致不同的对外政策和行动。[2]西巴尔干作为位处东南欧的一个地区，中国和欧盟对其在各自外交关系中的地位和功能存在不同理解，也使之对二者有着不同的意义和影响。

### （一）西巴尔干在中国外交政策中的地位

从历史上看，西巴尔干曾是美苏冷战期间东方阵营的一部分，后来很快成为社会主义和被苏联定性为"修正主义"的国家混合体，但无论国家性质如何，在冷战时代，该地区国家基本与中国保持友好甚至密切的双边关系。阿尔巴尼亚曾被中国称为"欧洲社会主义的明灯"，它从中国获得了源源不断的无私援助。中国与"不结盟运动"发起国之一的南斯拉夫在更广泛领域建立过联系。彼时西巴尔干对中国来说既是意识形态上的盟友，也是政治上的合作者，特别是在20世纪60至70年代，中国将中国与阿尔巴尼亚的关系（后简称"中阿关系"）视作其与社会主义国家关系的典范，而铁托（Josip Broz Tito）统治时期的南斯拉夫在中国人看来则是社会主义发展建设的明星，它拥有的家庭汽车、高速公路和海滩度假等现代化的生活方式令国人惊讶。

然而，当中国通过改革开放使经济快速发展后，繁荣的南斯拉夫经济在后铁托时代逐渐暗淡，中阿"兄弟"般的关系也早已破裂，在苏联解体背景下，南斯

---

[1] 代表性论文有：Loïc Poulain, "China's New Balkan Strategy," *Central Europe Watch*, Vol. 1, No. 2, CSIS, August 29, 2011, https://www.csis.org/analysis/chinas-new-balkan-strategy, 2021年5月16日登录；Wouter Zweers, et al., "China and the EU in the Western Balkans: A Zero-sum Game?" *Clingendael Report*, Netherlands Institute of International Relations, August 2020, https://www.clingendael.org/sites/default/files/2020-08/china-and-the-eu-in-the-western-balkans.pdf, 2021年5月16日登录；Markovic Khaze Nina and Wang Xiwen, "Is China's Rising Influence in the Western Balkans a Threat to European Integration?" *Journal of Contemporary European Studies*, 2020, pp. 1-17; Vladimir Shopov, "Decade of Patience: How China Became a Power in the Western Balkans," *Policy Brief*, ECFR/371, The European Council of Foreign Relations, February 2, 2021, https://ecfr.eu/publication/decade-of-patience-how-china-became-a-power-in-the-western-balkans/, 2021-05-16，等等。

[2] Ian Hurd, "Constructivism," in Christian Reus-Smit and Duncan Snidal, eds., *The Oxford Handbook of International Relations*, Oxford: Oxford University Press, 2008, pp. 298-316.

拉夫分裂成数个小国和地区，阿尔巴尼亚急速转向西方。当中国向欧美和东南亚敞开大门时，那些脱离南斯拉夫的国家也从"社会主义国家"转身变为"资本主义国家"，西欧国家是它们新的"兄弟"，双方身份的转变，使中国与西巴尔干地区的关系变得日益冷淡。

1999年，以美国为首的北约悍然轰炸中国驻南联盟大使馆，导致三名中国记者牺牲，使中国和美国的关系降到冰点，但在一定程度上奠定了中国与塞尔维亚之间"钢铁般的友谊"的基础。

总的来说，冷战结束后，巴尔干半岛在中国外交全局中的地位并不十分突出，直到2013年中国政府提出"一带一路"倡议。这一倡议计划将中国和欧洲通过物流系统连接起来，而西巴尔干各国正好位于中国与欧洲物流通道的沿线上。故此，西巴尔干不仅是物流运输的地理枢纽，也是中国在欧洲新的投资目的地，市场虽不大，但发展前景被看好。

考虑到西巴尔干国家加入欧盟的强烈意愿，加之该地区在地缘政治、文化和历史上都是欧洲的一部分，中国政府将中国与西巴尔干的关系视为中欧关系的一部分。如果欧盟不能团结所有成员国，或不能代表所有欧洲国家，那么在中欧关系因欧盟的行动受挫时，包括欧盟成员国（克罗地亚）和非成员国在内的西巴尔干国家至少可以依然保持与中国的友好关系。换言之，如果中国和欧盟的关系之窗关闭，中国与西巴尔干的关系可以作为另一个开放的中欧关系的窗口——尽管这很罕见，而且也可以作为中国和欧盟冲突升级时的缓冲区。至少在中国眼中，西巴尔干是中国与欧盟或中国与一些西欧或北欧国家发生冲突时相对中立的地区。

此外，在中国—中东欧国家合作机制中，有5个非欧盟成员来自西巴尔干，这意味着中国与西巴尔干地区的关系不受欧盟共同政策的强力制约，它们可以采取比欧盟更灵活的方式与中国开展合作。这些非欧盟成员国虽然在一定程度上受欧盟法律、法规和规范影响，但它们都是主权国家，理论上可以独立保持与中国的关系。中国可以在双边层面发展与西巴尔干的关系，这是一种传统的主权国家间关系，相比于和超国家组织打交道，这一关系更为中国所熟悉。另一方面，西巴尔干地区的非欧盟成员国也愿意加入欧盟，中国与这些国家的关系越密切，就意味着中国与欧盟未来的关系就越密切。

总之，西巴尔干是连接西欧和中国的物流枢纽，是"一带一路"共建地区，是争取加入欧盟的独立主权国家群体，也是中国—中东欧国家合作机制中的特殊国家群体，对中国的外交政策具有特别的意义。

### （二）西巴尔干在欧盟外交政策中的地位

对欧洲而言，西巴尔干是历史上和当今的特殊存在。在19世纪，包括西巴尔干在内的整个巴尔干半岛被称为欧洲的"火药桶"。第一次世界大战由发生在萨拉热窝的一起暗杀事件所引发，大战最终导致欧洲前所未有的混乱和灾难。

二战期间，西巴尔干在西欧国家眼中扮演着复杂和令人不安的角色，对当时以美国为首的同盟国而言，南斯拉夫既有横行的纳粹，也有共产主义的"幽灵"，克罗地亚法西斯组织"乌斯塔沙"（Ustaše）追随德国和意大利法西斯集团，而该国的共产主义组织也在不断壮大，使西巴尔干在二战期间及之后变得非常特别。

冷战初期，南斯拉夫和阿尔巴尼亚同属苏联领导的社会主义阵营，西欧和西巴尔干被一道看不见的"铁幕"一分为二。然而不久，南斯拉夫从苏联集团中独立出来。1948年6月，苏联主导的社会主义国家会议通过了一项决议，对南斯拉夫进行严厉谴责。[1] 这次会议成为南斯拉夫与苏联集团关系破裂的里程碑，在此背景下，南斯拉夫与西方资本主义国家开始发展更牢固的经济关系。

从1950年起，铁托统治的南斯拉夫开始接受西方"马歇尔计划"式的援助，它与美国等西方国家签署了经济合作协议。例如，根据1951年8月发表的联合声明，南斯拉夫预计将从美、英、法三国共获得5000万美元。从那时起，西巴尔干与欧洲的关系比与苏联集团的关系更加牢固和友好，尽管它宣布在政治上保持中立，并且是"不结盟运动"发起国之一。

由于南斯拉夫与欧洲关系密切，在其面临国家分裂之际，德国等西欧国家开始支持南斯拉夫的统一，但很快放弃了此种立场，积极支持斯洛文尼亚和克罗地亚独立，推动南斯拉夫走向分裂。西巴尔干地区在经历了20世纪90年代的动荡、混乱和暴力后，重新面临其历史性的地缘政治格局——即"巴尔干化"（Balkanization），社会主义的南斯拉夫被分裂成六七个独立的国家和政治实体，并在政治上基本都转向欧洲和西方，而内部留存着难以化解的矛盾。

**在西巴尔干内战结束后，西巴尔干地区与欧盟的关系进行了全面重构。但至今西巴尔干在欧盟心目中依然是一个特殊地区。**

因此，在西巴尔干内战结束后，西巴尔干地区与欧盟的关系进行了全面重构。但至今西巴尔干在欧盟心目中依然是一个特殊地区。

第一，欧盟认为西巴尔干地区绝对是欧洲天然的一部分。欧盟委员会指出，"西巴尔干是欧洲不可分割的一部分，是欧盟的地缘战略重点"。[2] 西巴尔干在地理上不处于欧洲中心，它毗邻西亚和北非，位于亚非欧三洲的结合部。从此角度看，虽然西巴尔干国家更喜欢自称为东南欧国家，但实

---

1 *Key Soviet-Yugoslav Documents: A Reference Aid*, Washington, D.C., U.S. Central Intelligence Agency, National Foreign Assessment Center, 1979, pp.1-46.

2 European Commission, "Communication from the Commission to the European Parliament, the Council, the European Economic and Social Committee and the Committee of the Regions: An Economic and Investment Plan for the Western Balkans," SWD(2020) 223 final, COM(2020) 641 final, Belgium: Brussels, October 6, 2020, https://ec.europa.eu/neighbourhood-enlargement/sites/default/files/communication_on_wb_economic_and_investment_plan_october_2020_en.pdf, 2021-05-16.

际上它们位于欧洲地理边缘。即便如此，西巴尔干半岛在地理和文化上都被欧盟视为欧洲的一部分。这个地区曾先后被罗马帝国、威尼斯共和国和神圣罗马帝国等统治。在现代，它曾隶属于奥匈帝国，尽管也曾被奥斯曼帝国所统治，有时也存在过一些独立的小王国。然而，其主要文化遗产属于欧洲，尽管该地区混合了多元的文化传统——从斯拉夫东正教到日耳曼基督教、从罗马意大利文化到奥斯曼土耳其文化。最重要的是，西巴尔干国家的文化特征是欧洲文化，其社会价值观和政治制度植根于欧洲的传统。[1]

第二，西巴尔干是中东向西欧移民的重要通道之一，来自利比亚、苏丹、伊拉克、叙利亚等北非和中东国家的移民经过土耳其和阿尔巴尼亚的边界或从黑山登陆后，穿过波黑进入克罗地亚，这条移民通道给欧盟带来严峻挑战。更多的移民不仅意味着需要更多财政支出以安置这些难民或移民，而且意味着将面临更多的安全挑战、社会福利的恶化和对欧洲文化的冲击。为有效防止难民或移民进入欧洲领土，西巴尔干地区是欧盟重点关注地区之一，并在加强警备能力等方面得到了欧盟的支持。

第三，西巴尔干移民成为欧洲国家重要劳动力来源，其经济也依附于西欧。以克罗地亚为例，尽管在2011—2020这十年中，德国的外国人入境人数增长率在2020年达到最低，但同年有26000多名克罗地亚人移民到德国。在德的克罗地亚人构成了该国第六大外国社区，仅次于土耳其人、波兰人、叙利亚人、罗马尼亚人和意大利人。自克罗地亚于2013年加入欧盟以来，拥有德国居留权的克罗地亚人大幅增加，从2012年的224971人增加到2020年的375932人。[2] 另外，西巴尔干地区经济严重依赖欧洲，大部分外来投资来自西欧国家，如奥地利、德国、意大利和比利时等。许多零售商店由西欧公司所控制，出售来自西欧的商品。由此，西巴尔干和西欧在经济体系中形成了完美分工——西欧提供制成品和技术，西巴尔干提供劳动力和发挥消费市场的作用。因此，西巴尔干是欧洲经济体系的有机组成部分。

第四，欧洲的安全与西巴尔干地区局势息息相关。第一次世界大战的导火索引燃于此，冷战结束后，南斯拉夫发生了塞克战争、波黑内战、科索沃战争，二战后欧洲最严重的大规模武装冲突都发生在西巴尔干，这意味着如果西巴尔干不能维持和平，欧洲则存在再次陷入严重混乱的潜在危险，这将严重损害欧洲的繁荣及其在世界上的软实力。

---

1 Dejana Vukčević, *Constructing a (EU)ropean Identity: The Balkans and the Western Balkans as the Other*, Belgrade: Institute for Political Studies, 2020, pp. 101-105.

2 Zeljko Trkanjec, "26,000 Croatians Moved to Germany in 2020," *EURACTIV*, March 30, 2021, https://www.euractiv.com/section/politics/short_news/26000-croatians-moved-to-germany-in-2020/, 2021-05-16.

## 二、中欧参与西巴尔干地区建设

21世纪初,西巴尔干在国际地缘政治和经济中的地位日显重要,成为主要大国关注对象。就中国而言,尤其是2013年"一带一路"倡议提出后,西巴尔干被认为是"21世纪海上丝绸之路"和"丝绸之路经济带"的连接点和中欧物流枢纽,其在中国对外关系中分量上升。对欧盟而言,1995年为结束波黑内战而签署的《代顿和平协议》,为此后约25年的欧盟扩大进程奠定了稳定的政治基础,西巴尔干成为欧盟一体化的重要一环。然而,若考虑中欧各自在该地区的政策目标、交往方式和关注领域差异,特别是二者对该地区在各自外交政策中地位的认知差异,那么,随着中欧在该地区持续深度介入,双方发生矛盾冲突的可能性有所增加。

### (一)不同的参与方式

欧盟在西巴尔干的参与在很大程度上依赖于制度化的工具箱,包括在经济、政治和军事领域的援助与合作机制。欧盟参与该地区事务的最终目标是通过长期的"欧洲化"将该地区纳入欧盟。

1999年5月,欧盟提出了针对西巴尔干国家的外交政策,结束了该地区与欧盟没有任何制度联系的历史。随后,欧盟与西巴尔干国家相继签署了一系列"稳定与联系协议",考虑到这些国家经济和社会发展差异,协议都是在双边层面所签订,依据这些协议,欧盟形成了针对该地区的"稳定与联系进程"机制,以帮助这些国家实现和巩固民主转型、公民社会发展、法治和独立司法体系,并使该地区经济融入欧盟大市场,并最终实现加入欧盟的目标。[1]

在"稳定与联系进程"框架下,向西巴尔干地区扩张已成为近年来欧盟主要职责之一。2019年10月,法国和荷兰主张欧盟与北马其顿和阿尔巴尼亚开始入盟谈判前先完成新的入盟程序,但很快遭到欧盟内部其他成员反对,认为该提议会削弱欧盟在西巴尔干地区信誉。2020年3月,欧盟通过了上述两国的入盟申请,两国成为可以与欧盟开展入盟谈判的欧盟候选国。无论如何,欧盟对该地区的扩大进程加快了。

此外,欧盟与西巴尔干每年定期举行高级别政治对话,即"欧盟—西巴尔干峰会",这为双方提供了一个直接交流的平台,以便讨论如何加强双方的务实合作。在2020年于克罗地亚首都萨格勒布(Zagreb)举行的欧盟—西巴尔干峰会

---

[1] European Commission, "Overview: Instrument for Pre-accession Assistance," European Neighbourhood Policy and Enlargement Negotiations, https://ec.europa.eu/neighbourhood-enlargement/instruments/overview_en, 2021-05-16.

发布的宣言中，双方领导人重申了在社会经济复苏、安全和移民等领域的广泛合作。因此，欧盟—西巴尔干峰会可视作欧盟与西巴尔干地区合作的另一个重要机制，它决定着双方的合作原则、方向和领域等。

在体制机制建设基础上，欧盟与西巴尔干地区的关系通过经济联系和援助得以巩固。例如，在2020年欧盟向西巴尔干国家提供了33亿欧元的一揽子计划，以减轻该地区受新冠疫情侵袭的损失。欧洲投资银行也为这些国家提供了17亿欧元。[1] 2021年，欧盟委员会通过了西巴尔干地区综合经济和投资计划，旨在刺激该地区长期经济复苏，支持其绿色和数字转型，促进区域一体化与欧盟融合。该计划为西巴尔干地区筹集了高达90亿欧元的资金。[2]

总之，欧盟对西巴尔干的外交政策是通过实现与该地区所有关系制度化，在所有领域对其开展援助与合作，最终实现该地区所有国家融入欧盟。

对中国而言，西巴尔干国家是中国—中东欧国家合作机制成员，希腊加入后，该机制进一步得到扩充。中国与西巴尔干国家的关系除双边交往外，也能通过这一合作框架得以良性发展。该合作机制自2012年在华沙启动以来，会定期在成员国轮流举行领导人会晤，并发布共同文件。除领导人会晤外，还有一些配套的多边论坛和会议，涉及不同领域和不同层级。在这一合作机制带动下，西巴尔干国家在经贸投资、金融互助、节能环保、基础设施和交通运输、科技创新、文化交流等诸多领域与中国开展合作。

中国与西巴尔干国家合作的另一重要平台是"一带一路"倡议。共建"一带一路"并非一个机构或机制，而是在中国与对象国共同倡导的一系列项目；西巴尔干国家在其中可以找到更多深化与中国合作的机会，特别是在经济领域。[3] 在这一倡议刺激下，中国企业加快了在西巴尔干地区的经济参与。

得益于中国—中东欧国家合作机制和"一带一路"倡议各项目的推动，西巴尔干地区获得更多机会接受中国投资，扩大与中国的贸易，促进与中国关系朝更全面方向发展。

## （二）欧盟指责中国在西巴尔干的参与

欧盟与中国不仅采用不同方式与西巴尔干地区进行交往，而且各自对与该地

---

[1] Agnes Szucs and Talha Ozturk, "Western Balkans is 'Priority': EU top Official EU Reaffirms European Perspective for Balkans Region at Leaders' Virtual Summit," Anadolu Agency, June 5, 2020, https://www.aa.com.tr/en/europe/western-balkans-is-priority-eu-top-official/1831836, 2021-05-16.

[2] European Commission Press Release, "Western Balkans: An Economic and Investment Plan to Support the Economic Recovery and Convergence," October 6, 2020, https://ec.europa.eu/commission/presscorner/detail/en/IP_20_1811, 2021-05-16.

[3] 例如，2005至2016年间，中塞贸易增长了三倍，参见：Philippe Le Corre and Vuk Vuksanovic, "Serbia: China's Open Door to the Balkans," *The Diplomat*, January 1, 2019, https://thediplomat.com/2019/01/serbia-chinas-open-door-to-the-balkans/，2021年5月16日登录。

区交往也有不同理解。对中国来说，中国与该地区交往符合公认的国际准则、法律和原则，中国与西巴尔干各国的双边关系建立在主权平等的基础之上。然而在欧盟看来，中国在西巴尔干的参与在一定程度上损害了欧盟在该地区的影响力和利益，并因此对中国进行多方面的指责。

第一，欧盟批评中国"破坏"了欧盟在西巴尔干的适用规则。

"稳定与联系进程"启动后，促进西巴尔干的"欧洲化"是欧盟的目标，也为西巴尔干国家所接受。这意味着欧盟的规则和法律能够在西巴尔干地区部分和逐步地被引入进来。中国在西巴尔干地区的一些基础设施项目因此受到欧盟广泛批评。例如，中国进出口银行向波黑政府提供了6.14亿欧元贷款，用于改造位于该国塞族共和国图兹拉市（Tuzla）的一座火电站。然而，根据波黑与欧盟签订的"绿色能源协议"，欧盟可以在波黑引入与欧盟环境保护标准相一致的标准，因此，根据欧盟碳排放规则，这个火电站的启动会破坏欧盟相关规定。[1] 欧盟和黑山的非政府组织"曼斯"（MANS）等也对中国在黑山修建的高速公路提出批评，警告中国公司正在"破坏"有黑山母亲河之称的塔拉河（Tara River），指责中国公司的桥梁修建和沙砾开采与处理"严重破坏"了河床，[2] 尽管在修建公路之前，中国公司和黑山政府已经通过了对环境影响的评估。

第二，欧盟批评中国削弱了欧盟对西巴尔干地区的政治影响。

许多欧盟政治人物宣称，中国正试图通过在西巴尔干地区的经济投资和政治渗透来"分裂"欧洲。在一些欧盟领导人看来，西巴尔干国家受益于中国投资，将使这些国家在欧盟内捍卫中国利益，特别是在人权问题上如此。比如法国总统马克龙曾警告说，一些欧洲国家现在对中国的利益过于开放，有时甚至以牺牲欧洲的利益为代价。[3]

当西巴尔干地区暴发新冠肺炎疫情时，中国为该地区国家提供了急需的防疫医疗物资。但中国对该地区的援助被冠以"口罩外交"的称呼，有人指责中国利用危机，通过援助来扩大地区影响力，并提升国际形象。[4] 称当欧盟封闭通往塞尔维亚边境的通道，导致必要的欧盟抗疫物资无法入境塞尔维亚时，该国却得到了中国的及时援助。2020年3月，当中国医疗物资抵达塞尔维亚首都贝尔格莱德（Belgrade）时，塞尔维亚总统做出了亲吻中国国旗的举动。在欧盟看来，塞尔

---

1 "As Balkans Sit in EU's Waiting Room, China Gets to Work," *AFP*, April 10, 2019, https://www.france24.com/en/20190410-balkans-sit-eus-waiting-room-china-gets-work, 2021-05-16.

2 Samir Kajosevic, "Montenegro Probes Chinese Highway Builder's Damage to Protected River," *Balkan Insight*, March 3, 2021, https://balkaninsight.com/2021/03/03/montenegro-probes-chinese-highway-builders-damage-to-protected-river/, 2021-05-16.

3 "Merkel Warns Against China's Influence in Balkans," *AFP*, February 21, 2018, https://sg.finance.yahoo.com/news/merkel-warns-against-chinas-influence-154309855.html, 2021-05-16.

4 Bartosz Kowalski, "China's Mask Diplomacy in Europe: Seeking Foreign Gratitude and Domestic Stability," *Journal of Current Chinese Affairs*, 2021, pp.1-18.

维亚与中国关系的特殊性增强了塞尔维亚的独立性，削弱了欧盟在塞尔维亚的影响。实际上，在2008年金融危机中被欧盟抛弃之后，塞尔维亚就逐渐采取多元化外交，以减少对欧盟日益脆弱的依赖，避免危机发生时造成潜在损害。然而，欧盟认为西巴尔干国家的独立意味欧盟影响力下降，并批评中国威胁欧盟在西巴尔干的主导地位。[1]

第三，欧盟批评中国"损害"了西巴尔干国家利益。

负责监督加入欧盟的欧盟扩大事务预算专员约翰内斯·哈恩（Johannes Hahn）曾表示，"一些中国投资可能会引起对社会经济和金融影响的担忧"。他以黑山为例，认为该国从中国进出口银行获得8.09亿欧元贷款，用于修建一条横跨该国的高速公路后，该国的公共债务飙升。此外，在欧盟看来，中国的投资和金融援助对受援国解决政治腐败或限制新闻自由等问题没有帮助。欧盟官员还批评中国在塞尔维亚斯梅代雷沃（Smederevo）一家钢铁厂的投资。尽管中国河北钢铁公司接手这家钢铁厂后，该厂已从崩溃边缘恢复过来，但欧盟认为，这使塞尔维亚更加依赖中国。

不过欧盟的批评并非基于事实。一方面，中国的援助不是黑山债务的主要来源（根据不同来源数据统计，中国贷款占黑山整体公共债务比重在15%到25%之间），即使这个国家不能按时支付贷款，中国公司也不能获得正在该国修建的高速公路的所有权，正如黑山前总理马科维奇（Duško Marković）所言，黑山没有抵押任何土地来获得贷款，中国进出口银行提供了最佳的还贷方案，因此"所有（关于'债务陷阱'的猜测都毫无根据"。[2] 而斯梅代雷沃钢铁公司现在是塞尔维亚最大的出口工厂，该公司有力地促进了塞尔维亚经济的发展，也没有导致塞尔维亚对中国经济的依赖。[3]

第四，欧盟批评中国"分裂"欧洲。

---

[1] Mariasole Forlani, "Post Covid-19: Can EU-Western Balkans Cooperation Prevail Over Chinese Competition?" *A Path for Europe*, June 1, 2020, https://pathforeurope.eu/post-covid-19-can-eu-western-balkans-cooperation-prevail-over-chinese-competition/, 2021-05-16.

[2] Wang Bozun, "Western Media Ignores Key Facts in Montenegro 'Debt Trap' Hype," *Global Times*, April 13, 2021, https://www.globaltimes.cn/page/202104/1220986.shtml, 2021-05-16. 另，据不同来源数据统计，中国贷款占黑山整体公共债务比重从15%到25%不等，无论如何，并不占黑山债务主要部分。参见：Stefan Vladisavljev, "Why the EU Must Deal with Montenegro's Chinese Debt," April 16, 2021, https://chinaobservers.eu/why-the-eu-must-deal-with-montenegros-chinese-debt/, 2021年5月16日 登 录；Michael Birnbaum, "Montenegro Mortgaged Itself to China. Now It Wants Europe's Help to Cut It Free," April 18, 2021, https://www.washingtonpost.com/world/europe/china-montenegro-highway-nato-europe/2021/04/17/99a745b4-9ebb-11eb-b2f5-7d2f0182750d_story.html, 2021年5月16日登录。

[3] 原文为"The value of the biggest exporter, the Smederevo steel mill, was EUR 395.3 million between January and November 2020," 参见"Which Companies are the Biggest Exporters From Serbia?" *eKapija*, December 28, 2020, https://www.ekapija.com/en/news/3121192/which-companies-are-the-biggest-exporters-from-serbia, 2021年5月16日登录。

中国—中东欧国家合作被欧盟视作中国破坏欧洲凝聚力、对欧洲实施"分而治之"策略的工具。德国时任总理默克尔和时任外长西格马·加布里埃尔（Sigmar Gabriel）表达了对中国在欧盟外围国家提升影响力的担忧。默克尔表示，中国—中东欧国家合作机制不应包含政治条件，加布里埃尔则警告若欧洲不能对中国制定单一战略，"中国将成功分裂欧洲"。[1] 因此，欧盟和成员国没有从欧盟内部寻求欧盟不团结的根源，例如缺乏共同利益、大的成员国在欧盟的霸权、欧洲发达国家与西巴尔干欠发达国家发展差距过大等等，却倾向于批评中国与包括西巴尔干国家在内的东南欧国家的正常关系。然而，中国与东南欧国家的关系建立在互利共赢基础上。北马其顿时任总统伊万诺夫（Gjorge Ivanov）曾表示，鉴于欧盟对该地区的忽视，巴尔干国家别无选择，只能欢迎来自中国的投资。[2]

### （三）欧盟指责中国的根源：帝国主义与主权主义的冲突

作为主权独立国家，中国和西巴尔干国家都有天然权利，根据双方共同意愿、在普遍承认的国际关系准则基础上发展双边关系。没有任何证据表明中国与西巴尔干国家的交往违反了国际法或西巴尔干国家法律，欧盟对中国的批评毫无依据。这反映了欧盟及其部分成员国的独特观念，它们认为西巴尔干地区是欧洲的"后院"，其他国家不能"染指"——欧盟及其部分成员国持有"势力范围"这一过时的帝国主义观念，正是导致中欧在西巴尔干存在冲突的根源。

第一，欧盟在西巴尔干地区拥有排他性主导地位。

事实上，欧盟及其成员国在西巴尔干地区的经济、政治和文化上占据主导地位。以经济影响力为例，欧盟目前是西巴尔干地区最大经济伙伴，与其他经济伙伴相比，欧盟在该地区具有垄断地位，相反，中国在该地区的经济参与力度要弱得多。

2007—2015年，欧盟对西巴尔干地区的投资流量占该地区外来投资流量的72.5%，而中国仅占0.1%。2010—2018年，中国投资占塞尔维亚外来直接投资存量的3%，而同期欧盟占比达70%。2013—2018年，欧盟企业在西巴尔干投资超过11亿美元，欧盟是该地区最大外来投资来源。2017年，仅塞尔维亚就从欧盟获得2.9亿美元的外国直接投资。欧洲投资银行在过去十年中提供了大约85亿美元以支持该地区项目。[3] 然而，数据明显表明，中国在塞尔维亚，甚至在整个西巴尔干地区的经济存在非常有限。

除在经济领域占主导地位外，欧盟也是西巴尔干地区非常活跃的政治参与

---

[1] Niall Walsh, "Chinese Economic Interests and the Threat to EU Cohesion," *Global Risk Insights*, April 9, 2018, https://globalriskinsights.com/2018/04/chinese-interest-threat-eu/, 2021-05-16.

[2] Ibid.

[3] Markovic Khaze Nina and Wang Xiwen, "Is China's Rising Influence in the Western Balkans a Threat to European Integration?" *Journal of Contemporary European Studies*, 2020, pp. 1-17.

者。首先，为实施欧盟扩大计划，欧盟对西巴尔干国家提出了许多政治要求，经常就这些国家的进展发表评估报告，使其与欧洲的价值观、规范和规则相适应。在最近年度扩大一揽子计划中，欧盟睦邻和扩大事务专员瓦莱伊（Olivér Várhelyi）评论说："我的目标是确保我们在西巴尔干的伙伴和我们的成员国在（该地区）加入进程中重拾信任。我们今天提出的严格但公平的评估详细说明了各国在改革中的立场，并就今后的步骤提出了更明确的指导和建议。"[1] 为了加入欧盟，西巴尔干国家自愿接受欧盟的规范和规则，并改革其政治、法律和社会制度，以满足入盟的"哥本哈根标准"。

目前，欧盟已与黑山（2012年）和塞尔维亚（2014年）展开入盟谈判，2020年又启动了与北马其顿和阿尔巴尼亚的谈判。与波黑和科索沃地区的谈判也在欧盟计划之中。尽管"欧盟扩大作为一项政策，在欧盟优先事项上处于非常低的地位"，[2] 但在保持现状的同时也极力给予西巴尔干国家加入欧盟的希望，是欧盟目前在该地区的重要政策手段。

另外，欧盟也积极干预该地区的政治进程。欧盟非常重视甚至直接主持塞尔维亚和科索沃地区之间的谈判。科索沃地区独立得到了欧盟及其部分成员支持，如果没有欧盟的政治支持，塞尔维亚就无法最终和平解决科索沃地区问题并加入欧盟。欧盟还深度参与西巴尔干国家内政。例如，欧洲议会中的"人民党团"积极干预阿尔巴尼亚大选，它明确支持反对党民主党领袖巴沙（Lulzim Basha）参与竞选。欧洲议会还充当塞尔维亚执政党和反对党开展谈判的协调方。总之，欧盟通过诸多政治工具深入参与西巴尔干国家的政治进程。

欧盟还利用北约加强与西巴尔干国家军事合作。虽然北约由美国主导，它的许多成员同时也是欧盟成员。欧盟国家可以在北约内部与西巴尔干国家合作并对其产生影响，因为大部分西巴尔干国家也是北约成员。

因此，在经济、政治和军事领域，欧盟绝对是西巴尔干地区的主导和霸权力量，从任何方面看，它都是该地区最重要的伙伴、投资方与援助方。在加入欧盟的过程中，欧盟的一些规则和规范被引进西巴尔干，西巴尔干的主权也相应地部分移交给了欧盟，同时其经济体系也基本融入欧盟市场。

相反，与欧盟相比，中国对于西巴尔干地区只是一个次要角色。中国同塞尔维亚的经济关系相比该地区其他国家是最为牢固和强健的，但相比欧盟与塞尔维亚之间的经济关系，中塞经济关系仍有发展空间。

第二，欧盟对第三国实施"长臂管辖"。

---

[1] European Commission Press Release, "Commission Assesses and Sets Out Reform Priorities for the Countries Aiming to Join the EU," October 6, 2020, https://ec.europa.eu/commission/presscorner/detail/en/ip_20_1816, 2021-05-16.

[2] "EU to Reassure Balkan Hopefuls They are Not Forgotten," *AFP*, May 5, 2020, https://www.france24.com/en/20200505-eu-to-reassure-balkan-hopefuls-they-are-not-forgotten, 2021-05-16.

欧盟不仅希望在西巴尔干地区所有领域占据主导地位，而且希望排除中国在这一地区的参与。然而，中国与西巴尔干国家的交流建立在正常国际关系基础上，符合东道国法律，尊重这些国家主权，从不干涉它们的内政，中国的参与不应受到欧盟的指责甚至"惩罚"。

然而，欧盟有能力通过其在西巴尔干地区的影响力，尤其是"长臂管辖"来限制中国在西巴尔干地区的参与，当它无法阻止中国的参与时，至少能进行破坏。例如，与其他西巴尔干国家一样，波黑与欧盟签署了《能源共同体条约》，该条约成为欧盟要求西巴尔干国家满足其要求的工具。与此同时，在2018年于索非亚（Sofia）举行的欧盟—西巴尔干峰会期间，西巴尔干国家领导人签署了《绿色议程宣言》，表示有意加入欧盟所确定的环保等规范。通过这些条约和联合声明，欧盟对西巴尔干国家实行法律问责，当葛洲坝集团牵头的中国公司在波黑的图兹拉市兴建火力发电厂时，欧盟及成员国的媒体和政界人士对此进行批评，尽管中国没有违反波黑法律。[1] 此外，中国公司在参与西巴尔干国家竞标时也不能得到公平对待。尽管中国公司提供了最好的报价，但在欧盟和美国干预下，中国公司未能继续参与克罗地亚里耶卡（Rijeka）到博托沃（Botovo）之间铁路更新项目的投标，也未能参与克罗地亚里耶卡集装箱码头50年特许经营权的投标。显然，欧盟有足够能力对西巴尔干国家进行施压，促使其放弃和中国在某些特定领域和项目上的经济联系。[2]

第三，中欧在西巴尔干地区冲突的根源。

欧盟将周边国家分成不同的层次并据此制定不同政策。针对北非和中东国家以及南高加索等国家，欧盟制定了邻邦政策（neighborhood policy）以维系适当关系并施加影响；而对于西巴尔干，欧盟则将其纳入欧盟东扩方案，不但视之为欧洲不可分割的一部分，且将其当作欧盟的势力范围。故此，它对从俄罗斯到土耳其、从海湾国家到中国等其他力量的介入异常敏感。这种理念——西巴尔干乃是欧盟"后院"——可视作欧洲帝国主义的思想遗产，其中充斥着地缘政治竞争和零和博弈观念，排斥主权独立和平等思想，不承认任何其他主权国家参与西巴尔干事务的合法性，且主动充当评定西巴尔干与外国发展关系的裁判。

具体来说，欧盟在西巴尔干地区政策上的帝国主义表现有多个层面：一是将欧盟规则和规范以"柔性"方式推广到该地区，有学者将欧盟通过条约等方式将西巴尔干地区纳入欧盟势力范围，通过西巴尔干国家自愿满足入盟条件，即"哥

---

[1] Reuters Staff, "EU Official Citizens Bosnia's Backing of Chinese Power Loan," Reuters, March 13, 2019, https://www.reuters.com/article/us-bosnia-eu-energy-idUSKBN1QU1JD, 2021-05-16.

[2] Goran Andrijanić, "Zašto je blokiran ulazak Kine u luku Rijeka i što to znači za Srednju Europu?" *Narod*, April 6, 2021, https://narod.hr/hrvatska/andrijanic-zasto-je-blokiran-ulazak-kine-u-luku-rijeka-i-sto-to-znaci-za-srednju-europu, 2021-05-16. Shary Mitidieri, "Rethinking NATO Commitment to the Western Balkans," Atlantic Forum, June 2, 2020, https://atlantic-forum.com/content/rethinking-nato-commitment-western-balkans, 2021-05-16..

本哈根原则"的做法称为"二级帝国主义",[1] 它表现为较弱国家或地区自愿同意加入一个更强大的国家或联盟。不过这种"柔性"方式在特定案例上也体现了欧盟的道德胁迫,比如匈牙利总理欧尔班(Victor Orban)曾指责,欧盟(尤其是德国)要求成员国发表接纳难民的承诺是欧盟"道德帝国主义"的表现。[2] 二是,欧盟作为整体在形式上形成了一个"核心"和"边缘"所组成的霸权结构,欧盟(或其重要成员)在欧洲充当霸权,试图通过自己的政策提供国际经济稳定等,这被描述为"沉默的帝国",尽管没有强行征服其他民族,但将一些中东欧国家纳入到经济体系中,使之成为这个体系的附庸,而欧盟成为无形的霸主。[3] 三是,欧盟的东扩是为了巩固欧洲的资本主义。在20世纪90年代新自由主义政策刺激下,欧洲资本需要寻求新的投资市场,并使中东欧成为西欧的经济附庸。在这个意义上,欧盟是帝国主义扩张的工具。[4]

不过上述有关欧盟帝国主义的讨论只局限于它对欧盟内部及其邻国(包括西巴尔干国家)所具有的意义之内,鲜有涉及其对外关系。尽管如此,这种内部政策上的帝国主义性质当然地在对外政策中,包括对华政策中体现出来。帝国核心对边缘的排他性强势控制和对外部力量进入帝国势力范围的高度敏感和敌视从来都是帝国主义的一体两面,这也是欧盟不但要加强对西巴尔干国家的约束,同时对中国加强与西巴尔干地区经贸联系充满高度质疑的根源。

当西巴尔干国家将加入欧盟当作国家战略目标时,欧盟就要求它们不断满足布鲁塞尔的要求,但西巴尔干国家的许多诉求并未得到欧盟的认真对待。例如,黑山两次(分别于2006年和2012年)试图为其国家高速公路项目谋取欧洲资金支持,但都以失败告终,因此它最终不得不寻求中国帮助。[5] 当中国公司投资图兹拉火电厂时,前波黑克族民主联盟主席诺瓦利奇(Fadil Novalic)表示,获得

---

[1] Glyn Morgan, "Is the European Union Imperialist?" *Journal of European Public Policy*, Vol. 27, Issue 1, July 2020, pp. 1-17.

[2] Ruth Bender, Orban Accuses Germany of 'Moral Imperialism' on Migrants, *The Wall Street Journal*, September 23, 2015. https://www.wsj.com/articles/orban-accuses-germany-of-moral-imperialism-on-migrants-1443023857, 2021-05-16.

[3] Tanner Troyer, "Postmodern Imperialism and the European Union," dissertation, Ball State University, December 2011, http://cardinalscholar.bsu.edu/bitstream/123456789/196082/1/T79_2011TroyerTanner.pdf, 2021-05-16.

[4] Lütfi Doğan, "The Eastern Enlargement of The European Union: A Unique Case for Imperialism," dissertation, Middle East Technical University, September 2018, pp.3-16. http://etd.lib.metu.edu.tr/upload/12622575/index.pdf, 2021-05-16.

[5] Lütfi Doğan, "The Eastern Enlargement of The European Union: A Unique Case for Imperialism," dissertation, Middle East Technical University, September 2018, pp.3-16. http://etd.lib.metu.edu.tr/upload/12622575/index.pdf, 2021-05-16.

中国的贷款是"一个历史性时刻"。¹ 因此，中国在西巴尔干地区的经济交往受到该地区国家的欢迎，它有利于双方。然而，这些国家与中国的交往受到欧盟各种批评与持续施压。总之，欧盟的帝国主义不仅表现为对西巴尔干地区的控制，也表现为对中国加强与西巴尔干国家关系的各种指责。

不过，中国坚持普遍认可的国际法原则，即任何独立国家都有权在主权平等基础上自主发展与所有其他主权国家的关系。中国与西巴尔干关系符合这一原则，中国的参与完全是合法的。

中国加强与西巴尔干地区关系时所秉持的主权主义不仅表现为对西巴尔干国家主权的尊重，也表现为对地区内部事务的不干预立场。尽管欧盟是西巴尔干地区的"柔性"帝国或"沉默"帝国，但中国对于欧盟与西巴尔干地区基于双方认可的条约而缔结的双边关系并没有任何异议与评论。中国基于主权平等而发展与西巴尔干国家关系和不干涉内政的原则都出于对主权主义的坚持。

因此，欧盟与中国在西巴尔干地区冲突的实质在于：欧盟将西巴尔干当作自己的"势力范围"或者"后院"。在度假季节，所有西欧人可以去亚得里亚海附近的美丽海滩、岛屿和内陆的森林享受放松的闲暇时光，西巴尔干是任何其他国家"不应觊觎"的欧洲珍宝，中国基于自由市场原则的"雄心勃勃"的经济参与和"毫不起眼"的文化交流，² 会被欧盟视为对欧盟霸权和主导地位的"冒犯"。而从中国的角度来看，西巴尔干国家具有充分的主权，中国与这些国家有合法、独立的权利开展双向经贸和文化联系，同时中国对西巴尔干国家"自愿"加入欧盟没有采取任何干预措施，包括表达异议或评论。中欧在西巴尔干地区的冲突或欧盟对中国的指责，完全反映了中国与欧盟两种截然不同的观念冲突——帝国主义之于主权平等、霸权之于自由、保护主义之于开放精神。

## 结论：潜在的合作出路？

尽管中国的参与遭到了欧盟的批评甚至遏制，但中欧双方依然可以找到合作机会，并由此加强双边战略伙伴关系，并促进西巴尔干地区稳定与繁荣。双方在该地区合作最坚定的共同点是都有面向该地区的互联互通战略。西巴尔干地处

---

1 "As Balkans Sit in EU's Waiting Room, China Gets to Work," AFP, April 10, 2019, https://www.france24.com/en/20190410-balkans-sit-eus-waiting-room-china-gets-work, 2021-05-16.

2 Jasna Plevnik, "The 'Belt And Road' Initiative and Its Implications for Southeast Europe," *Occasional Papers*, Center For International Relations and Sustainable Development, October 18, 2016, https://www.cirsd.org/en/publications/occasionalpapers/the-belt-and-road-initiative, 2021-05-16.

"21世纪海上丝绸之路"和"丝绸之路经济带"结合的枢纽,对推进"一带一路"建设具有重要意义,近年来中国企业在该地区加大了投资和其他经济活动,欧盟也有发展其与西巴尔干地区互联互通的规划。这些为欧盟、中国和西巴尔干地区致力于三方合作项目,巩固中欧全面战略伙伴关系奠定了基础。

实际上,中欧之间存在三方合作的成功案例——克罗地亚佩列沙茨大桥(Pelješac Bridge)项目。这座全长2.4公里、连接克罗地亚大陆与佩列沙茨半岛的项目,总造价的85%由欧盟团结基金支持。2018年,中国公司中标该项目,2022年正式竣工。作为欧盟、中国和西巴尔干国家三方合作非常成功的案例,该项目可作为中欧未来合作的典范。在此情况下,中国公司完全可做到遵循欧盟的所有标准,包括工业和技术标准及环保标准。

根据上述案例,要确保中欧在西巴尔干地区合作成功,双方必须遵循一些基本原则。第一,遵循"三赢"原则,使任何合作都有利于欧盟、中国和西巴尔干国家,中欧双方在讨论任何潜在合作时,都要首先考虑西巴尔干国家的利益。第二,合作应着眼于西巴尔干国家需要,或立足于西巴尔干国家旅游、农产品等资源禀赋优势,或是着眼于数字化、新能源开发等方面的切实需求。第三,"非政治"原则,中国尊重欧盟与西巴尔干之间的紧密关系和西巴尔干国家加入欧盟的愿望,甚至支持该地区加入欧盟,从这个角度看,中国不会介入这些国家内政。中国与欧盟在该地区合作可以聚焦经济、文化、教育、科技等各非政治领域,而该地区政治事务的解决不应被列入中欧合作议程,以确保合作的可持续性。第四,可建立一个可能的双边合作机制,如在中欧战略对话框架内开展关注西巴尔干地区合作的特别对话,或增设三方协调工作小组,以促进西巴尔干地区经济发展或与世界互联互通进程。制度化合作机制能使各方有更多机会进行协调、谈判,并为最终合作的成功提供有力支持。

专题：新形势下的中国国际战略

# 中非合作论坛高等教育奖学金对非洲人力资本发展的启示："海归"的经验

风空 祁嘉琳

**内容摘要**：非洲的未来取决于其人力资本的发展，高等教育是释放非洲发展潜力的关键资源之一。中国一直是非洲发展的重要伙伴，非洲国家称赞中国的发展模式，并制定了"向东看"政策，以期找到并模仿最适合发展中国家的发展模式。中非高等教育合作前景广阔，是一片可供私营和公共部门挖掘的战略洼地。在中非合作论坛框架下，中国通过学历教育在内的多种项目，为非洲的人力资源发展提供支持。中国邀请了非洲学者到中国高校攻读高等学位，学习中文，甚至学习中国的扶贫模式。毕业后，这些学生必须回国，服务于本国的经济发展。通过回顾中非在人力资本发展领域的国际教育合作，本文提出，设立更具目的性、激励性和独立性的高等教育合作行动计划将可以帮助双方树立国家声誉，并促进双方政策和产业的未来发展。其成果将对地区一体化、产业发展和双方外交关系产生深远的、可持续的和战略性的影响。

**关键词**：中国 非洲 高等教育 中非合作论坛 "海归"

---

风空（Tebogo Lefifi）南非开普敦大学研究员；祁嘉琳（Carine Kiala）南非比勒陀利亚大学政治学与国际关系学系副研究员。

原文刊载于北京大学国际战略研究院主办的英文期刊 *China International Strategy Review*（Vol.3, No. 1, 2021, https://doi.org/10.1007/s42533-021-00074-y）。此处刊载已获得作者本人及 *China International Strategy Review* 出版商施普林格·自然（Springer Nature）出版集团的授权许可。

## 一、导言

非洲拥有世界上最年轻的人口。非洲大陆拥有超过4亿15岁到35岁的年轻人口，占其总人口的40%。[1] 到2030年，这一年龄区间的青年将占非洲人口的75%。根据非洲开发银行（AfDB）数据，到2050年，非洲将拥有38个世界上最年轻的国家。[2] 这使非洲与大多数面临人口老龄化困境的发展中国家和发达国家相比具有竞争优势。对投资者而言，年轻的人口使非洲大陆在制造业等需要熟练技能且薪资较低的劳动力密集型行业中极具吸引力。人力资本发展对非洲大陆的经济增长至关重要，因此成为了非盟"非洲基础设施发展计划"（Programme for Infrastructure Development in Africa，PIDA）和《2063年议程》（*Agenda 2063*）的战略轴心之一。有效的人力资本发展计划必须能够提高青年劳动力的教育水平和技能储备。普华永道2019年的一份报告预计，在未来30年里，平均每年将有1350万受过教育的非洲年轻人加入劳动力市场。[3] 如果没有充足的教育能力和资源，非洲可能会像错过利用丰富的自然资源实现发展那样，再次错过人口红利的发展机遇期。[4]

本文提出了非洲国家基于中国的海外归国留学生（俗称"海归"[5]）经验可以采取的战略举措，以及利用中国奖学金推动人力资本发展的方法。根据教育效应红利模型，教育扩张是"生产力效应"的重要解释因素。[6] 本文研究了中国政策支持下的"人才回流"效应，并探讨了将这些政策移植到非洲以开发其最宝贵的财富——人力资本——的可能措施。本文还试图概述重要而独特的全球南方倡议，这些倡议将提高非洲大陆通过高等教育奖学金实现人口红利的能力。中国在20世纪90年代的经验和成功为非洲提供了现实目标和指导方针，这是全球北方未能提供的。

---

1 African Union, "Youth Development," https://au.int/en/youth-development#:~:text=Africa%20has%20the%20youngest%20population,development%20index%20of%20African%20nations, 2021-02-27.

2 African Development Bank, "Jobs for Youth in Africa: Strategy for Creating 25 Million Jobs and Equipping 50 Million Youth, 2016-2025," https://www.tralac.org/documents/resources/africa/1783-afdb-group-strategy-for-jobs-for-youth-in-africa-2016-2025/file.html, 2021-02-27.

3 PwC, "Workforce for the Future, 2030, Global Trends Challenged by African Realities," October, 2019, https://www.pwc.co.za/en/assets/pdf/workforce-for-the-future-2030.pdf, 2021-02-27.

4 联合国人口基金（UNFPA）将人口红利定义为"人口年龄结构变化可能带来的经济增长潜力，主要发生在当工作年龄人口（15-64岁）所占比例大于非工作年龄人口（14岁及以下，65岁及以上）所占比例时"。Aidarbek Amirbek and Kanat Ydyrys, "Education and Soft Power: Analysis as an Instrument of Foreign Policy," *Science Direct*, Vol. 143, 2014, pp. 514-516.

5 中国"海归"指在海外学习并回国的中国学生。

6 Wolfgang Lutz, et al., "Education Rather Than Age Structure Brings Demographic Dividend," *Proceedings of the National Academy of Sciences*, Vol. 116, No. 26, 2019, pp. 12798-12803.

为了得出明确的建议方案，本文分为五个部分。第一部分介绍了中非教育交流与合作的历史和现状。第二部分考察了中国针对"海归"并实现"人才回流"的政策、措施和激励。通过这些干预，中国政府鼓励并吸引留学生回国，为实现国家利益作出贡献。第三部分是对四个非洲国家——佛得角、埃塞俄比亚、尼日利亚和卢旺达——的实证研究，并考察这四个国家现有的人才回流项目。第四部分通过借鉴中国模式的最佳实践，为实现全球南方发展的解决方案提出建议。结论针对如何充分优化未来奖学金项目而提出了两方面的建议，一则针对非洲国家的政策制定者，二则针对中非合作论坛行动计划。

## 二、中非教育合作

非洲可以从中国汲取哪些发展经验？这是中非学者和非洲领导人经常提出的一个问题。"实现撒哈拉以南非洲人口红利"的概念就来自于中国的增长模式。[1] 通过实体的基础设施建设和地缘政治合法性，中国已成为非洲发展的战略伙伴和标杆。中国对非洲大陆的兴趣已从将其单纯视为天然矿产的原料产地，发展到将其看作中国商业和金融的市场。中国的对外信贷通常针对金融服务和铁路、能源、物流和建设等部门中的重大基础设施项目。中国在非洲大陆采取了不同的路径，以避免对其在非洲掠夺资源和实行新殖民主义的批评。自2000年中非合作论坛成立以来，人力资本发展已成为中非社会交流的重要支柱。

中国自20世纪50年代开始接收非洲留学生。尽管在"文化大革命"期间有所停滞，但在中国学习的非洲学生人数已经从1956年的4名增加到2018年的8万多名。[2] 中国已经意识到非洲在培养青年人口素质方面的不足，为此提供了有针对性的援助。为了最大化利用来自中国的援助，非洲需要投资教育，并发展其人力资源的技能基础。此外，非洲国家需要制定政策和倡议，以更好地利用青年带来的发展成果。艾哈迈德（S. Amer Ahmed）等学者认为，通过对教育的正确干预，到2030年，非洲青年可以贡献11%—15%的国内生产总值。[3] 这一增长将有可能使接近4000万至6000万的非洲人口脱贫。

通过中非合作论坛的一系列行动计划，中国已经明确承诺帮助非洲解决高等教育中的人力资本困境。《中非合作论坛—北京行动计划（2019—2021年）》中，

---

[1] Hans Groth, et al., "Policies Needed to Capture a Demographic Dividend in Sub-Saharan Africa," *Canadian Studies in Population,* Vol. 46, No. 1, 2019, pp. 61-72.

[2] Anshan Li, "African Students in China: Research, Reality, and Reflection," *African Studies Quarterly,* Vol. 17, No. 4, 2018, pp. 5-44.

[3] Ahmed, S. Amer, et al., "How Significant is Africa's Demographic Dividend for Its Future Growth and Poverty Reduction?" paper presented to the 17th Annual Conference on "Global Economic Analysis", Dakar, Senegal, June 18-20, 2014, https://www.gtap.agecon.purdue.edu/resources/res_display.asp?RecordID=4440, 2020-11-26.

就有如下两项战略行动明确地体现出了这一承诺：

战略行动 4：社会发展合作

4.3 教育和人力资源以及其他专门领域的战略行动。中国致力于加强对非高等教育交流。"中国已向非洲国家提供减贫与发展专业学位教育项目。该学位可以提供深入了解中国模式和其教育机会的结构性视角，而这些都是无法从西方学术机构中学到的。"

战略行动 5：人文合作

5.5 青年与发展。除了中非合作论坛，非洲也在"金砖国家"与"一带一路"这两个多边机制中与中国合作。

中非合作论坛成立后，非洲青年在华留学人数显著增加，与双方在贸易、投资、外交等领域交往的增长相匹配。2003年，非洲青年在华留学人数略低于2000名。[1] 截至2018年，中国教育部宣布共有81562名在华非洲留学生，占所有国际学者的17%。[2] 最近的数据显示，非洲学生越来越偏好留学中国。这一趋势在攻读科学、技术、工程和数学（STEM）领域学位的学生中体现得尤为明显。自2014年以来，越来越多的非洲学生将中国视为首选留学目的地。中国在这一指标上的排名低于法国，却高于美国。[3] 有三个因素或许可以解释这一趋势：一是中国的宣传推广以及非洲留学生获取奖学金的便利性；二是接受中国教育的经济成本相对低廉；三是非中关系的发展。然而，尽管从高等教育的角度来看，中国具有吸引力，但尚未有研究能够说明这些非洲留学生在非中经贸合作中的价值能在多大程度上受其中国学历的影响。事实上，从全球北方的其他国家取得的学位似乎仍然更具竞争优势。

虽然教育并非中非合作论坛行动计划最初的重点，但这一领域的合作带来的收益是不可否认的。在华非洲人有四个主要群体：留学生、外交官、专家和商人。著名非洲问题专家李安山教授曾指出，非洲留学生是现在生活在中国的第二大非洲人群体。[4] 鉴于中国在《中非合作论坛—北京行动计划（2019—2021年）》中承诺将在2019—2021年间向非洲提供5万个奖学金名额，留学生群体人数预计将逐年增加。这些奖学金将用于资助非洲留学生在中国高校进行本科、硕士和博士学习。除奖学金名额外，中方还承诺邀请2000名非洲青年来华学习访问。在

---

[1] Anshan Li, "African Students in China: Research, Reality, and Reflection," pp. 5-44.

[2] Yuping Ma and Suyan Pan, "Chinese Returnees from Overseas Study: An Understanding of Brain Gain and Brain Circulation in the Age of Globalization," *Frontiers of Education in China*, Vol. 10, No. 2, 2015, pp. 306-329.

[3] Jeremy Luedi, "Why African Students are Choosing China over the West," *Asia by Africa*, October 15, 2018, https://www.asiabyafrica.com/point-a-to-a/african-international-students-study-in-china, 2021-02-27.

[4] Anshan Li, "African Students in China: Research, Reality, and Reflection," pp. 5-44.

中国教育非洲新一代的学者和精英，将使非洲未来的政策制定者更加熟悉中国的全球政策，他们也更有可能采取合作的态度。更多的非洲学者也将成为逐渐崭露头角的中非合作和政策关系的有机部分。这证明了中国在与非洲国家发展关系方面独特的价值主张与投资。

鉴于中国是非洲增长最快的贸易和发展伙伴，中国企业有望在未来为非洲大陆创造就业和创业机会。这些机会将出现在那些由于中国的人口老龄化和工资上涨而不再具备竞争优势的行业。2017年，中国在非洲的发展项目数量上仅排名第七，但中国是为非洲创造最多就业机会的国家。[1] 同年，中国作为非洲主要发展伙伴国和国际信贷主要提供者，创造了三万个就业岗位。除双边协议和多边的中非合作论坛外，中国还在"一带一路"倡议下与非洲国家开展合作。科隆大学中国法律文化系主任伊娃·里希特（Eva Richter）认为，通过国内合作、双边和多边协议，中国在"一带一路"共建国家人口流动方面发挥着关键作用。[2] 就非洲而言，上述人口流动发展主要是通过中非合作论坛实现的。此外，华为等中国的跨国公司也在非洲开展业务、推动重点基础设施项目建设。在《非洲大陆自由贸易协定》（AfCFTA）框架下，交通和物流部门的新项目也将不断涌现。上述两个因素可以增加非洲在华留学毕业生和专家在整个非洲大陆的流动性。

中国在促进非洲人力资本发展方面的能力也可以在世界各地创造各种级别的就业机会，因为中国有着一批世界上规模最大的企业。在新冠肺炎疫情引发全球经济衰退的背景下，中国跻身《财富》全球500强的企业数量首次超过美国。中国正在通过对外开放实现"中国梦"。尽管中国的银行和国有企业的盈利能力最强，也由此跻身《财富》全球500强前列，但全球贸易和创新仍然是中国跨国公司成功的主要催化剂。因此，非洲在华留学毕业生在具备有关中国的专业知识，掌握流利的普通话，并理解与国家议程相符的中国企业的目标后，应当具备在全球竞争的有利条件。在中国作为主要国家之一的国际体系中，这些毕业生可以利用这些优势，在地区一体化进程和同中国的合作中代表非洲，成为非洲下一代的全球商业和政治精英。

然而，影响力极大的战略性项目主要通过中国与非洲各国政府签订的双边协议执行，并不包含技术或技能转让条款。关于中国和非洲国家之间的人才回流研究很少，针对高等教育方面的研究尤为稀缺。大多数学者关注体力劳动者，用以

---

[1] Anshan Li, "African students in China: Research, reality, and reflection," pp. 5-44.

[2] Eva L. Richter, "Economic Development through Migration: Facilitating Skilled Migration to China through the Belt and Road Initiative," *The Chinese Journal of Comparative Law,* Vol. 8, No. 2, 2020 pp. 331-350.

反驳中国没有雇佣非洲本土劳动力的批评。¹ 由于对归国毕业生管理的政策框架缺失，在非中国企业认为当地劳动力缺乏必要技能或面临文化障碍，因此难以雇佣到合适的本地劳动力。非洲各国政府在执行要求中国企业雇佣本地劳动力并进行技能培养的合同方面一直推进得十分艰难。那么，当前非洲在华留学毕业生队伍的价值是什么呢？奖学金是否成就了更多的专家？中国的经验是否有助于激励和培养未来的领导者？阿里尔·甘道夫（Ariel Gandolfo）认为，中国企业在非洲所关注的就业机会并没有转化为真正的发展。如果非洲国家想要采用中国模式，应该仔细研究中国改革开放后，针对归国留学生采取的政策改革以及各项举措。² 如果希望帮助培养下一批对地方经济产生积极影响的非洲专家和知识分子，中国应该利用好在非中国企业，与非洲各机构密切合作，以制定可行的举措。在这种双赢的模式下，中国奖学金将在满足非洲大陆的人力资本发展需求和优先事项的同时，提升中国作为新兴大国的学术形象。

> 如果希望帮助培养下一批对地方经济产生积极影响的非洲专家和知识分子，中国应该利用好在非中国企业，与非洲各机构密切合作，以制定可行的举措。

## 三、中国高等教育与人力资本发展之路

### （一）作为软实力工具的教育

全球化的到来和新时代的"海归"现象已经超越了中国传统侨务政策的范畴。³ 国际化要求重新定义中国与海外侨民的互动。侨务政策始于鼓励海外华人增加对国内汇款的激励措施和优惠政策。然而，在毛泽东时代，侨务政策从经济激励转向政治激励。在后毛泽东时代，中国在经济改革和转型的过程中改变了自己的政策做法。政治理论家约瑟夫·奈（Joseph S. Nye）"软实力"（soft power）概念的引入促进了这一政策转变。⁴ 政策重点不仅转为给归国华人创造内部联系

---

1 Deborah Brautigam, "5 Myths About Chinese Investment in Africa," *Foreign Policy*, December 4, 2015, https://foreignpolicy.com/2015/12/04/5-myths-about-chinese-investment-in-africa/, 2021-02-27; Xiaoyang Tang, "Does Chinese Employment Benefit Africans? Investigating Chinese Enterprises and their Operations in Africa," *African Studies Quarterly*, Vol. 16, Issue 3-4, 2016, pp. 107-128.

2 Ariel Gandolfo, "Chinese Investment in Africa: Where Do the Jobs Go?" *Prosper*, CSIS, June 17, 2015, https://csisprosper.com/2015/06/17/chinese-investment-africa-jobs/, 2021-02-27.

3 针对海外侨民的政策在中国被称为侨务政策。中国的海外侨汇为中国的外汇储备作出了相当大的贡献。

4 "软实力"指一个国家在不使用强制手段的情况下，通过影响本国公民和其他国家来达到预期结果的能力。

和机会，而且也开始鼓励中国的公共外交。[1]

约瑟夫·奈提出的"软实力"战略致力于使美国摆脱军事霸权（硬实力）但同时保持在对外关系中的主导地位。"软实力"利用经济、文化和政治的力量作为吸引与合作的手段。[2] 中国政府在其对外关系的不同方面采纳了这一理念，并为其注入中国特色而加以改革。[3] 投资非洲的教育事业是中国"软实力"的重要延伸。中国吸引国际学生的做法源于其以政府为主导的、加强本国在世界范围内的政治和学术关系的努力。通过加强推广中国文化、语言和公共外交活动，中国试图在教育中发展"软实力"。[4] 相关实践涵盖在世界各地建立孔子学院和举办包括2008年夏季奥运会和2022年冬季奥运会在内的国际活动。意识到本国教育国际化的价值后，中国向国际学生敞开了大门，致力于改善对外和对内的国际政治和学术关系。潘甦燕提出，一些学者认为出国留学的兴起是新自由主义的特征之一，亚洲国家通常采用了以出口为导向的经济发展模式，这种模式也因此促进了高等教育向市场化的转向。[5]

中国2011年的全国侨务工作会议首次将范畴在很长一段时间以内不断扩大的侨务政策明确了下来，包括吸引投资和人才，保护和促进国家团结，并通过公共外交促进国家软实力。[6] 这一提议随后促成了致力于雇佣和发展侨民的第一个五年执行计划的通过。中国官员能够超越传统经济模型的拉力和推力因素，利用"海归"的兴起造成的缺口，为"海归"创造特有的机会，修改移民政策，从而维护了更大范围的专业知识人才储备库；此外，中国官员还利用公共外交的理念继续提升本国在全球的地位。海外华人是推动中国外交叙事转变为国际性叙事的关键，并且鼓励了国家对海外华人社区、中文媒体和中文教育的支持。

---

1 Mette Thuno, "China's New Global Position: Changing Policies towards the Chinese Diaspora in the 21st Century," Bernard Wong and Chee-Beng Tan (eds.), *China's Rise and the Chinese Overseas,* Routledge Publisher, 2018, pp. 184-208; Cangbai Wang, et al., "Haigui: A New Area in China's Policy toward the Chinese Diaspora?" *Journal of Chinese Overseas,* Vol. 20, No. 2, 2006, pp. 294-309; Hong Liu and Els Van Dongen, "China's Diaspora Policies as a New Mode of Transnational Governance," *Journal of Contemporary China,* Vol. 25, No. 102, 2016, pp. 805-821.

2 Joseph S. Nye, "China and Soft power," *South African Journal of International Affairs,* Vol. 19, No. 2, 2012, pp. 151-155.

3 Sheng Ding and Koslowski Rey, "Chinese Soft Power and Immigration Reform: Can Beijing's Approach to Pursuing Global Talent and Maintaining Domestic Stability Succeed?" *Journal of Chinese Political Science,* Vol. 22, No. 1, 2016, pp. 97-116.

4 Mette Thuno, "China's New Global Position: Changing Policies towards the Chinese Diaspora in the 21st Century," pp. 184-208.

5 Su-Yan Pan, "China's Approach to the International Market for Higher Education Students: Strategies and Implications," *Journal of Higher Education Policy and Management,* Vol. 35 No. 3, pp. 249-263.

6 Renée Gray Beaumont, "Funding Next Generation Industries; Xi's Drive for Creativity," *The Nanjinger,* February 4, 2018, https://www.thenanjinger.com/magazine/feature-stories/funding-next-generation-industries-xis-drive-for-creativity/, 2021-04-08.

然而，中国"为国家服务"的号召也有其不足之处。与人才回流不同，人才流动激起了承认跨国身份的需求。[1] 图诺（Mette Thuno）提出了关于双重国籍的争论，一方面该问题在中国仍有巨大争议，并对中国政府的治理造成威胁，因而中国十分反对承认双重国籍；另一方面，一些发达国家为海外华人提供了外部投票权和政治权利，促使着海外华人转变国籍。[2] 因此，对于那些希望获得接收国公民身份、同时仍与中国保持联系的"海归"来说，政治忠诚是一个关键障碍。当然，即使在不承认双重国籍的情况下，中国政府还是成功地扭转了人才流失的局面。

**（二）"海归"的概念**

中国人口头上将那些在海外学习然后回到中国的高技能毕业生称为"海归"，取自海龟迁徙运动的隐喻。[3] 这一表述最早出现在20世纪90年代的互联网上，现在被广泛使用。"海归"是"海外归国"一词的缩写，即"留学生"的同义词。中国近代史上有三代"海归"。第一代可以追溯到1872年的清朝，当时的皇帝开展了第一次留学运动。[4] 自19世纪70年代以来，中国一直是出国接受高等教育以期改善职业前景的重要的学生来源地。中关村企业园区人力资源局局长表示，"海归"指的是那些有海外留学经历的人，既包含在国外获得学位的学生，也包括通过海外交流项目在国外度过一年以上的人。[5]

在早期，归国留学生被认为是革命者。在中国遭受英国殖民侵略时期，他们提倡采用西化方案以及（财政、经济、政治）政策和技术。[6] 他们还担任了因转型而出现的企业高层职位，在国外的经历使他们成为把"西方带到中国"的合适人选。中国政府调集了本国有海外学习经历的学者，研究和学习国际法律体系，并制定了具有中国特色的第一部宪法和现代民法。

第二波"海归潮"发生在20世纪50年代，即中华人民共和国成立后不久。[7]

---

1 Cangbai Wang, et al., "Haigui: A New Area in China's Policy toward the Chinese Diaspora?" pp. 294-309.

2 Mette Thuno, "China's New Global Position: Changing Policies towards the Chinese Diaspora in the 21st century," pp. 184-208.

3 Kam Louie, "Returnee Scholars: Ouyang Yu, the Displaced Poet and the Sea Turtle," *New Zealand Journal of Asian Studies,* Vol. 8, No. 1, 2006, pp. 1-16.

4 He Li, "Returned Students and Political Change in China," *Asian Perspective,* Vol. 30, No. 2, 2006, pp. 5-29.

5 中关村通常被认为是中国"硅谷"。Le Bail, Hélène and Wei Shen, "The Return of the 'Brains' to China: What are the Social, Economic, and Political Impacts?" *Asie Visions 11*, Institut Francais des Relations Internationales (Ifri), November 2008, http://citeseerx.ist.psu.edu/viewdoc/download;jsessionid=8964CCBC62A964468DD1DC788 259BBB6?doi=10.1.1.551.7755&rep=rep1&type=pdf, 2021-02-27.

6 Marianne Bastid-Bruguière, "Self-strengthening Movement," Daniel Leese (ed.), *Brill's Encyclopedia of China*, Brill Reference Online, 2008, https://referenceworks.brillonline.com/entries/encyclopedia-of-china/self-strengthening-movement-SIM_00215, 2021-04-08.

7 He Li, "Returned Students and Political Change in China," pp. 5-29.

在这一时期，中国采取了共产主义和反西方的立场，并与苏联开展国际教育交流。然而，由于两国之间的政治纷争，这段教育交流关系持续的时间十分短暂。大多数从苏联归来的"海归"在党和政府中担任领导职务，奠定了制定对抗新敌人的策略的能力。

第三代，也是最近一代的"海归"，出现在邓小平提出对外开放政策之后，推动了中国在与国际社会的交往中采取更加开放的对外政策。联合国教科文组织统计研究所的统计数据显示，仅2001年，中国留学生就占到了全球160万海外留学生中的25%，中国因而成为世界上最大的海外留学生输出国。第三代"海归"最初并没有回到中国，而是在海外找到了新的机会。然而，随着中国经济的增长和国内市场机会的增加，越来越多的毕业生带着更优秀的专业储备回到了中国。然而，中国对人才的迅速回流准备不足。

中国政府的人力资源发展政策和框架并不是为吸纳归国留学生或专家量身定制的。先前被称为"侨务"的政策主要服务于四种基本类别的人群，包括居住在中国大陆以外的中国公民（华侨）、回国永久定居的中国公民（归侨）、华裔外国公民（华人）和前两种人的亲属，即侨眷。[1] 为了能够更加高效地利用"海归"的专业知识，中国政府将战略政策改革列为重点。[2] 自20世纪90年代中期以来，中国政府启动了至少12个项目来吸引受过高等教育和拥有专业技能的海外华人。习近平主席还强调了归国留学生为国家转型作贡献的重要作用，并公开称赞归国留学生是值得效仿的"优秀榜样"，发出了鼓励留学生回国、为国家发展作贡献的号召。

### （三）中国的"海归"政策

中国的私营部门和政府已经从国际留学带来的专业知识和人力资源发展中受益匪浅。[3] 这些"海归"人才的跨文化经历激发了中国在全球生产生态系统中开拓领军型创新项目的能力，也让他们意识到推广使用中国产品的必要性。例如，很大一部分以打造大众创业和科技创新项目为目标的"海归"带着硅谷的经验回国，使中国能够通过直接资助初创企业来收获人才。一些"海归"为外国或外资公司工作，使得吸引外国直接投资变得容易。字节跳动是一个典型的例子，它是世界上最具价值的初创公司，也是 TikTok 等各种成功产品的母公司。另一个音

---

[1] 参见：Sheng Ding and Rey Koslowski, "Chinese Soft Power and Immigration Reform: Can Beijing's Approach to Pursuing Global Talent and Maintaining Domestic Stability Succeed?" pp. 97-116; Cangbai Wang, et al., "Haigui: A New Area in China's Policy toward the Chinese Diaspora?" pp. 294-309.

[2] 1954年《宪法》第23条首次赋予了华侨华人参政的权利，共30名华人华侨代表参加了全国人民代表大会。

[3] Kun Chen, *Producing China's Innovative Entrepreneurship: Nationalism, Cultural Practices, and Subject-Making of Transnational Chinese Professionals*, Ph.D. dissertation, UC Berkeley, 2011.

乐类短视频应用Musical.ly也是由一位曾在美国留学的"海归"开发的。鉴于人才的稀有性，北京将目标锁定于那些在中国产业政策和军民融合计划中所强调的领域和技术方面具有专长的中国留学生和学者。[1] 上述领域涵盖了移动通信、航空、生物技术和新材料等。

《中国制造2025》是一项综合性产业计划，通过补贴中国在全球制造业价值链上的攀升、开拓新兴技术以及提高自主创新能力来提升软实力。[2] 一些领域被认定为《中国制造2025》计划的核心，包括新一代信息技术产业、高档数控机床和机器人、航空航天装备、海洋工程装备及高技术船舶、先进轨道交通装备、节能与新能源汽车、电力装备、农机装备、新材料、生物医药及高性能医疗器械等。[3] 其中，创业型项目最受追捧，包括中国海归青年协会（CYRA）和南京经济技术开发区在内的机构吸引了数千名海外专家和学生参与到关键性项目中，并且获得成功。[4] 目前，在美国对5G技术和中国通信施加限制之后，下一代半导体的生产尤具争议性，留住人才对于缓冲该行业受到的打击，以及加快实现经济自主创新至关重要，而这正是《中国制造2025》计划的基础。放松管制、减少国家干预和私营部门的大规模投资，促进了上述各种创业和技术创新项目。中国十分重视其人力资源。2008年启动的"千人计划"（TTP）等项目旨在吸引（尤其是科技领域的）中外顶尖人才。这些人才在中国工作后将享受到高薪待遇、良好的福利、一流的设施和极高的声望。[5]

"海归"的概念尚未出现在中非合作论坛行动计划中。非洲国家普遍更重视在西方国家就读的留学生，因此，过往的大多数学者都选择在西方接受教育。虽然这一概念与中非关系没有直接关联，但类似的针对归国学者的倡议可以促进更紧密的中非关系的形成，推动技能发展和技术转让。作为中非合作论坛框架下社会合作重要组成部分的教育合作，应当借鉴中国国务院侨务办公室的"海归"经验和政策。中国的"海归"为国家的经济发展作出了重大贡献。然而，在打造非

---

1 Anastasya Lloyd-Damnjanovic and Alexander Bowe, "Overseas Chinese Students and Scholars in China's Drive for Innovation," *Staff Research Report*, U.S.-China Economic and Security Review Commission, October 7, 2020, https://www.uscc.gov/sites/default/files/2020-10/Overseas_Chinese_Students_and_Scholars_in_Chinas_Drive_for_Innovation.pdf.

2 Ling Li, "China's Manufacturing Locus in 2025: With a Comparison of 'Made-in-China 2025' and 'Industry 4.0'," *Technological Forecasting and Social Change*, Vol. 135, October 2018, pp. 66-74.

3 Huimin Ma, et al., "Strategic Plan of 'Made in China 2025'and Its Implementation," Richard Brunet-Thornton and Felipe Martinez (eds.), *Analyzing the Impacts of Industry 4.0 in Modern Business Environments*, IGI Global, 2018, pp. 1-23.

4 Renée Gray Beaumont, "Funding Next Generation Industries; Xi's Drive for Creativity".

5 Rob Portman and Tom Carper, "Threats to the U.S. Research Enterprise: China's Talent Recruitment Plans," *Staff Report*, Permanent Subcommittee on Investigations, United States Senate, November 18, 2019, https://www.hsgac.senate.gov/imo/media/doc/2019-11-18 PSI Staff Report - China%27s Talent Recruitment Plans.pdf, 2021-01-03.

洲版本的"海归"政策时,应该首先认识到中国是根据其独特的历史来制定相应的项目,以此为鉴,扭转人才流失的局面,并发展适应当地的技能。

## 四、中国政府奖学金背景下的非洲人力资本发展路径

非洲拥有全球最年轻的人口,年龄在15—35岁之间的人口超过4亿人。此外,与欧洲和世界其他地区生育率的不断下降相反,非洲的年均人口增长率为2.7%。按照这个速度,到2050年,非洲人口预计将翻一番,这一预测已经开始引起许多投资者的兴趣。[1]

在其他地方迎来第四次工业革命之际,撒哈拉以南非洲的教育排斥率(education exclusion rates)仍高居全球榜首。这主要是由于当地教育机会缺失、教育质量低下以及教育难以创造就业机会。人力资本发展始终是非洲全球发展议程的前沿议题。也因此,人力资本开发投资对于提升劳动力价值至关重要。

为了评估在中国发展援助的背景下非洲的人力资本发展,本节将考察四个非洲国家的经验。显然,可持续的人力资本发展从一开始就离不开创新的人才保留政策。然而,这只是故事的一半。在非洲,奖学金项目通常带来许多挑战,如透明度缺失、腐败和人才外流。通过考察这几个国家所采用的倡议和战略,我们将评估中非合作论坛高等教育奖学金如何为非洲的人力资本发展作出贡献——通过中国的帮助进行能力建设、技术培训和可持续发展——以及中国在哪些"海归"政策上的经验教训可以被非洲学以致用。此外,中国政府奖学金也为非洲学子提供了融入中国的宝贵教育资源。学生们在此过程中学习中国带领人民脱贫的历史、当地文化和价值体系。

目前尚不清楚非洲国家在决定留学生的研究领域、高校选择和相应地点方面具有的谈判能力如何。当然,非洲国家应该寻求将奖学金协议与本国人力资本发展计划相结合,为年轻人进入就业市场做好准备,并确保他们毕业后回到本国。下面,本节将考察这四个国家的情况,包括青年对发展的重要性、是否有人力资本发展计划,以及有哪些机制可以利用在华留学的非洲高校毕业生的专业知识。

### (一)佛得角

佛得角全国人口大约50万,与此同时,有传言称其海外侨民已超百万。1975年独立后,该国获得奖学金出国留学的学生对爱国主义言论相当熟悉,这些言论

---

[1] "Africa's Population Will Double by 2050," *The Economist*, March 26, 2020, https://www.economist.com/special-report/2020/03/26/africas-population-will-double-by-2050, 2021-02-27.

鼓励他们带着宝贵的专业知识回国，参与国家建设。从那以后，情况发生了很大变化。如今，佛得角的留学生带着移民愿望去选择特定的国际奖学金，这种移民愿望甚至可能包括他们的家人。如前所述，虽然这不是中国奖学金授予与否的可行标准，但目前仍没有明确的书面或口头的合同，让该国学生在完成学业后遵守特定的国家议程。在留学中国期间，他们并未与该国驻华外交使团进行正式互动；学成归国后，他们也没有与负责处理奖学金申请的高等教育部正式会面。

佛得角—中国友好协会成立于2011年，是一个旨在促进两国文化联系的非政府组织。[1] 该协会由一位曾获得中国政府奖学金的佛得角驻北京外交官创办，是佛得角中国留学生毕业后的软着陆点。学生们得以在此与同龄人交往、分享就业机会以及学习运用自己的在华经历促进职业发展。[2]

作为一个相对较小的国家，佛得角的归国毕业生能够再度融入家庭和朋友的人际网络。另外，由于社交媒体提供的便利，信息和新闻也传播得很快。虽然这并不意味着没有必要出台一项官方的全国人才回流计划，但该国12%的失业率表明，应届毕业生的就业市场可能已经饱和。[3]

### （二）埃塞俄比亚

就在20年前，有一半以上人口生活在贫困当中的埃塞俄比亚曾是世界上排名第三的最贫困国家。经过后来10年的努力，埃塞俄比亚成为非洲增长最快的经济体之一；到2015年，其贫困率下降了31%。[4] 然而，尽管取得了一定进展，但埃塞俄比亚的生活水平仍然很低。[5] 这尤其令人担忧，因为该国目前有1.08亿人口，是非洲人口第二多的国家，其80%的人口生活在农村地区。

埃塞俄比亚将其高等教育需求与社会经济发展目标相结合，以跟上人力资本快速发展的全球趋势。为了改善条件，作为"1994年教育部门战略"（Education Sector Strategy of 1994）的补充，埃塞俄比亚政府每五年启动一项教育部门发展计划（Education Sector Development Program, ESDP）。ESDP-V 是其当前第五个中期计划，自2015年以来一直是埃塞俄比亚教育发展的中心战略文件。埃塞俄比亚政府承诺到2014—2015学年建成33所成熟的高校。在五年内，这些高校的入学率增长了66%。然而，埃塞俄比亚在建立包容、稳健的教育系统方面持续

---

1 João Paulo Madeira, "The Dragon Embraces Africa: Cape Verde-China Relations," *Austral: Brazilian Journal of Strategy & International Relations*, Vol. 6, No. 12, pp. 132-151.

2 佛得角大学校长、国际关系、合作和学术流动顾问Andrade Bruniguel于2021年2月11日接受电话采访。

3 Statistia, "Cabo Verde: Unemployment Rate from 1999 to 2020," https://www.statista.com/statistics/727098/unemployment-rate-in-cabo-verde/, 2021-02-11.

4 Dan Kopf, "The Story of Ethiopia's Incredible Economic Rise," October 26, 2017, Quartz Africa, https://qz.com/africa/1109739/ethiopia-is-one-of-the-fastest-growing-economies-in-the-world/, 2020-11-25.

5 埃塞俄比亚被世界银行列为低收入国家，其人类发展指数（HDI）在189个国家中排名第173位。

面临许多挑战。[1] 因此，中国的奖学金项目可成为该进程中的一个富有价值的工具。

埃塞俄比亚的人力资本发展愿景在其第四个教育部门发展计划（ESDP-IV）中得到概述。值得强调的是，埃塞俄比亚的长期愿景是到2025年将国家转变为中等收入水平。[2] 利用中国在教育领域的发展援助，埃塞俄比亚成为非洲国家中中国政府奖学金的最大受益者之一。毕业后，由于中国严格的移民制度，这些毕业生别无选择，只能回国。一旦回到埃塞俄比亚，这些毕业生就要为自己的求职和未来的职业生涯负责。因此，埃塞俄比亚政府现在有责任确定如何最大化利用这些毕业生在中国获得的学术能力和各项软技能。

### （三）尼日利亚

尼日利亚是非洲人口最多的国家，大约有2.1亿人口，其中年龄在15—24岁之间的人口占20%。[3] 这一年龄段是人力资本发展的最关键时期，同时也是尼日利亚青年最不稳定的时期。自1999年以来，尼日利亚的高校已经举行过15次罢工，以抗议薄弱的教育系统和对公共机构（例如学校、图书馆、实验室等）的投资不足。对于富裕的中产阶级来说，教育移民已成惯例。[4]

中非合作论坛成立21年来，尼日利亚和中国建立起牢固的经济、政治和社会联系。其中，奖学金项目在年轻人中很受欢迎。截至2018—2019学年末，近7000名尼日利亚学生在华学习，其中512人获得了政府奖学金。[5] 在其后一个学年，即2019—2020学年，中国政府向272名尼日利亚研究生提供了奖学金，他们主要攻读农业、工程和医药领域的硕士和博士学位。[6] 在华尼日利亚学生的规模表明，也有该国学生通过接受其他组织的资助或者以自费的方式到中国留学。尽管尼日利亚没有出台针对其中国毕业生的国家人才回流计划或任何其他的具体计划，但该国承认中国的教育价值和在专业人才培养方面的比较优势。

尼日利亚通信卫星公司（NIGCOMSAT）的法律顾问阿尔玛·乌多耶恩

---

1 Ayenachew Woldegiyorgis, "A Glance at the Ethiopian Higher Education from The Developmental Atate Perspective," *Bahir Dar Journal of Education*, Vol. 15, No. 2, https://journals.bdu.edu.et/index.php/bje/article/view/14/40, 2020-11-12. 入学人数从2004—2005学年的192165人增加到2010-2011学年的319217人。

2 Ibid.

3 CIA World Factbook, "Africa: Nigeria," https://www.cia.gov/the-world-factbook/countries/nigeria/#people-and-society, 2021-02-26.

4 教育中断影响就业部门，并导致大量人才外流。

5 Sola, "512 Nigerian Students on Chinese Scholarships," *Punchng*, 22 August 2019, https://punchng.com/512-nigerian-students-on-chinese-scholarships/, 2020-11-14. 根据中国驻尼日利亚大使馆新闻官孙赛雄所言。

6 Premium Times Agency Report, "512 Nigerian Students Studying on Chinese Scholarship- Official," *Premium Times*, August 22, 2019, https://www.premiumtimesng.com/news/more-news/348066-512-nigerian-students-studying-on-chinese-scholarship-official.html, 2020-11-16.

（Alma Udoyen）[1] 表示，尼日利亚国家空间研究和发展机构（NASRDA）未就工程师培训做进一步考虑。在中国长城工业公司的支持下，为制造和发射"尼星1R"卫星（NigComSat-1R），尼日利亚当时迫切需要开发本国人力资源。因此，NASRDA 派出了50名工程师到中国，就操作商用通信卫星在中国空间技术研究院（CAST）进行了为期36个月的学习培训。这些工程师后来返尼，所有人都继续从事空间技术领域工作，且均获得了职衔的晋升。[2]

2017年以来，尼日利亚一直是中国在非洲最大的工程承包市场和主要投资目的地之一。一些中国公司更喜欢从当地机构招聘尼日利亚人，最好是那些在当地孔子学院上过语言课程的人。这种雇佣选择的薪酬配置似乎更经济实惠。

尼日利亚的应届大学毕业生必须在国家青年服务团（National Youth Service Corps，NYSC）服务一年。联邦政府设立了该项目，统计了所有大学毕业生（包括出国留学生），对他们进行培训，使他们具备关键技能，以便加入劳动力大军，为国家发展效力。在为期12个月的项目中，毕业生被分配到不同的公共机构，根据机构的需求为其提供必要的技术援助和支持。对尼日利亚有利的是，该国因此拥有中国政府奖学金毕业生的全面（甚至更多）信息——例如，他们的专业领域、留学国以及回国后的可用性。鉴于尼日利亚人口规模庞大，活动节奏应接不暇，NYSC 似乎是一个有价值的组织工具，具有尚待开发的潜力，可以用来协调人才回流计划。如果没有任何支持体系的话，就很难准确找到中国政府奖学金毕业生，也很难评估尼日利亚政府是否充分利用了这一人力资本资源。

### （四）卢旺达

自20世纪90年代中期以来，人才回流一直是卢旺达的一个政策重点，因为该国有意寻求用政策来吸引其海外侨民，并鼓励专业人士帮助国家快速发展。最著名的是"回国看—去告诉"（Come see—Go tell）运动，以鼓励散居国外的卢旺达人亲身体验在卢旺达的生活，并把这个国家转变的真实故事分享到国外。显然，这场运动涉及面很广，并没有特别集中于特定的地理或人口。因此，在缺少旨在对毕业于中国的卢旺达人才进行利用的特定政府项目情况下，一些公民社会组织就应运而生。

卢旺达中国校友会（Rwanda China Alumni Organization，RCAO）是由前留华毕业生于2012年成立的一个非政府组织。该组织的目标之一是，为留华毕业生创造一个为中国投资者、企业和个人提供服务的平台。过去5年间，50多家中国企业在卢旺达投资超过2.5亿美元。共计有600多名成员可通过该组织协调活

---

[1] 2021年2月15日，尼日利亚通信卫星公司法律顾问乌多耶恩于迪拜接受电话采访。
[2] 同上。

动、分享就业机会和利用彼此间形成的网络。[1]

尽管非洲的劳动力储备在不断增加，这个大陆仍然容易受到大规模移民和人才流失的影响。据估计，仅人才外流单项原因，非洲每年就要流失7万名熟练专业人员。例如，非洲医疗部门每年因移民造成的损失估计为20亿美元。最近，新冠肺炎病毒（COVID-19）大流行表明，在非洲大陆出现医护人才赤字之际，有更多非洲裔的医生和医疗专业人员散居海外。例如，美国有3万多名在非洲接受过专业训练的国际医学毕业生，其中86%在埃及、加纳、尼日利亚和南非接受训练。[2] 但这当中有多少人曾获得政府的助学金和奖学金呢？政府获得了多少投资回报？毕业于中国高校的非洲毕业生是否也有相同的经历？

## 五、最佳实践

将软实力投资的概念移植到非洲时，我们需要做一些因地制宜的调整。与中国相比，非洲经济体的多元化色彩较弱，经济规模也小得多。注意到两者之间的异同，才可能有机会加以充分利用。对许多非洲国家来说，先进的生产和工业化仍然是遥远的概念；为鼓励大规模创业和创新，在投资和具体项目之间建立联系，是一种综合两者的整体性方法。

自20世纪90年代以来，一些中国城市实施了各种措施来吸引归国留学生。近年来，意识到技术专长具有潜在的竞争优势，中国在国际学生政策上变得更具目的性，劳埃德·达姆尼亚诺维奇（Anastasya Lloyd-Damnjanovic）与亚历山大·鲍（Alexander Bowe）概述了中国管理"海归"群体获得成功的三大战略支柱。[3] 第一个战略是为中国学者提供出国留学的奖学金。该类奖学金的申请领域是中国国家优先发展的学科项目，如STEM。奖学金获得者须在毕业后立即返回中国。中国的第二个战略是为归国的中国留学生提供体面的工作或创业启动资金。第三个战略则是充分利用民族自豪感。后两个战略可以为非洲提供一些指导性原则。

早在20世纪90年代初，北京、上海、深圳等城市就开始竞相吸引归国留学生和专家。这些城市提供的非财政激励政策包括税收优惠、海外收入转移的便

---

1 Michel Nkurunziza, "Rwanda-China Alumni to Set Up Rwf1.5 billion Exchange Center," *The New Times*, September 09, 2019, https://www.newtimes.co.rw/news/rwanda-china-alumni-set-rwf15-billion-exchange-center, 2021-02-15.

2 Mo Ibrahim Foundation, "Brain Drain: A Bane to Africa's Potential," August 09, 2018, https://mo.ibrahim.foundation/news/2018/brain-drain-bane-africas-potential, 2021-02-13.

3 Anastasya Lloyd-Damnjanovic and Alexander Bowe, "Overseas Chinese Students and Scholars in China's Drive for Innovation," U.S.-China Economic and Security Review Commission, October 07, 2020, https://www.uscc.gov/sites/default/files/2020-10/Overseas_Chinese_Students_and_Scholars_in_Chinas_Drive_for_Innovation.pdf, 2021-06-01.

利,以及在购买私家车、住房、进口技术产品等方面的优惠。自1997年以来,上海为归国留学生提供上海户口。从那时起,平均每年有3000名归国留学生在上海定居。在北京,归国人员创办企业可以免交增值税,并有可能将其利润自由转换并汇出到国外。深圳则为归国人员创业提供资金,以2000年为例,深圳市投入3000万元人民币(约合340万美元)支持"海归"创办企业。

为了调用第三个战略,中国留学生在海外建立了多个跨国组织,这些组织都是中国共产党统一战线体系的一部分。统一战线的使命是动员中国公民和其他国籍的华裔贡献自己的力量,为实现中华民族的伟大复兴而不断奋斗。海外中国留学生形成的网络促进了知识转移和中国留学生的统筹管理。包括中国海外留学服务联盟(COSSA)、北京留学服务协会(BOSSA)、欧美留学人员协会(WRSA)等在内的组织已经建立了一个强大的中国留学生网络。因此,中国学生与各种政府组织、非正式组织都保持着密切的联系。目前有2000多个海外华人学生社团和300多个中国留学生的专业机构团体。这种非正式网络几乎遍布世界上每一所主流高校。

### (一)对"回归的狮子"进行政府干预

非洲有句谚语说:"在狮子学会写作之前,每个故事都会赞美猎人。"这一比喻经常被用来指代非洲的历史和非洲殖民统治者,以鼓励非洲年轻人自己掌握非洲的全球地位和非洲大陆的未来。当前这一代的"非—中"学者将成为非洲—中国故事的最佳讲述者。因此,当务之急是将当前的一代人视为对非洲—中国关系未来的一种投资,以摒弃目前西方关于新殖民体系的话语,并维持中国与非洲主权国家之间的长期关系。

> 当务之急是将当前的一代人视为对非洲—中国关系未来的一种投资,以摒弃目前西方关于新殖民体系的话语,并维持中国与非洲主权国家之间的长期关系。

前非洲联盟(非盟)驻美国大使阿丽卡娜·乔姆波里—夸奥(Arikana Chihombori-Quao)博士已经开始呼吁非洲国家展开倡导类似中国提出的"回国服务"理念。回归的非洲裔技术移民将履行他们的国民义务,帮助国家改善基础服务的提供,如医疗保健、水资源的获得、能源和互联网,非洲目前在这些方面仍然存在巨大的改善空间。通过倡导"回国服务"理念,相关制度将得到改善,机会和投资也将随之而来,最终改变非洲在全球层面的叙事。实现这一意识形态的核心工具是海外非洲人发展研究所(Africa Diaspora Development Institute,ADDI)。各地区站点将为散居在外的非洲人呈现触手可及的一站式信息、文化、商业、遗产和发展机遇,使他们能够找到机会,为各自国家的上述关键产业提供服务。

非洲国家和中国需要看到非洲教育和人力资源开发带来的投资回报。中非合作论坛成立20周年之际是一个十分有利的时机。然而,为了让非洲国家能更好地利用非洲毕业生通过在中国的学术训练所获得的独特专业技能，量身定制的非洲—中国倡议可以与奖学金项目进行对接。以中国人才回流的成功经验为参考，这种合作具体可包括以下几个方面。

### （一）确保非洲在华留学生的就业竞争力

中国致力于将其高校提高到国际水平，并积极投入资源，通过"211工程"[1]等项目来提高其高等教育水平。[2] 非洲留学生在中国获得的教育，要能让他们在非洲中国企业面前具有很强的吸引力。如果要这批非洲毕业生回国后促进中非伙伴关系，传播中国的模式准则，那么他们应该反映出中国最好的一面。中国政府应该在"211工程"大学和/或世界一流大学中增加非洲学员的比例，以此向非洲输出中国最好的教育。目前，在华留学归国的非洲毕业生未被引导至非—中项目，他们在就业市场上的竞争力也比较弱。由于回国后长期失业，他们在本国被贴上了"中国教育孤儿"的标签。这些毕业生往往转向北美、欧洲、澳大利亚寻找机会，或返回中国从事较低级别的工作。

运用一种系统和有针对性的方法，非洲国家将得以确保协调它们与从中国回国的专家学者之间的联系。首先，在华留学生毕业后，政府可以为应聘者在非洲和其他地方提供在中国跨国公司就职的机会。其次，非洲国家可以指导学成归来者把研究重点放在对非洲发展至关重要的学科上，比如STEM、环境、地缘政治议题和监管事务。

### （二）建立人才技能数据库

从非洲方面来说，中国驻非洲使领馆可以协助建立在华非洲留学生数据库。中国通过多种渠道为非洲学子提供奖学金。鉴于中国的学生项目管理良好，中国教育部可通过其直属的国家留学基金管理委员会向非洲国家的对应部门提供这些信息。通过该数据库，非洲方面可以监测学生的学业进度，并基于国家战略，在那些对非洲工业化、地区一体化和进一步协调非中关系至关重要的产业为学生毕业归国就业提供渠道。

中国海外留学生社团因与中国驻外使团的联系而受到审查。虽然有些人对这种关系表示担忧，但这种关系确保学生能够理解他们的国家议程，并与其保持一致。与此同时，各国使领馆还强调与中非地缘政治相关的优先议题。在新冠疫情期间，中国使领馆对海外留学生的支持证明了使馆和学生关系的重要性。通过这种联系，使领馆能够迅速传播信息和分配疫情防护包。多个非洲学生团体已经按

---

[1] "211工程"由中国政府于1995年发起，由教育部实施。该项目旨在加强约100个高等教育机构和关键学科领域，将其作为21世纪的国家优先事项。

[2] *Statistical Report on International Students in China for 2018*, Ministry of Education, PRC, http://en.moe.gov.cn/documents/reports/201904/t20190418_378692.html, 2021-02-13.

照省籍或国籍、通过个人或微信得以建立。虽然各国政府可能缺乏管理该数据库的相应资源，但非洲驻华使领馆或非盟驻华代表处可以支持社交媒体上的既有学生群体，并确保这些群体得到持续的支持。作为外国人，留学生实际上是国家品牌形象的推广大使。使领馆可以就哪些研究领域有助于国家利益提供指导。

### （三）增加实习机会

为了避免造成非洲人才外流，中国向非洲留学生发放签证的一个条件是，毕业生在完成学业后必须立即返回原籍国或原居住国。因此，非洲留学生毕业后无法在中国实习。缺乏在中国公司的工作经验，使他们在就业市场上缺乏竞争力。因此，从北美和欧洲毕业的非洲毕业生回国后更具竞争优势。与中国国家留学基金委对外项目类似，中国向非洲国家提供的奖学金也应当包括为期一年的中非项目服务。

### （四）促进技能流动

随着非洲大陆自由贸易区（AfCFTA）的实施，非洲毕业生将从地区一体化中获得越来越多的机会。非洲大陆自由贸易区将带来更多优秀的专业人才和教育人才流动。非洲国家的一线城市也将像中国一线城市一样，开始争夺最优秀的技能和人才。大量经济活动将增加高技能劳动力的流动。对于毕业于中国的非洲学生来说，他们的流动趋势将跟随中国项目的流动性而变化。着眼于增加中国投资的国家应该找到自己的定位，从中国顶尖高校吸引高素质的非洲专业人才。

非洲由多个国家组成，不能单一化地参考中国的经验教训。为了利用非洲留学生在这一交流中学到的特殊专业知识，量身定做的非洲—中国计划可以与奖学金项目相互连接。中国的例子表明，激励措施可包括财政和实物方面，比如便利签证，相当于上海推行的户口政策，后者使中国"海归"普遍将上海作为归国就业的首选目的地。已建立中国经济特区（SEZs）的非洲国家可以利用这些特区，建立类似的"海归"创业园区。

尽管部分西方学者对中非关系持强烈的批判态度，但与此同时，西方高校也创建了学生项目，学习来自中国的专业知识。非洲国家也可以向西方国家学习，看看其他国家在人力资源发展项目上是如何主动采取靠近中国的做法的。奥巴马政府时期，美国推出了"十万人留学中国计划"。该项目于2010年由时任美国国务卿希拉里·克林顿在北京启动，专注于鼓励年轻一代的美国人学习普通话，并到中国求学。[1] 澳大利亚政府推出"增加中国"（Add China）工具包项目，鼓励

---

[1] U.S. Department of State, "100,000 Strong Educational Exchanges Initiatives," https://2009-2017.state.gov/100k//index.htm, 2021-02-27.

澳大利亚学生赴中国留学。[1] 这两个项目都是政府海外留学计划的一部分,其定位均为在高等教育领域与中国建立更好的联系。欧洲的多所高校都建立了"中国法律中心",包括在华进行一个学期的学术交流和法律相关的实习。

## 结　论

中国将从为非洲学生提供在华教育的实践中获得什么回报?在一个全球激烈竞争的世界上,领先的技术创新、明确的价值体系,以及国家模式和社会经济发展模式的推广,都是决定成功的关键因素。由于殖民统治的历史,非洲教育的意识形态为西方所塑造,但情形正在发生变化。随着非洲国家探索现代化和国际化的新模式和新体系,非洲教育正进入"去殖民化"阶段。一些发展中国家,如中国、智利和巴西等都在利用教育推动本国创新,促进国家利益。

在《中非合作论坛—北京行动计划(2019—2021年)》中,中国承诺通过高等教育项目支持非洲学者的发展,包括通过"20+20计划"发展国内大学研究。然而,为了体现这种支持,非洲教育政策制定者、非洲驻华使领馆和中国教育机构都需要超越仅仅提供奖学金、将毕业生数量作为成功指标的西方模式。中非在该领域的合作需要依靠一种更全球化、更细致的方法,相应措施的成果不应仅仅是学历证书。非洲学者需要一个赋能他们未来职业生涯的全面项目,在这个项目中,他们既能应用自己获得的技术训练,也能发挥自己的战略价值。从本质上说,他们正是在未来影响政策制定,并维持非洲国家与中国合作的"草根大使"。

中非双方都需要增强意识,充分发挥新一批留华毕业生的才能,将他们融入到中非战略伙伴关系中。中非合作论坛对教育的投资应该产生经济、社会和政治红利。各国的中非校友会和中非商会应积极协调合作。在毕业之后,非洲留学生应从协调安排实习机会和刺激就业渠道的项目获得支持。这些项目将使非洲留学生成为利益攸关方,激发他们的民族自豪感,他们对非中合作的贡献也将得到认可。

(邹雨君译;曾楚媛、陈泽均校)

---

[1] Australian Government, "Add China and See Where the Path Takes you: Undergraduate Toolkit," https://internationaleducation.gov.au/addchina/Documents/AddChinaUndergradToolkit%20.pdf, 2021-02-27.

专题：新形势下的中国国际战略

# 中国在全球气候治理中的角色成长

薄 燕

**内容摘要**：中国是全球气候治理的重要参与者。通过考察中国参与联合国气候变化谈判的态度、立场和中国对自身角色的主观判断以及其他国家对中国在全球气候治理中的角色期望，本文认为中国在全球气候治理中实现了角色成长，即从谨慎而积极的参与者（1990—2005年）、地位提升而富有争议的参与者（2006—2012年）成长为核心的引领者（2013—2020年）。中国的角色成长主要是中国在与国际社会的长期互动中，通过统筹经济发展和环境治理、统筹全球气候变化治理与国内环境治理的路径实现的。

**关键词**：气候变化 全球气候治理 中国 角色成长

气候变化是一个典型的全球性问题，国际社会通过建立和运作全球气候治理体系来应对该问题的负面影响。从广义上看，全球气候治理体系是多元主体参与的各种层次的治理方式的总和。从狭义上看，它主要是指联合国系统内通过多边谈判达成的政府间气候协议及其相关安排，包括三个核心的要素:《联合国气候变化框架公约》（以下简称《公约》）、《京都议定书》和《巴黎协定》。

中国是全球气候治理体系的重要参与者。一方面，中国是巨大的温室气体排放者，其温室气体排放行为和气候变化政策能够产生巨大的负外部性或者正外部性；另一方面，中国是全球气候治理体系的重要参与者，能够对全球气候变化治理的进程和结果产生重大影响。2020年，中国国家主席习近平在第七十五届联合国大会一般性辩论上宣布中国力争于2030年前二氧化碳排放达到峰值的目标与努力争取于2060年前实现碳中和的愿景，并在同年举办的气候雄心峰会上进

---

薄燕　复旦大学国际关系与公共事务学院教授。

一步宣布国家自主贡献最新举措。在新冠肺炎疫情的背景下,中国又一次向国际社会做出带有时间表和减排指标的承诺,进一步展示了其在全球气候治理领域的引领者角色。然而,中国承担减排温室气体的重大责任并非一蹴而就之举,而是在参与全球气候治理的过程中角色成长的结果。那么,中国在三十年的全球气候治理中实现了怎样的角色成长?这种成长是怎样发生的?这是本文试图探讨的问题。

本文将从两个方面考察中国的角色成长,一是考察中国参与联合国气候变化谈判的态度、立场以及中国气候政策的发展,阐明中国对自身权利、义务及角色的主观判断;二是考察其他国家,主要是欧美国家对中国在全球气候治理中的角色期望,研判它们与中国的分歧与共识。在此基础上将中国在全球气候治理中的角色成长分为三个阶段,并分析了角色成长的路径和动因。

## 一、谨慎而积极的参与者:1990—2005年

气候变化问题在20世纪80年代末进入国际政治议程。根据政府间气候变化专门委员会的第一次评估报告,联合国大会于1990年正式启动对全球气候变化公约的谈判进程。国际社会关于气候变化问题的讨论由此正式迈上政府间的轨道。[1] 中国当时虽然认同包括气候变化问题在内的全球环境问题的威胁,但作为一个典型的发展中国家,有着非常明确的关切:首先,担心经济发展受到气候变化治理的负面影响,强调正确处理环境保护与经济发展的关系;其次,要求明确国际环境问题的主要责任,并认为发达国家有义务提供充分的额外资金和进行技术转让;再次,强调发展中国家的广泛参与是非常必要的,应充分考虑发展中国家的特殊情况和需要,不应把保护环境作为提供发展援助的新的附加条件以及设立新的贸易壁垒的借口;最后,认为当时的气候变化评估存在科学上的不确定性,应有发展中国家广泛有效地参与环境领域内的科学论证和国际立法。[2]

中国采取了谨慎的谈判策略,避免承担不公平的义务,注重加强发展中国家之间的事先沟通与协调。1992年联合国环境与发展大会前,中国于1991年6月邀请41位发展中国家的环境部长在北京召开部长级会议,形成和发表了反映发展中国家原则立场的《北京宣言》。该宣言指出,"正在谈判中的气候变化框架公约应确认发达国家对过去和现在温室气体的排放负主要责任,发达国家必须立即采取行动,确定目标,以稳定和减少这种排放";"近期内不能要求发展中国家承担任何义务。但是应该通过技术和资金合作鼓励他们在不影响日益增长的能源需要的前提下,根据其计划和重点,采取既有助于经济发展又有助于解决气候变化问

---

1 薄燕:《全球气候变化治理中的中美欧三边关系》,上海人民出版社,2012年,第4页。
2 李绪鄂:《全球环境问题和我国的原则立场》,《中国人口·资源与环境》,1991年第2期,第31—32页。

题的措施。框架公约必须包含发达国家向发展中国家转让技术的明确承诺，建立一个单独资金机制，并且开发经济上可行的新的和可再生的能源以及建立可持续的农业生产方式，作为缓解气候变化主因的重要步骤。此外，发展中国家在解决气候变化带来的不利影响时必须获得充分必要的科技和资金合作。"[1] 在此后的联合国多边气候谈判中，中国与77国集团形成了一支重要的谈判力量，就《公约》的原则部分形成共同立场，致力于推动"共同但有区别的责任和各自能力原则"（Common but Differentiated Responsibilities and Respective Capabilities，英文简称CBDR-RC，中文简称"共区"原则）的确立。

中国的谨慎还体现在具体的谈判立场上。在京都会议上，中国支持通过一项符合《公约》和"柏林授权"的议定书或另一种法律文件，同时反对给发展中国家增加任何新的义务，并反对启动任何企图为发展中国家规定新义务的谈判。中国代表团团长陈耀邦在发言中指出："与其他发展中国家一样，中国是气候变化不利后果的受害者之一。中国政府十分重视全球气候变化问题。作为一个拥有12亿人口的发展中国家，中国愿为对付气候变化作出更大的贡献，但面临巨大的实际困难。……消除贫困和发展经济仍是中国压倒一切的首要任务。"[2] 他还指出，中国在达到中等发达国家水平之前，不可能承担减排温室气体的义务；中国在达到中等发达国家水平之后，将仔细研究承担减排义务。在此之前，中国政府将根据自己的可持续发展战略，努力减缓温室气体的排放增长率。可见，中国作为发展中国家的优先关切是减排温室气体不能以牺牲自身的经济发展为代价。最终通过的《京都议定书》为发达国家规定了减排目标和时间表，没有为发展中国家规定减排义务。

从另一方面看，中国采取了非常开放和积极的参与态度，从1990年起派出代表团积极参与《公约》的前期准备以及政府间谈判会议，并作出重要贡献。中国在谈判最初就提出了完整的公约草案提案，这在中国参与国际公约谈判史上还是首次，为中国后来能在公约谈判过程中发挥建设性作用奠定了重要基础。中国最早参与公约谈判的代表团团长孙林回忆道："我们在中方提案中列有一条关于公约原则的单独条款，包括环境与经济协调发展、公平、共同但有区别的责任、各自能力等。在后来的实际谈判中，我们与77国集团和其他国家一起，将这些重要原则纳入公约并得到全面体现，维护了发展中国家的合法权益，共同努力制定了一个好的框架公约。这些原则一直指导着发展中国家与发达国家在气候变化领域磋商与谈判，促成合作共赢，其理念还深刻影响到环境与发展领域的其他

---

[1]《发展中国家环境与发展部长级会议〈北京宣言〉》，《中国人口·资源与环境》，1991年第2期，第81—84页。

[2] 刘振民：《京都会议及其对中国经济发展的影响》，中国可持续发展研究会1998年第二次战略研讨会，1998年2月10日。

条约。"[1]

从 1995 年至 1997 年 11 月，中国参加了京都会议前的八次正式谈判会议及若干次非正式磋商。从 1997 年到 2005 年，中国参加了京都会议及其后的若干次正式谈判会议，联合其他缔约方推动《京都议定书》在美国宣布退出后最终生效。

与此同时，中国在一些具体问题上表现出灵活性。例如，中国在国际气候变化谈判的早期，对《京都议定书》下的灵活机制曾经持怀疑甚至反对态度，因为中国担心这会导致发达国家推卸责任并诱导发展中国家参与减排。但自 1999 年波恩会议后，中国开始改变态度，对《京都议定书》核心内容中的联合执行机制和排放贸易机制表示理解，对清洁发展机制则表现出浓厚的兴趣，并称之为"国际社会应对全球气候变化问题的一个创新性机制，对促进发展中国家实现可持续发展，帮助发达国家完成减排指标都具有积极作用"。[2]

中国还积极地履行对《京都议定书》的承诺，尤其是其中的清洁发展机制。尽管《京都议定书》并没有对中国规定具有约束力的减排目标和时间表，但是中国积极履行与自身有关的政策和措施承诺，包括定期向缔约方会议进行汇报的义务。联合国环境规划署前主任克劳斯·托普夫（Klaus Topfer）曾经指出，"中国履行了自身在《京都议定书》内的义务，它在最近几年里应对气候变化问题的努力值得高度赞扬"。[3]

中国在国家层面上采取了一些政策和措施，来减少温室气体。中国注重调整经济结构，推进技术进步，提高能源利用效率。这使得中国在 1991—2005 年的 15 年间，累计节约和少用能源约 8 亿吨标准煤，相当于减少约 18 亿吨的二氧化碳排放（按照 1994 年中国每吨标准煤排放二氧化碳 2.277 吨计算）。[4] 中国还大力开展全国范围的植树造林，实施天然林保护、退耕还林还草、自然保护区建设等政策。据估算，1980—2005 年中国造林活动累计净吸收约 30.6 亿吨二氧化碳，森林管理累计净吸收 16.2 亿吨二氧化碳，减少毁林排放 4.3 亿吨二氧化碳。[5] 但是这些政策的优先目标并不是应对气候变化，它们是一些与气候变化相关的政策，具有应对气候变化的效益。

对于这个时期中国在全球气候变化治理中的行为，一些西方学者和媒体对中国行为的评价却是负面的。虽然他们承认中国在一些具体议题上表现出

---

[1] 张佳：《气候谈判话中国——外交部历任气候变化谈判代表讲述谈判历程》，《世界知识》，2019 年第 5 期，第 38 页。

[2] 《国家发展和改革委员会副主任姜伟新在中国清洁发展机制大会开幕式上的讲话》，中国气候变化信息网，2005 年 10 月 20 日，http://203.207.195.156/Detail.aspx?newsId=6375&TId=57，2021 年 2 月 23 日登录。

[3] 《中国履行〈京都议定书〉情况较好》，新浪财经，2007 年 5 月 15 日，https://finance.sina.com.cn/roll/20070514/02301400128.shtml?from=wap，2009 年 1 月 19 日登录。

[4] 中国国家发展和改革委员会组织编：《中国应对气候变化国家方案》，http://www.ncsc.org.cn/SY/zywj/202003/t20200323_770021.shtml，2021 年 2 月 23 日登录。

[5] 同上。

灵活性，但是他们使用了以下术语来描述中国："保守的"（conservative）、"防守的"（defensive）、"不合作的"（uncooperative）、"没有建设性的"（unconstructive）、"倔强对抗的"（recalcitrant）。[1] 可以说，中国对自身的权利、义务及角色定位与"他者"对中国的期望角色并不一致。其核心分歧是中国是否应当承担具有约束力的国际减排义务。但是，由于这个阶段中国主要是作为发展中国家阵营中的一员参与气候变化治理，中国所面临的角色内冲突和角色间冲突并没有那么突出和引人注目。

## 二、地位提升而富有争议的参与者：2006—2012年

这一阶段，中国在全球气候治理体系中的地位进一步提升，成为更加关键的参与者，但其所面临的角色间冲突最为突出。

在欧美等发达国家看来，中国成为需要承担更多减排责任且能力已经不断提升的国家。一方面，中国被贴上了"最大的温室气体排放者"的标签。根据国际能源署的统计，从1990年到2007年，中国的温室气体排放量以每年6%的速度增加，成为世界上最大的年度温室气体排放者。[2] 欧盟的统计表明，中国是世界上最大的二氧化碳排放者，其于2012年排放的二氧化碳占到全球总排放量的29%，相当于美国和欧盟的排放总量（美国排放了16%，欧盟排放了11%）。[3] 同时，中国的人均排放量也增加很快。欧盟的统计数据表明，2012年中国的人均排放量达到7.2吨并且在继续增加，而欧盟的人均排放量已下降到7.5吨。[4] 虽然中国的历史累计排放与美国和欧盟相比仍然很低，但是在上述背景下，欧美国家不

---

[1] 例如：Elizabeth Economy, "Chinese Policy-making and Global Climate Change: Two-front Diplomacy and the International Community," in M. A. Schreurs and E. Economy, eds., *The Internationalization of Environmental Protection*, Cambridge: Cambridge University Press, 1997, pp. 19-41; Yuka Kobayashi, "Navigating between 'Luxury' and 'Survival' Emissions: Tensions in China's Multilateral and Bilateral Climate Change Diplomacy," in Paul G. Harris, ed., *Global Warming and East Asia: The Domestic and International Politics of Climate Change*, Routledge, 2003, p. 93。

[2] IEA, *$CO_2$ Emissions from Fuel Combustion*, Paris: International Energy Agency, 2013.

[3] Council of the European Union, "Conclusions on Preparations for the COP 19 to the UNFCCC and the 9th Session of the Meeting of the Parties to the Kyoto Protocol," October 14, 2013, http://www.consilium.europa.eu/uedocs/cms_Data/docs/pressdata/en/envir/139002.pdf, 2021-02-23.

[4] Connie Hedegaard, "Why the Doha Climate Conference Was a Success," *The Guardian*, December 14, 2012, http://www.guardian.co.uk/environment/2012/dec/14/doha-climate-conference-success, 2021-02-23.

但否认或者淡化发达国家的历史排放责任，强调发展中大国的现实和未来责任，而且提出发展中大国从气候责任上来看已经是"主要排放者""最大的温室气体排放者"，从未来看也是温室气体排放的主要来源，继而推动全球气候变化机制从根据历史累积排放界定历史责任的制度安排转向根据将来的集体责任来削减排放。

另一方面，欧美等认为，伴随着中国长期快速的经济增长和国际政治地位的提升，中国的能力也发生了巨大的变化，已经不是传统意义上的"发展中国家"，而是"新兴大国""主要经济体"，因此它们主张对发展中大国的国家类属进行重新定位，从"发达国家"和"发展中国家"或者"附件一国家"与"非附件一国家"的区分转向对"主要经济体"和"最不发达国家"的区分。为此，欧美还认为，中国作为一个新兴大国，已经具有更高的能力来做出更多的承诺。尽管中国已经采取了应对气候变化的行动，并制定、执行了相关政策，但是，欧盟认为这种贡献与发达国家相比不具有可比性。因此，欧盟认定，伴随着中国在气候变化问题上责任和能力的提升，中国应该在国际层面上承担更加雄心勃勃的、具有法律约束力的减缓义务，并且应该在一个新的气候机制下接受相关的透明度规则的约束。[1]

中国则强调发达国家首要的历史责任，并指出自身的历史累积排放量远低于发达国家。温室气体在大气中的累积是一个长期的历史过程，这是一个基本的科学事实。从1750年到2010年，发达国家排放了大气中大部分的温室气体，这些温室气体导致了2005年以前60%—80%的气候变化。[2] 中国科学家借助"地球系统模式"，在超级计算机上模拟了1850年至2005年因碳排放引起的气候变化后发现：从碳排放总量上看，发达国家的责任是发展中国家的三倍，但从对气候变暖的贡献上考察，前者责任是后者的两倍。[3] 根据碳—环境库兹涅茨曲线理论，中国和欧盟的排放水平看起来相近，在性质上却不同：伴随着经济增长和自身发展，中国的排放仍然处在"倒U形曲线"的上升阶段，而发达国家的排放则处于该曲线的下降阶段。[4] 由于发达国家的发展路径在全世界得到复制，中国温室气体排放的增长也是不可避免的。[5] 因此，中国虽然应当为自身日益增长的温室

---

[1] 薄燕、高翔：《2015年全球气候协议：中国与欧盟的分歧》，《现代国际关系》，2014年第11期，第45—51页。

[2] Tinge Wei, et al., "Developed and Developing World Responsibilities for Historical Climate Change and $CO_2$ Mitigation," *Proceedings of the National Academy of Sciences of the United States of America*, Vol. 109, No. 32, 2012, pp. 12911-12915.

[3] 张懿：《150年碳排放"细账"首次算清》，《文汇报》，2014年9月8日。

[4] James B. Ang, "$CO_2$ Emissions, Energy Consumption, and Output in France," *Energy Policy*, Vol. 35, No. 10, 2007, pp. 4772-4778.

[5] 温泉：《华沙谈判即将开始 为全球气候新协议奠基》，中国新闻网，2013年10月28日，http://www.chinanews.com/gn/2013/10-28/5430491.shtml，2021年2月23日登录。

气体排放量负责,但是,发达国家不能忽视它们的巨大历史排放以及在该问题上的重大责任。

同时,中国强调,虽然自身的发展取得了历史性进步,包括经济总量已经跃升到世界第二位,但中国仍然是世界上最大的发展中国家。根据世界银行的数据,以2008年为例,中国的人均GDP为3441.2美元,世界排名第109位。欧盟和美国的人均GDP则分别为37880.7美元和48401.4美元,均是中国的十几倍。2010年中国国内生产总值达40万亿元人民币,成为世界第二大经济体,人均GDP增至4514.9美元,世界排名第94位,而欧盟和美国分别为33575.6美元和48374.1美元,差距仍显而易见。中国经济总量虽大,但考虑到13亿多的人口基数,人均国内生产总值还徘徊在世界第80位前后。根据世界银行的标准,中国当时还有2亿多人口生活在贫困线以下,这差不多相当于法国、德国、英国人口的总和。[1] 此外,中国相比于其他发展中国家具有较高的能力,并不意味着中国与欧盟等发达国家已经具有相同的能力;即使在不久的将来中国成为高收入国家,也并不意味着中国就是一个类似于欧美这样的发达国家。[2]

在上述背景下,伴随着发达国家经济危机的出现,欧美自2008年以来在联合国多边气候变化会议上,多次强调应该动态解释、修改或者重新适用"共区"(共同但有区别的责任和各自能力)原则,强调中国等发展中大国在应对气候变化问题上承担新的、共同的减排义务。中国等新兴国家成为重要的原则维护者。在联合国框架内的气候多边会议上,多次强调应该维护公约原则,特别是"共区"原则,认为欧美国家对该原则进行重新解释或者动态解释的实质是,修改现有的谈判轨道和气候制度安排,推动建立包括所有主要排放国、但对发达国家有利的全球减排框架。中国还强调,新规则的制订一定不能打破既定的公约原则,公约原则应该发挥行动指南的作用。[3] 为此,中国坚持对"附件一国家"与"非附件一国家"、发展中国家与发达国家的区分。

在上述背景下,中国在2009年的哥本哈根气候变化会议上成为发达国家的重点施压对象,自身发展权益受到严峻挑战。受全球金融危机影响的发达国家意图转嫁责任,极力将发展中大国拉入共同减排的范畴,双方分歧和矛盾突出,其焦点是要不要坚持公约确立的"共区"原则。时任及首任中国外交部气候变化谈判特别代表于庆泰表示,温家宝总理在哥本哈根展开密集外交斡旋,在最后危急时刻,与印度、巴西、南非和美国共同推动达成了一项没有法律约束力的政治共识——《哥本哈根协议》,避免了会议无果而终的局面。哥本哈根会议未能如期

---

[1]《习近平在布鲁日欧洲学院的演讲》,2014年4月4日,http://www.china.org.cn/chinese/2014-04/04/content_32005938.htm,2021年2月23日登录。

[2] 邹骥:《发展中大国在全球气候治理中的地位、作用与前景》,2014年1月18日于复旦大学的演讲。

[3] 薄燕、高翔:《原则与规则:全球气候变化治理机制的变迁》,《世界经济与政治》,2014年第2期,第58页。

完成谈判任务,但气候变化谈判还是向前推进了。[1]

虽然中国认为自身为推动哥本哈根会议取得成果做出了巨大努力,但是,由于中国拒绝最终协议中包含发达国家提出的2050年全球长期减排目标,一些国家将未能如期完成这次会议的谈判任务归咎于中国,甚至指责中国"劫持"了这次会议。[2]在中国等新兴国家经济发展、温室气体排放量大幅增长、国际政治地位提升的背景下,它们拒绝接受发达国家提出的全球长期减排目标的坚定立场,一度被西方学者认为是这些国家试图在气候变化领域追求权力。

哥本哈根会议之后,中国积极推动全球气候治理走出多边主义的低谷。在2010年的墨西哥坎昆会议前,发达国家更倾向于进行双轨机制外的小范围谈判,对承办工作组会议反应消极,也不愿意提供相应的资金支持。发展中国家协商后认为,为确保谈判在现行双轨机制内进行,发展中国家应积极承办会议。在这种背景下,中国举办了气候变化国际谈判天津会议,为年底坎昆会议取得积极成果奠定了基础。[3]在坎昆会议上,中国与其他各方吸取哥本哈根会议的教训,更加注重以公开透明、广泛参与、先易后难、循序渐进的方式来推进谈判,谈判气氛趋于务实理性,在《哥本哈根协议》的政治共识基础上就推进"巴厘路线图"双轨谈判做出进一步安排,在一定程度上消除了国际社会对联合国多边进程的质疑,增强了各方对谈判前景的信心。[4]此后的2011年德班会议和2012年多哈会议确定了2020年前的相关安排,也开启了2020年后气候治理新机制的谈判进程。中国代表团在坚持"共区"原则的同时,也为会议最终达成共识作出了重要贡献。

在此期间,中国的国内低碳发展提上了日程。中国在2003年提出科学发展观并将其作为重要的执政理念之一,在2006年主动提出了第一个自愿的数字减排目标,即2010年单位GDP能耗要比2005年下降20%左右。2009年,中国又提出到2020年单位GDP二氧化碳排放比2005年下降40%—45%。这代表中国在人均GDP仅4000美元时就开展减排行动并提出了碳强度下降的目标。除减排目标以外,中国还于2007年发布了《应对气候变化的国家方案》,是发展中国家中首个提出该类方案的国家,在国际社会上产生了很大反响,也标志着中国形成了专门的气候政策。同年,中国成立了国家应对气候变化和节能减排工作领导小组,中国外交部设立了应对气候变化对外工作领导小组,并设立气候变化谈判特别代表。这些发展体现了中国角色的进一步成长。

---

1 张佳:《气候谈判话中国——外交部历任气候变化谈判代表讲述谈判历程》,第39页。

2 Bo Yan, Giulia C. Romano and Chen Zhimin, "The EU's Engagement with China in Global Climate Governance," in Caroline Bouchard, et al., eds., *Multilateralism in the 21st Century: Europe's Quest for Effectiveness*, London: Routledge, 2013, pp. 198-223.

3 外交部第二任气候变化谈判特别代表黄惠康的讲述,参见张佳:《气候谈判话中国——外交部历任气候变化谈判代表讲述谈判历程》,第42页。

4 张佳:《气候谈判话中国——外交部历任气候变化谈判代表讲述谈判历程》,第42页。

## 三、核心的引领者：2013—2020年

自2013年以来，中国在全球气候变化治理中成为核心的引领者，在国际层面和国内层面均有体现。

国际层面，中国作为核心参与者之一，在《巴黎协定》的谈判、通过、生效的过程中，以及在"后巴黎时代"对《巴黎协定》的捍卫和履行中展现了引领作用。

第一，中国致力于在多边场合推动2020年之后的全球气候治理机制坚持"共区"原则。在2013年11月的华沙气候变化大会上，"共区"原则的存续问题成为各方争论的焦点。[1] 中国谈判代表团团长解振华指出，虽然到目前为止，没有一个国家公开反对新的协议要坚持"共区"原则，但实际上，一些国家正在努力通过自己的政策措施对这一原则进行淡化。他强调，2015年达成的新协议一定要体现"共区"原则，而不是要改写公约、削弱公约或架空公约。[2]

第二，中国不断加强同发达国家的双边对话合作，利用双边气候声明就"共区"原则事先达成政治共识，为多边气候谈判注入政治动力。2014—2015年，中国先后同英国、美国、印度、巴西、欧盟、法国等发表气候变化联合声明，就加强气候变化合作、推进多边进程达成一系列共识，尤其是中美、中法气候变化联合声明中的有关共识，在《巴黎协定》谈判最后阶段成为各方寻求妥协的基础。其中，中美就"共区"原则达成的双边政治共识，对于《巴黎协定》最终坚持该原则发挥了首要作用。2014年11月12日发布的《中美气候变化联合声明》最早提出双方"致力于达成富有雄心的2015年协议，体现共同但有区别的责任和各自能力原则，考虑到各国不同国情"。[3] 这种对"共区"原则的表述方法在当年年底召开的联合国利马气候大会上通过的行动呼吁中得到反映。这意味着中美之间对于"共区"原则的双边政治共识已得到联合国气候变化谈判大多边进程的确认。2015年9月发布的《中美元首气候变化联合声明》又一次重申双方"致力于达成富有雄心的2015年协议，体现共同但有区别的责任和各自能力原则，考虑到各国不同国情"。[4] 此后发布的《中欧气候变化联合声明》和《中法元首气候

---

[1] 周锐、俞岚：《华沙气候大会争执中落幕 发展中国家角力欧美》，新华网，2013年11月23日，http://news.xinhuanet.com/fortune/2013-11/23/c_125750286.htm，2013年12月20日登录。

[2] 同上。

[3] 《中美发布应对气候变化联合声明（全文）》，中国国务院新闻办公室，2014年11月24日，http://www.scio.gov.cn/xwfbh/xwbfbh/wqfbh/33978/35364/xgzc35370/Document/1514526/1514526.htm，2021年2月23日登录。

[4] 《中美发布应对气候变化联合声明（全文）》，中国国务院新闻办公室；《中美元首气候变化联合声明》，中华人民共和国外交部网站，2016年4月1日，http://www.chinacommercialoffice.org/web/zyxw/t1352385.shtml，2021年2月23日登录。

变化联合声明》都呼应了这种表述方法。[1] 中国与美国、欧盟、法国就"共区"原则达成的双边共识，对于巴黎气候变化大会就该问题的谈判释放了积极的信号，形成了有力的政治推动。

第三，中国充分发挥大国影响力，在多边气候谈判中加强与各方沟通协调，不断调动和累积有利因素，为推动如期达成《巴黎协定》发挥关键作用。巴黎气候大会期间，中国代表团全方位参与各项议题谈判，密集开展穿梭外交，支持配合东道国法国和联合国方面做好相关工作。一方面，中国继续通过基础四国、立场相近发展中国家集团、"77国集团加中国"等谈判集团，在发展中国家中发挥建设性引领作用，维护发展中国家的团结和共同利益。另一方面，中国与美国、欧盟等发达国家和集团保持密切沟通，寻求共识。中国推动在减缓、适应、资金、技术和透明度等方面体现发达国家与发展中国家的区分，要求各国按照自己的国情履行自己的义务、落实自己的行动和兑现自己的承诺。中国提出的方案往往代表了各方利益的"最大公约数"，是切实可行的中间立场。解振华说："从成果看，我们所有的要求、推动力方面，都在这个协定中有所体现，中国为《巴黎协定》的达成起到了巨大的推动作用。"[2] 中国代表团成员邹骥指出，没有中国的坚持，最终的《巴黎协定》不会像现在这样体现出发达国家和发展中国家的"共同但有区别的责任"；《巴黎协定》中敦促发达国家缔约方提高其资金支持水平、制订切实的路线图等内容就是由中方提出，并最终正式写入协议。[3] 巴黎大会结束后，时任美国总统奥巴马和法国总统奥朗德分别致电习近平主席，感谢中方为推动巴黎气候大会取得成功发挥的重要作用，强调如果没有中方的支持和参与，《巴黎协定》不可能达成。[4] 美国《华盛顿邮报》指出："中国已成为气候谈判的领导者。"[5]

协定通过后，中国又积极推动协定的签署、生效和实施。中国国务院副总理张高丽代表中国出席了2016年4月的协定签署仪式并签署协定。同年9月二十国集团杭州峰会期间，习近平主席同时任美国总统奥巴马共同向时任联合国秘书长潘基文交存了参加协定的法律文书，为协定生效注入政治推动力。这也是近年来中国国家元首首次亲自交存条约批准书。中美交存后其他国家批约速度大幅提升，协定当年就生效了，大大超过了原先预期。中国外交部第四任气候变化谈判

---

[1]《中法元首气候变化联合声明》，人民网，2015年11月2日，http://politics.people.com.cn/n/2015/1103/c1001-27768465.html，2021年2月23日登录。

[2]《〈巴黎协定〉终落槌 中国发挥巨大推动作用》，央广网，2015年12月13日，http://news.cnr.cn/dj/20151213/t20151213_520776754.shtml，2021年2月23日登录。

[3]《中方权威人士：〈巴黎协定〉凝聚各方最广泛共识》，中央政府门户网站，2015年12月13日，http://www.gov.cn/xinwen/2015-12/13/content_5023263.htm，2021年2月23日登录。

[4] 刘振民：《全球气候治理中的中国贡献》，《求是》，2016年7月。

[5]《外媒：中国成解决全球气候问题领导者》，新华网，2015年11月29日，http://www.xinhuanet.com/world/2015-11/29/c_128480167.htm，2021年2月23日登录。

特别代表高峰认为,"在全球气候治理领域,中国逐步走向世界舞台的中央,这既是国际社会对中国的期待,也是中国外交积极谋划和主动作为的结果"。[1] 联合国秘书长潘基文则于二十国集团杭州峰会期间高度赞扬习近平主席在《巴黎协定》达成和签署过程中展现出的领导力。

《巴黎协定》生效后不久,时任美国总统特朗普对全球气候治理采取了极为消极的态度。与此形成对照的是,中国国家主席习近平在2017年1月的达沃斯世界经济论坛上表示:"《巴黎协定》符合全球发展大方向,成果来之不易,应该共同坚守,不能轻言放弃。这是我们对子孙后代必须担负的责任!"[2] 中国领导人的表态为《巴黎协定》进一步推进落实增强了国际社会的信心,也为中国在气候治理领域发挥更大的引领作用奠定了基调。特朗普于2017年6月1日正式宣布美国退出《巴黎协定》后,中国表示将会继续履行《巴黎协定》承诺。2017年10月18日,习近平在中国共产党第十九次全国代表大会上作报告,指出中国"引导应对气候变化国际合作,成为全球生态文明建设的重要参与者、贡献者、引领者"。[3] 在美国宣布退约的情况下,中国继续同其他各方一道,支持和维护多边进程;建设性参与谈判进程,多次提交中国方案,在卡托维兹大会展开穿梭外交,积极"搭桥"推动各方相向而行;积极参与"塔拉诺阿"促进性对话(Talanoa Dialogue,又作"2018年促进性对话"),并推动 G20 等治理平台为气候变化谈判进程注入政治推动力。[4]

与此同时,中国把应对气候变化融入国家经济社会发展的长期规划,坚持减缓和适应气候变化并重,通过法律、行政、技术、市场等多种手段推进各项工作。实践证明,"十二五"以来,中国的国内气候变化治理取得了非常显著的成效。公开数据显示,截至2016年底,中国单位 GDP 强度已经比2005年下降了42%,基本实现了哥本哈根气候大会提出的目标。2016年,中国煤炭产量削减了9.4%,取消、暂缓了数十个燃煤电厂的建设,而同期太阳能光伏产能增量则为3450万千瓦。按照中国的2020气候路线图,中国有望超额完成其在《巴黎协定》中的承诺。

最重要的是,中国参与全球气候治理与国内环境治理的协同性进一步增强。2015年,中国根据自身国情、发展阶段、可持续发展战略和国际责任担当,确

---

[1] 张佳:《气候谈判话中国——外交部历任气候变化谈判代表讲述谈判历程》,第43页。

[2] 习近平:《习近平主席在世界经济论坛2017年年会开幕式上的主旨演讲(全文)》,新华网,2017年01月18日,http://www.xinhuanet.com/world/2017-01/18/c_1120331545.htm,2021年4月2日登录。

[3] 习近平:《决胜全面建成小康社会夺取新时代中国特色社会主义伟大胜利——在中国共产党第十九次全国代表大会上的报告》,中央政府门户网站,2017年10月18日,http://www.gov.cn/zhuanti/2017-10/27/content_5234876.htm,2021年2月23日登录。

[4] 外交部第五任气候变化谈判特别代表苟海波的讲述,参见张佳:《气候谈判话中国——外交部历任气候变化谈判代表讲述谈判历程》,第43页。

**中国参与全球气候治理与国内环境治理的协同性进一步增强。** 2015年，中国根据自身国情、发展阶段、可持续发展战略和国际责任担当，确定了到2030年的自主行动目标：二氧化碳排放2030年左右达到峰值并争取尽早达峰；单位国内生产总值二氧化碳排放比2005年下降60%—65%，非化石能源占一次能源消费比重达到20%左右，森林蓄积量比2005年增加45亿立方米左右。这标志着中国的气候政策发展到新的阶段。中国用自身行动践行绿色低碳发展理念，为中国在全球气候治理的国际舞台上发挥引领作用奠定了重要的基础。2018年中国国务院机构改革中将应对气候变化职能划入新组建的生态环境部，各省市机构改革将生态环境厅（局）的气候变化职能也进行了相应调整。这体现了中国旨在"打通一氧化碳和二氧化碳",[1] 探讨如何协同控制传统污染物和温室气体，在体制机制上实现了应对气候变化与环境治理、生态保护修复等相关工作的协同管理。2020年，习近平主席在第七十五届联合国大会一般性辩论上宣布，中国力争于2030年前二氧化碳排放达到峰值的目标与努力争取于2060年前实现碳中和的愿景，并在气候雄心峰会上进一步宣布国家自主贡献最新举措，进一步体现了中国在气候变化领域参与全球治理与进行国家治理的统一性和协调性。2021年1月发布的《关于统筹和加强应对气候变化与生态环境保护相关工作的指导意见》从战略规划、政策法规、制度体系、试点示范、国际合作等五个方面全方位提出了未来中国全面加强应对气候变化与生态环境保护相关工作统筹融合的路线图，为推动实现减污降碳协同效应指明了方向。该文件的发布实现了温室气体与污染物协同控制政策的落地，使中国在温室气体与污染物协同控制研究方面基本与国际同步，在某些协同控制立法和相关政策制定方面甚至走在前列。[2]

# 结　论

气候变化问题是全球治理议程中具有持久重要性的问题。全球气候治理体系是国际社会应对气候变化问题的规模巨大的集体行动框架。在这个背景下，中国的角色体现出多重性特征，既是温室气体排放大国，也是一个发展中国家；既是

---

[1] 生态环境部党组：《构建现代环境治理体系，为建设美丽中国提供有力制度保障》，https://www.mee.gov.cn/ywdt/hjywnews/202006/t20200624_785933.shtm。

[2]《关于统筹和加强应对气候变化与生态环境保护相关工作的指导意见》，中华人民共和国生态环境部，2021年1月11日，http://www.mee.gov.cn/xxgk2018/xxgk/xxgk03/202101/t20210113_817221.html，2021年2月23日登录。

全球气候治理机制的关键参与者,也一度成为富有争议的谈判者。中国在参与全球气候治理的过程中面临着"角色内的冲突"和"角色间的冲突"。然而,过去近三十年里,中国逐渐消解和超越了角色内冲突的矛盾和角色间冲突的矛盾,从谨慎而积极的参与者、到地位不断提升而富有争议的关键参与者,一路成长为发挥核心作用的引领者。这种成长使中国对自身角色的主观判断与国际社会他者的期望之间的差异逐渐缩小,更加一致。

西方的角色理论强调他者期望形成对国家行为的约束,进而推动国家外交行为的规范化,并可能使一国最终顺从并执行他国对于本国的角色期待。例如斯蒂芬·沃克(Stephen G. Walker)的角色理论实质上强调的是国家角色定位及其转变的被动过程。[1] 毋庸置疑,国际社会对中国在全球环境治理领域,特别是气候治理领域的角色期望、中国与国际社会的互动确实影响到中国对自我角色的界定和期待。但是,从上文的分析可以看出,中国的成长经历更多体现了它在改变自身角色定位和国际互动结构方面所具有的主动性。否则,就不能解释为什么中国在面临巨大国际压力的时候仍然在相当长的时段内坚持自身的立场,并且在美国宣布退出《巴黎协定》后仍然能够发挥引领作用。

中国在全球气候治理中内驱型的角色成长主要是通过以下路径实现的:在保持发展中国家身份和追求发展权利的前提下,主动承担了更大的减排责任,为全球气候治理作出更大贡献。具体地说,一是实现了发展理念和发展路径的创新,在国内统筹经济发展和环境治理,将气候变化与经济和社会发展的进程进行整合;二是统筹全球气候治理和国内环境治理。一方面,中国在全球气候治理中倡导"各尽所能、合作共赢""奉行法治、公平正义""包容互鉴、共同发展"的全球气候治理理念,同时倡导"和而不同",允许各国寻找最适合本国国情的应对之策,以负责任和建设性态度参与联合国气候谈判和其他多边机制;另一方面,中国努力提升国内气候治理的能力,在制定本国气候政策时尽量避免国内发展造成对外的负面影响,增强国内政策的正外部性,促进了全球气候治理和国内环境治理在结构和功能上的相互支持。与此同时,全球气候治理机制内部治理模式不断演化,自下而上制定国家自主减排承诺的方式使得国家间的责任分配更加现实、可行和灵活,提高了全球治理与国家治理的统一性和协调性,提供了有利的国际制度环境,有助于中国协同应对气候变化和空气污染,推动国内绿色低碳转型。总之,"中国国内加快发展

> 毋庸置疑,国际社会对中国在全球环境治理领域,特别是气候治理领域的角色期望、中国与国际社会的互动确实影响到中国对自我角色的界定和期待。但是,从上文的分析可以看出,中国的成长经历更多体现了它在改变自身角色定位和国际互动结构方面所具有的主动性。

---

[1] Stephen G. Walker and Sheldon W. Simon, "Role Sets and Foreign Policy Analysis in Southeast Asia," in Stephen G. Walker, *Role Theory and Foreign Policy Analysis*, Durham: Duke University Press, 1987, pp. 142-159.

转型和生态文明建设的进程与全球推进气候和环境治理的进程基本上是契合的、相互促进的"。[1]

全球气候治理出现了新的发展。除中国外，欧盟、日本、韩国、加拿大、南非等也宣布了2050年碳中和目标。现任美国总统拜登在就职第一天就宣布重返《巴黎协定》，此后也宣布将于2050年实现碳中和的目标。这使得《巴黎协定》的温控目标实现的可能性加大。在这个背景下，中国在全球气候治理中发挥领导力和引领作用，并不意味着要作出超越国情、发展阶段和自身能力的贡献，而是要正确把握和引领全球气候治理的原则和走向，[2] 引导国际气候治理体系朝着更加公平合理的方向发展。同时，坚持《巴黎协定》倡导的气候适宜型低碳经济发展路径，促进能源低碳化变革，提高应对气候变化与生态环境保护的协同性；进一步提升国内气候治理的能力，尽快制定2030年前碳达峰行动方案，为碳中和愿景提供支撑，以实际行动和成效展现在全球气候治理中的持续影响力和引领作用。

---

[1] 外交部第四任气候变化谈判特别代表高风的讲述，参见张佳：《气候谈判话中国——外交部历任气候变化谈判代表讲述谈判历程》，第43页。

[2] 何建坤：《〈巴黎协定〉后全球气候治理的形势与中国的引领作用》，《中国环境管理》，2018年第1期，第9—14页。

专题：新形势下的中国国际战略

# "新形势下的中国国际战略研究座谈会"暨第一期"北阁沙龙"嘉宾观点综述

张亦珂

2021年4月23日，"新形势下的中国国际战略研究座谈会"暨第一期"北阁沙龙"在北京大学北阁召开。来自中国社会科学院、中共中央党校、北京大学、中国人民大学、外交学院、厦门大学、澳门大学等机构的国际战略研究与区域国别研究专家参加了本次座谈会。北京大学国际战略研究院院长王缉思教授与北京大学国际关系学院院长唐士其教授致开幕和闭幕辞，研究院执行副院长关贵海副教授主持了本次座谈会。与会嘉宾就中国国际战略环境的变化、中国国际战略研究现存不足与改进之道、国际战略研究与区域国别研究间的关系等议题进行了深入探讨。现将与会嘉宾观点综述如下。

## 一、中国国际战略环境的变化以及相关的挑战与机遇

### 1. 王缉思

举办此次"北阁沙龙"的提议实际上可以追溯到国际战略研究院成立之初。当时研究院就有相关计划，希望能够打造一支以中青年学者为主的学术团队。近几年来，研究院已经举办了七次"北阁对话"年会，但每年参会嘉宾基本没有变化；我们需要打造一支年轻的学术团队，不仅包括研究院现有科研人员和研究助理，还需要吸收研究院以外、以北京大学国际关系学院为主的研究骨干；同时也要考虑外校、外地优秀的研究人员。今后"北阁沙龙"的主题将因主办人而异，兼容并包。此外，中国学者研究国际战略要"打到国际上去"，必须要在国际上

---

张亦珂　北京大学国际战略研究院研究助理。

积极发声。

此外,办好"北阁沙龙"、打造年轻学术团队需要在两方面扩展思路。第一是坚持全球视野,广泛吸纳专业外的专家参与。当今的学者们大都兴趣广泛,并不局限于某一固定的研究领域,因而需要不断拓展自身的研究视野,增加与专业外专家的交流与沟通。第二是鼓励跨学科研究以及学科间相互交叉。受钱乘旦老师谈区域国别研究和交叉学科问题的启发,学者们应该意识到,国际问题是没有边界的,越来越多的国际问题与技术科学、数理统计有关。

中美未来的战略竞争将比美苏冷战更持久、更激烈、更广泛。中美关系的恶化有三方面原因:第一,中美实力对比发生的变化以及"东升西降"的实力发展趋势判断(这也是最大的解释因素);第二,中美在意识形态上的对立;第三,从两国国内政治层面来看,中国国内政治是决定中美两国关系的决定性力量,过去、现在、未来皆是如此。在此基础上,中国应该坚持反对和平演变,拒绝美国干涉中国内政,这应当是中国对美战略的核心关切。

中美关系是"两种秩序"之间的关系,即中国共产党领导下的国内秩序与美国试图主导的国际秩序。下一步的问题在于,美国可能将更加直接地反对中国,进而试图颠覆政权、干涉中国内政。如果美方的行动触及底线,中国也将开始反对美国主导的国际秩序。届时,双边关系有可能走向全面恶化,无可挽回,两种秩序也将更不兼容。中美双方的战略心态类似,都认为对方处于进攻态势,而己方处于防守态势。与此同时,双方都在加强现存同盟、合作关系,整体局面似乎正呈现恶化的趋势。

此外,中美关系的恶化也会影响到学术研究本身。一方面,中美两国需要相互尊重,接受两种秩序的并存。尽管从学者的角度来说,这种观点会令学者在两边都讨不到好处。另一方面,未来的研究环境会相当严峻,美国对中国的加压会传递到学者身上。学者们可以继续研究,但需要更加谨慎,并且要坚守政治和道德的底线。

### 2. 节大磊

中国国际战略环境有两个根本性变化。第一,中国本身成为变化的重要方面,成为影响国际环境的最重要因素之一。2006年的中央外事工作会议对于战略机遇期的表述是要"维护和用好",而2014年的中央外事工作会议则是说"维护和延长"。官方表述的调整体现了中国对国际战略环境的主动塑造。

中美两极格局的判断大致也是可以成立的。这不仅是基于对两国国民生产总值、军事实力等常规指标的衡量,也是源于双方心态的变化。整体而言,美国自信心下降,而中国自信心上升。2021年3月,在阿拉斯加进行的中美高层战略对话中,美国国家安全事务助理沙利文在美方开场时提到了拜登政府在应对新冠疫情、经济救助以及重振同盟方面的成绩,提示中国不要小觑美国;美国国务卿布林肯也表示美国历史上多次成功应对挑战，从低谷中重整旗鼓，因此"赌美国输从来不是一个好的选择"。在中美对话中，美方代表需要特别强调不要小看美国，这本身就说明其心态发生了变化，在20世纪90年代和21世纪的头十年，美国从未做出过这样的表述。除此以外，其他国家也基本上是以两极的视角来看待中美两国。当下中美关系的状况和近期发展很明显与美苏冷战有很多不同之处；但与五到十年前的情况相比，近期出现了中美"脱钩"的情况，其他国家对冲空间变小等新变化，甚至有形成两大阵营的趋势。

第二，内政和外交之间的联动越来越紧密，统筹国内外两个大局的挑战越来越大。中国内外政策之间的相互影响越来越深，涵盖面越来越广，影响效应显现得越来越快。正如习近平总书记所指出的，"中国与世界的关系在发生深刻变化，我国同国际社会的互联互动也已变得空前紧密，我国对世界的依靠、对国际事务的参与在不断加深，世界对我国的依靠、对我国的影响也在不断加深"。一方面，中国的对外关系越来越影响到中国的社会、企业乃至个人的日常生活。另一方面，中国的内部政策对其对外关系和战略环境也产生了深远的影响，而中国也愿意付出更多的战略成本来维护自身的核心利益。

### 3. 赵明昊

在评估未来10—15年中国国际战略环境时，需更加关注在台海、南海等方向可能出现的安全危机，中国国际战略环境"危机驱动"的特征或许会更突出。近年来，台海问题的紧张感快速上升。2021年，美军印太司令部司令戴维森等人提出，中国大陆将于2026年之前在台海等地区采取重大军事行动，而这一话题已经引起国际战略界人士的广泛讨论。

中国面对的另一个战略挑战是"赶超困境"。根据英国智库经济与商业研究中心（CEBR）预测，2028年前中国的国内生产总值（GDP）将超过美国。这种预估营造出了一种赶超的压力，会给中国国际环境带来影响。在新冠肺炎疫情的影响下，又有人提出"衰退式赶超"的说法。在此背景下，美国"躁动的霸权"的特点或许会越发突出。目前，中国与美欧等西方国家在所谓"赶超"问题上存在认知差异。虽然中国的国内生产总值与美国的差距在缩小，但仍面临诸多内政和外交挑战，在维护技术安全方面也需要付出较大的努力。未来一个时期，中国推动构建以国内大循环为主体、国内国际双循环相互促进的新发展格局、大安全格局等，将给中美关系带来不可忽视的影响。

中国面对的第三个战略挑战是大国外交的"内政导向"。中美之争很有可能成为两国之间的中产阶级之争。从中美推进的政策议程来看，美国关注重建中产阶级，中国则强调扩大中等收入群体，两者如何协调、避免冲突值得思考。内政导向的大国外交可能会越来越突出，我们在思考外交问题时需要更加关注中美两国的国内问题。中美关系研究需要有比较政治学等学科的有力支撑，力求做到

"内事要清、外事要明"。未来的国际关系研讨可以尝试打破专业界限,邀请更多研究国内问题的专家一同参与探讨,加强国内问题研究和国际问题研究的相互交流。

关于中国国际战略环境中的"阵营化"问题:拜登上台后,尽管美国国内的民粹主义等势力依然很强大,但拜登政府仍努力重振美国的同盟和伙伴国体系。拜登政府在供应链联盟、美日印澳"四边机制"(Quad)等方面的"阵营化"操作已经取得一些效果,而且还在大力构建民主国家联合体,这将对中国构成战略挑战。从地缘政治来看,北约的力量进一步向"印太"地区延伸,美国和北约盟友协同应对所谓"中俄挑战"的趋势越发明显。美国对华政策的"俄罗斯化"态势日益突出,美国在民主人权、产业链、技术等各方面对中国发起的"全域竞争"和"跨域竞争"还会进一步加剧。

**4. 祁昊天**

关于战略环境变化的对标判断,目前的学理研究与政策研判在不同层面或许存在某些固化倾向。若相关对标出现错位,则对战略环境变化的总体判断便需要进行修正。目前,中国在四个层面上需要进一步优化对确定性的评估。第一,在宏观的地缘和国际体系层面,中国的相对崛起;第二,在中观的大国竞争互动层面,中美竞争的不乐观走向;第三,在微观技术因素影响层面,技术变革影响以及相关各国科技发展势头;第四,在行动表现的冲突与管控层面,未来大国间冲突或战争的模式和规模,特别是限度问题。这里无法展开对这四个层面是否以及在何种程度存在高估或低估的倾向,但需强调的是,确定性程度本身需要得到更为审慎的研判。

此外,可以用三个历史案例阐释确定性评估倾向在不同层面如何影响国家战略环境的认知、反馈与再塑造。第一,太平洋战争前,日本陆军和海军对战争资源和收益的判断与需求,加之对作战方式及其战略影响预期,在矛盾中过高地标定了对特定战争进程和方式的影响与结果预期。第二,二战后苏联对海上战略与常规威胁的判断,使其海空军力建设在长期内均以过窄的行动与战略目的为对标方向,造成了投入与效果并不相符的不均衡军力发展模式。第三,冷战后,美国在战略不确定期的基本认知基础上,却做出了等质、等量或相近实力的传统地缘竞争长期内不会再现的相应安排,整体军事战略完全倾斜至针对亚欧大陆腹地不对等小国的力量投送和干涉能力。而在21世纪第二个十年,从战略、战术、技术到组织、人员、文化等各方面,美国军事力量都不得不进行倒逼式的应急变革。

对战略环境变化方向确定程度的判断可能会带来以下几种影响。第一,高确定性预期可能造成战略、战术层面计划冗余的缺失,并降低复杂情况下的应对韧性。战略韧性代表了一国在不确定性环境下的容错率,保障了创新的空间与可能性,提高必要沉没成本的利用效率,并降低机会成本带来的负面影响。目前在某些层面存在的确定性高估倾向可能造成未来竞争演进过程中韧性降低,而高估不确定性与风险则在加剧战略焦虑的同时,可能造成对于能力冗余的过度追求和战略设计的缺失。

第二,在高估不确定性方面,对能力冗余的过度要求,加之技术和工具性依赖伴生的战略缺失,会使得战略方法和途径本身变成目的,并容易导致战略不稳定。这方面,存在三个潜在的问题。首先,是攻防失衡,包括能力的认知与设计、使用场景和管理。在当前战略与技术的宏微观双向作用下,进攻性力量的生成比防御性力量要更有效率,基于泛信息化、网络化、体系化的特点以及未来智能化的趋势,体系间竞争中实现破击将比掌控更加便捷,不同领域的"制权"已不同于传统制海权、制空权、制信息权等概念的要求。其次是威慑失衡。以美国为代表,在提高能力冗余的同时缺乏均衡的战略设计,首次打击的诱惑、时敏目标与速度的强调、隐性能力的加强等等,在杀伤、指挥、信息链条上,过去威慑均衡所依赖的多回合博弈、力量展示、潜在力量使用的余地等因素均受到挑战。最后是冲突升级管控的缺失。若大国发生冲突,并不能简单基于过往三十余年美国的海外用兵为参考,未来大国冲突将保持低限度、小范围、短时长这类特点,需要得到更谨慎的评估,需料敌以宽、料战以宽。

第三,在确定性判断与追求能力冗余的基础上,如何进行自我约束将是一道大考题。面对以上潜在的战略评估及实践挑战,不仅需要克服外在矛盾,更需要厘清内在过程。

### 5. 赵晨

在中美战略竞争态势愈发严峻的背景下,欧洲作为美国的盟友应当如何反应?欧洲目前在此问题上面临着重要的战略抉择。针对美欧关系,特朗普的对欧政策突出表现为对"蛮权力"(rude power)的运用。"蛮权力"是与"巧实力"(smart power)相对应的、更加强调硬实力的战略。特朗普对欧的蛮权力外交导致美欧去经济相互依赖的趋势愈加明显。当前拜登政府正在回归奥巴马时期的巧实力外交策略,重拾美国在软实力上的优势,重视美欧同盟关系,试图将欧洲拉回美国的盟友阵营。

美欧对华战略是一个复杂的问题。拜登政府回归巧实力的外交路线,重新扛起"自由主义国际秩序"的大旗,同欧洲主流建制派的外交主张接近,这种对特朗普主义的"纠偏"在一定程度上意味着美国对华政策出现"欧洲化"的趋势。欧盟2019年的对华战略报告提出,中国是经济上的竞争者、制度模式和价值观方面的系统性对手(systemic rival)、气候变化等全球治理议题上的合作伙伴。拜登政府的国务卿布林肯也发出了类似的信号,即中美战略竞争是以上三种倾向的复杂交织。中美双方在全球治理议题上的合作(如气候变化问题),对双边关系究竟发挥什么样的作用,能否构成双边战略竞争关系的缓冲器,这一点特别值得观察。不论如何,中美的经济竞争一定会趋向常态化,我们仍然需要提防西方对华政策的"俄罗斯化"。

在对世界格局的判断上,中国对如何开展多边外交仍然缺少经验,存在过度看重美国的倾向。如果说当前的世界格局处于从两极格局到多极格局的过渡状态,那么多边外交对应对世界形势的变化发挥着重要作用。中国过去习惯于单极世界的外交策略,现在应准备迎接多极化趋势的到来。因此,中国应多学习和借鉴国际关系史,特别是以1814年欧洲大国协调为代表的历史经验,提高多边外交中的"治理艺术"。同时,在同美欧的话语权和舆论斗争中,应充分发挥专家学者的作用。学者在媒体发声,代表其个人意见,他们的观点不会被认为是国家行为。

在中国国际战略环境发生变化的客观现实面前,中国外交仍需保持战略定力,特别要注意继续保持我国"促进国际关系民主化"的初心,注重遵守外交惯例和外交礼仪,以实际行动争取更广泛世界的信任和支持。

### 6. 李巍

当前中美关系的大背景有三个层面。第一,在特朗普任期中,中美之间发生了前所未有的关税战。拜登上台后并不急于降低关税,而是表示要进行跨部门评估,因而关税战可能持续进行。第二,中美间发生了前所未有的技术战,华为等中国众多高科技企业成为最大受损者。第三,中美间政治关系也发生了巨大改变,尤其是美国加大了人权外交的力度,双方在价值观上的纷争不断增加。

尽管中美在关税、技术和政治领域都面临不稳定的变化,但当前中美关系中相对最为稳定的应当是宏观金融关系。虽然在特朗普多次挑动对华金融制裁的影响下,中美金融关系出现了一些看似"战争边缘"的互动,但是基本数据表明,两国的宏观金融关系仍然保持高度稳定,具体体现在以下三个方面。第一,中国企业仍然在美国大量上市。虽然出现了"瑞幸事件",但赴美上市的中国企业数量仍然在2020年达到历史新高,这表明美国的资本市场对中国企业仍有强大的吸引力。第二,2020年中国企业在美直接融资额度达历史第二高水平。第三,中国政府持有美国国债的数量没有发生实质性变化。在中美双边关系的多个方面都出现严重困境的局面下,中国外汇管理当局并没有大规模减持美国国债,间接反映出中美关系在金融领域相对稳定。可是,即使中美间宏观金融关系在当前看来相对较稳定,中方也已然在为未来两国金融关系出现崩盘的最坏局面做准备。目前有待回答的两个问题是:是否只要金融关系不发生根本性异动,中美关系就仍然存在改善的可能性?中美双方的金融精英是否还有共识,能否充当中美关系的稳压器?

在过去40年,尤其是中国加入世贸组织的20年中,中美两国的金融部门都认为双方间存在重要的共同利益需求，一方面，中国积累大量美元储备，另一方面，中国企业大量赴美上市，事实上是对美国金融地位和美元体系的支持，因而华尔街不希望动用金融作为武器，并且一直努力推动政府结束贸易战；中国也因为在对外金融关系上高度依赖美元体系而不愿在金融领域与美全面脱钩，在这点上双方有比较强烈的共识。只要两国在金融领域不脱钩，中美两国关系可能不至于落入最坏的局面。也因此，我们需要密切观察中美在金融领域是否最终会同其他领域一样走向脱钩，还是金融关系将成为中美关系最后的稳压器。同时，为了让金融能在中美关系中发挥更大的作用，中国需要加大金融开放的力度。

### 7. 唐士其

国际格局的现状是一个结构性问题，与行为者的意愿关系不大。两国实力对比变化进而影响世界体系的变动，这一过程具有一定的客观性和必然性；国家只能尽力避免最坏结果的出现，这是中国目前面临的国际战略环境的本质特点。从行为体的角度出发，行为体同结构之间并不必然是双向的互动。行为体对结构的判断，可能是基于事实，也可能是基于利益和价值；而即使是基于事实的判断，也存在着判断正确与否的问题，具有较强的主观性。这三种判断方式是相互影响、相互缠绕的，统一体现在行为体对外部环境的评估和思考中。当前，意识形态和价值观在国家政策思路中的重要性逐渐提升。这既是中国对国际环境评估可能存在的倾向，也有可能是其他国家在定位中国时的思路。

## 二、中国国际战略研究存在的主要问题和改进之道

### 8. 樊吉社

近年来国际战略研究取得了重要进展。一方面，专注于国际战略研究的机构显著增加，从事国际战略研究的专家学者明显增多。教育部自2011年启动高校国别和区域研究工作，相关高校设置了专门的教学单位和实体化研究机构从事国际战略问题的研究和教学。据统计，国内已经设立了42家国别和区域研究培育基地，备案395家国别和区域研究中心，形成了科研实体基地和备案虚体中心相辅相成的互补体系，实现了国别和区域研究的全覆盖。另一方面，国际战略研究相关的项目和成果增量显著，具体表现在与国际战略研究相关的系列皮书出版增多，国家社会科学基金课题和教育部设立的研究项目增多，以及科研机构围绕国际战略研究主办和合办的会议显著增多。

同时，当前国际战略研究也存在一些问题。第一，科研资源过度聚焦国际热点问题，过度关注部分热点国家，国际战略研究不均衡现象突出。第二，部分研究成果过度偏重政策应对，如果没有长期的跟踪研究，如何能够产出有意义的政策建议。第三，部分研究过度重视定性和下宏观结论，扎实且严谨的论证和分

析不足。第四，各研究机构之间的研究专长区分度不明显，同质化研究过多。第五，能够与国际同行进行平等学术交流的中国学者偏少，容易出现要么给别人"上课"，要么被别人"上课"的情况；同时，中国学者的英文研究成果在国际主流刊物上发表数量较少，在国际舆论场上的发声也非常有限。第六，部分研究停留于问题和现象，以浅层面研究为主，欠缺历史纵深，容易仓促下结论。

针对我国当前国际战略研究存在的不足，有六点建议。第一，应对现有国际战略研究机构和成果进行全面、系统评估，特别是那些聚焦"策论"的研究，分析、检讨、反思其利弊得失。第二，应对科研和学术期刊的评价机制进行评估，增加同行评估的权重，防止相关研究过度聚焦热点问题和热点国家。第三，激励研究机构做差异化竞争，明确自身学术定位，强化功能性议题和区域专长，逐步形成各有所长的研究领域和研究团队，彼此之间形成一定的区分度，避免时刻追踪热点，仅仅满足于浅层研究的现象。第四，增强政府职能部门和战略研究界的互动，定性研究尽量回归具体的问题研究。第五，将投入到某些热点国家的科研资源适当转移到其他国别和区域研究当中，避免学术资源的浪费。第六，提升国内政治研究在国际战略研究中的地位，为国际问题提供内在驱动力的解释。

尽管当前国际战略研究已经产出了很多研究成果，但还有必要加强对具体个案研究的重视。此外，如要提升中国学者在国际舆论中的影响力，非常有必要加大力度培育真正的国际战略研究专家。按照王缉思教授的定义，专家一要懂得研究对象国的语言，二要在当地长期生活过，有一些当地的关系和朋友，三要发表过一些论文或者专著。

### 9. 赖华夏

当前中国国际战略研究的不足之处首先在于缺乏历史纵深感。国际关系语境下常以某一届政府、五年、十年为计量时间的尺度，这种较短的时间计量方法会影响对国际战略环境的有效评估和战略判断。

国际战略的提出需要与世界政治大趋势的变迁有所呼应，对世界思潮的涌动有所知觉。例如，在主权与人权的争论上，"主权高于人权"在二十世纪五六十年代殖民地独立时期符合主流国际舆论呼声，顺应了殖民地国家纷纷要求独立的潮流，并对当代国际体系的形成与完善发挥了重要作用。二十世纪七八十年代以来，民族独立问题重要性降低，人权问题兴起，这些变化在国际事务和国际思潮中日益突出，有关国际战略的提出和传播需要结合这一历史变化。再如，美国霸权的树立与维持不仅仅基于其军事和经济实力的上升，也有赖于美国外交理念的有效推广，如废除秘密外交、民族自决等，这些外交理念在历史上都得到了世界各国人民的广泛呼应。

中国国际战略研究的另一不足之处在于部分研究缺乏对人的关注。除了对一些领导人有专门研究外，中国战略研究对人的关注不足。战略制定由具体的人推动，战略研究应投入更多精力关注各国战略的决策者和执行者，包括他们的教育背景、职业发展路径和社会网络等，探究他们探察世界的角度，在党派政治之外寻找战略的连续性和思想史根源。

中国国际战略研究应该追求更广阔的学科视野，如历史和法律等学科。国际关系学科不仅建立在国际关系理论研究传统的基础上，也继承了深厚的外交史传统。此外，国际法对研究和制定国际战略发挥了重要作用。国际法原理可为解决国际关系具体问题提供有效方案，国际法律史研究也有助于更深刻地认识国际战略的思想基础和历史脉络。

**10. 李晨**

各国战略教学和研究体系之间的竞争是大国博弈的重要组成部分。以此视角来看，中国高校的国际战略研究存在如下问题：首先，各大高校的国际战略研究平台与美国一流大学同类平台还存在差距，目前仍未形成研究方向和路径的明确分工，未来发展需要强调不同平台的特色和优势。同时，高校研究人员在短期议题上耗费大量精力，研讨深问题的空间较小、动力不足。当前高校国际战略研究平台面临两方面压力：第一是发表压力，部分重大问题的研究不适合公开发表，或与特定学术发表的形式和周期不匹配。第二是媒体化压力和内参压力，这导致研究的关注点多集中在周期短、见效快的问题上，尤其关注舆论的需求。在半个世纪前美国大学参与战略研究的黄金时代，不存在很强的学术指挥棒和导向，也不拘泥于单一的研究方法和理论引领，研究者大都从基础研究出发，重视战略实践经验，愿意和国内外同行以及研究对象交流切磋。当今中国高校的基础研究优势没有得到发挥，从历史经验梳理总结到概念提炼、最后引领现实问题讨论的路径并未打通。在国际学术交流和政策讨论对话中，中方整体上处于被动地位。

此外，中国战略研究需要加强对历史经验的学习，尤其是对战争史和外交史的学习。对于战争史，需要关注的三个方面分别是：第一，战争爆发的原因。要注意并非只有处于优势的一方会发动战争，例如一战爆发和珍珠港事件。第二，大国战争的后果。例如两次世界大战的历史教训及对核战争后果的评估和对冷战决策者的影响。第三，技术对战争的影响。虽然技术进步为不同层级的决策者和实践者提供了更多的选项，但并不一定为战略问题带来解决方案。对于外交史，需要关注如冷战时期的同盟管理经验，以及大国竞争中如何相互制衡的经验。研究者应在掌握历史经验和现实态势的基础上，提供理论分析框架。

最后，中国高校要在战略研究人才培养方面下更多功夫。当前，我们的学生培养方式和计划在战略人才培养方面还有一些短板，尤其是在资源投入和因材施教上。由于在该领域投入了大量资源、非常注重对年轻人的战略培养，以及注重保持战略研究界与决策层交流渠道的畅通，美国在这方面具有明显优势。例如，耶鲁大学为学生设计了涵盖战略历史、理论和重大现实问题的一整学年的战略课程，安排学生与专家学者和决策者充分互动。在我国缺乏"旋转门"机制、学者对战略制定与实施的直接影响有限的情况下，高校更应该加强对学生的战略培养，为学生未来参与战略实践和研究打好基础。

**11. 钟飞腾**

战略研究需要知己知彼，要思考应当先了解自己还是先了解别人。过去我们往往是从研究自己到研究对方，但是现在国际关系学科研究的顺序发生了倒转。侧重于国内问题的学科和以国际问题为导向的学科，目前出现了彼此交融的态势。从事国内问题研究的学科，通常先研究本国的问题。随着中国综合国力的发展壮大，对世界的影响越来越大，国内问题的国际化态势日益明显，以研究国内问题为主的学科，也开始研究国际相关的问题。而国际关系以及国际战略研究，优先研究国外的问题，在学科发展的早期阶段，以引进国外的理论、甚至国际学术界关注的问题为主。随着中国崛起，中国本身成了国际学术界关注的主要对象，国际研究领域也自然地开始包含越来越多的中国问题。

知己知彼的战略研究还关涉话语权问题。只有先研究清楚自己，才能够从理论上解释别人；而当下中国哲学社会科学的问题在于不能透彻地解释自己，因而未能在国际上掌握话语权。从学科发展阶段来看，我们的战略研究、国际问题研究、社会科学研究尚处于发展的初级阶段。由于尚未能把自己解释清楚，国际学术界较少需要中国学者去解释他国事务；也因此，外国学者与中国学者交流时，最为关心的都是中国人怎么理解中国崛起的问题，而非寻求解释世界的中国理论。

目前，国内学科存在发展不平等的问题。面对这一现状，国际问题研究应当寻找得到民众和政府支持最多的学科，寻找需求量最大的学科，依托这一基础，进行理论创造，然后再去解释外部世界。其次，研究媒体化在一定程度上是一件好事，这说明国际战略研究所瞄准的问题的重要性有所提升。总的来说，随着综合国力的不断提升，中国不能仅仅做好自己，满足于对国外理论进行"中国化"；作为一个大国，中国将不可避免地影响甚至改变别人，这就需要能够解释外部世界的国际研究的支撑。

此外，有必要加快理解发展新格局过程中内政与外交的新关系，即从过去外交完全由内政决定，逐渐转变为外交日益产生独立于内政的需求。过去我们更强调内政决定外交，是因为中国总体上大而不强，而接下来十年中国不仅将成为高收入国家，而且还会成为世界第一大经济体，在海外拥有庞大的利益，因而外交上会更加重视相对独立于国内需求的海外需求。中国海外利益的增加以及融入国际程度的深化，将改变我国国际和区域研究的范式，加快形成中国特色的区域和国别研究。在这一问题上我们还需要注意，中国的国际战略研究和美国的发展时间线不同，处于不同阶段。当下美国的研究或许落入了过于繁琐、细节的窠臼，我们不应盲目跟从。

最后，战略研究可以借鉴其他学科的发展，这有助于学生在初学阶段更全面地认识自我，拓展学科视域。

**12. 吴湘宁**

中国的国际战略研究需要在数据和事实基础上关注具体问题，以两项具体的实证研究为例：

第一项研究通过量化分析，探讨了各国国际组织的经济援助与职员数量比例的关系，以及由此导致的对国际组织项目采购和财务支出方向的影响，同时分析了国际组织官员在职员雇佣中的意识形态偏好。研究发现，一国经济援助的增长有助于增加该国雇员数量，而一国职员雇佣数量的增长可以增加源自该国的相关采购。数据表明，美国是联合国系统的最大资金来源国。从2019年开始，中国已经超过日本成为联合国第二大资金来源国。尽管中国对联合国的贡献从2016年的约8%上升到2018年的12%，在过去十年中已增长了四倍，但中国的总体贡献仍然是中等水平。同时，与其他大国相比，中国在联合国的人员数量相对较少。根据联合国秘书长2019年4月的报告，截至2018年底，联合国秘书处专业和高级别的中国工作人员的人数应在169人至229人之间，而实际来自中国的工作人员只有89名。在秘书处D-1级以上的高级工作人员中，有42位来自美国，21位来自英国，16位来自德国，13位来自中国，12位来自印度。

拜登上台后，提出美国将加强对国际组织的支持、进一步维系与盟友的关系，有意遏制中国在国际组织中掌握相关政策和法规的制定权。在此背景下，中国亟需思考如何能够增强自身在国际组织的操作空间。结合这一研究结果和拜登政府的相关表态，中国亟待加强对国际组织的经费支持以及人才输送。

第二项研究则是基于对2020年1月至12月微博数据的分析，探讨中美关系中的舆论变量。此前有研究表明，中国官方利用公众舆论获得更大的政策调整空间；不过，也有研究认为，来自舆论的压力导致中国外交斡旋的空间变窄。该研究分析表明，在数据收集研究期间，公众、精英、媒体的舆论导向与官方态度在诸多重要议题上具有高度相关性。这意味着真实的民意或以更加隐晦的方式存在于社交媒体，可能不利于社会的长期稳定。另一方面，并非是舆论压力导致政府在外交谈判和政策实施中缓冲和斡旋余地变小，而是民意和官方态度的高度相关性。此外，公众舆论在一定程度上取决于政治精英对事件的陈述和解释，但研究表明中国公众对中美关系的悲观情绪超过了官方和精英。考虑到2020年中美关系极速恶化的背景，以及未来中国面临的国际环境，需要进一步深入思考内政和外交、民意与外交之间的关系。

## 三、中国国际战略研究与区域国别研究的关系

### 13. 衣远

中国所处的地缘环境造就了周边外交在中国总体外交战略中的重要地位。而东南亚又涉及"一带一路"倡议中的"中国—中南半岛"和"孟中印缅"经济走廊，因而成为中国周边外交的首要方向。但近年来中国对东南亚的外交经略也面临如下三方面的变数与困难：第一，中国自身实力的迅速发展对东南亚国家的对华认知产生了较大冲击。长期以来，中国和东南亚国家的关系具有显著的不对称性。而近年来随着中国综合国力的持续增强，东南亚精英圈的一些对华负面认知有所凸显：有的是受制于思维惯性而质疑中国崛起的可能性；有的则是将中国崛起视为威胁而心怀恐慌与抵触。第二，缅甸等国近来爆发了较大规模的政治动荡，还有一些东南亚国家即将迎来全国大选，这些都对中国与东南亚开展交往合作构成了政治或社会变数。第三，受新冠肺炎疫情的显著影响，中国经略东南亚的诸多渠道受阻。双方人员交流的规模大幅缩减，经贸往来的顺畅性也有所下降。而且东南亚国家在后疫情时代仍无法回避"选边站"的焦虑。这些因素都对中国拓展在东南亚的影响力构成挑战。

结合新冠肺炎疫情的走向以及东南亚自身的社会经济发展需求，诸如数字基建、医疗卫生等低政治领域可成为接下来中国与东南亚推进合作、增进互信的重要方向。在此过程中，中国要尽量克服以下两种思维局限。一是认为东南亚都是中小国家，且对中国的经济依存度高，因而低估关系经营的难度。其实东南亚国家长期以来都存在较强的民族主义意识和追求独立、平衡的思想。比如：中国常将"中泰一家亲"作为中外友好合作的典范。但泰国并不只追求同中国"亲"，而是积极同世界各大国以及东盟邻国发展友好关系。第二是过于依靠同东南亚国家的政府间关系。东南亚国家普遍具有"弱政府、强社会"的权力结构特征，而且存在复杂的地域、族群、宗教等方面的矛盾。单纯依靠政府间交往或者只关注域外大国的动向，都无法有效应对东南亚国家内部社会力量或利益集团的博弈与掣肘。

国内的国际问题研究对中小国家的探索与理解仍存在较大提升空间。而目前的战略研究和区域国别研究之间也存在配合不佳、沟通不畅的问题。这一方面是由于从事两类研究的学者彼此学术背景不同。这就需要加强跨学科的对话合作，努力突破学科间壁垒。另一方面则是因为目前的学术考评机制更侧重对大国研究和高政治议题研究的激励。如何调动更多智力资源投入对我国周边以及其他重要战略区域的研究，这是我们需要严肃思考的重要问题。

### 14. 许亮

优秀的区域研究人才需要具备三个条件。第一是通晓对象国的语言。学者需要掌握研究区域的当地语言，从而能够进行实地调查、阅读相关文献档案、与当地学者开展交流活动。第二，学者需要有居住在当地的生活经验，全面了解研究区域的政治、经济、社会的实际状况，并使自身的研究具有"经验实感"，具有提出"真问题"的能力。第三，与研究对象国的各路精英有所交往，从而获得深入研究区域的途径和对话渠道。参考上述条件以及当下区域与国别研究的具体情况，中国的非洲研究拥有实现这些要求的可能，未来大有可为。

中国的非洲战略是什么？不少中非关系研究领域的学者们认为中国的非洲战略难以用明晰的、系统化的语言概括。但在现实中，中国与非洲的交往与合作都取得了良好成效，相关数据表明新冠肺炎疫情对中非合作的冲击并没有想象中大，这值得总结与反思。

在过去的两三年中，中美竞争在非洲也产生了重要的影响，不少国家面临在中美两国间"选边站"的难题；中美在非洲的反恐行动上存在合作与竞争的可能；非洲的气候变化议题也是中美竞合的领域之一。

不能忽视的是，美国在非洲具有三方面的竞争优势。首先，美国的高等教育机构对非洲知识精英的吸引力仍然很强。其次，美国拥有健全的评估机构和法律工具，对中国在非洲的借贷、工程和发展项目的评估具有较高的国际影响力，中方不能忽视这种影响力。最后，美国国内的大量非洲裔移民和各界精英，也会积极推动非洲发展，这在青年人群体中尤其显著。我们需要关注美国对这一群体的动员和扶持。

相比之下，中国在非洲也有较为明显的三方面优势。第一，中国与非洲在资源开采与投资等方面有着非常密切的经济合作。第二，非洲国家在涉疆、华为等问题上并没有跟随西方，不少国家支持中国的立场。以华为为例，中国电信企业在基础设施建设、通讯技术等方面为非洲提供全方位的系统性服务，非洲人对此非常清楚，有着自己的判断。第三，中国在吉布提的基地有利于保障中国在相关地区的利益。但需要注意的是，美国在吉布提拥有军事基地，不能忽略美国在该地区的影响力与竞争力。总体而言，对中美在非洲地区的竞争持谨慎乐观的态度。

为促进中国国际战略学界的相关研究，应该尽量减少因国际局势与安全风险等外部因素对中国学者的干扰，保证中国学者与国际学术界保持正常的学术交流。这是目前需要解决的困难与问题所在。

## 美国涉疆政策体系的新特点及发展趋势

康 杰

**内容摘要**：自特朗普政府执政后期以来，炮制和利用涉疆议题，成为美国对华战略竞争的重要抓手。美国涉疆政策体系呈现一系列新特点：府院和两党涉疆立场高度趋同，情报部门对"东突"组织的扶持和控制力度显著增强，政府与智库和学界的政策联动更为紧密，行业协会和标准组织异军突起。各政策主体的变化同频共振，促美涉疆政策持续走向"全政府""全社会"路线。拜登政府会继续打"新疆牌"，除继续造谣抹黑、拼凑反华同盟外，重点将转向经济制裁。美涉疆政策短期内将对我国家利益和国际影响力形成一定冲击，但其长期效果值得怀疑。

**关键词**：美国 中国 新疆 决策 对华竞争

## 一、美国涉疆政策的转向

自20世纪初以来，美国即用各种手段干涉中国新疆事务。冷战结束后，为了服务对华牵制遏制的总体政策，配合介入大中亚地区的地缘战略，美国形成了以国会和准情报组织为核心，包括行政部门、社会机构和学术界等行为体在内的涉疆政策体系。2018年以来，随着对华竞争成为美国对外战略主轴，"新疆牌"地位水涨船高，美国涉疆政策和政策体系也呈现一系列新特点。

国内学界对美国涉疆政策及其主体的专门研究多集中在2016年前，分析

---

康杰 中国国际问题研究院欧亚研究所副研究员。

对象主要是奥巴马政府及此前历届美国政府。[1] 既有研究从美国全球战略、反恐战略、对华战略和中亚战略等角度，分析了美国国会相关委员会、国会连线（caucus）、行政部门、非政府组织和学术界制定、塑造和影响美国涉疆政策的方式。总体上，学者们认为，2018年前的美国涉疆政策呈现一定程度上的两面性：一方面，美国坚持长期介入新疆问题，希望以此持续牵制中国后方，损耗中国战略资源，遏制中国发展，换取中国在其他议题上的妥协让步。其集中表现为国会、准情报组织和学术界对涉疆议题的长期关注和对"东突"势力的长期扶植。另一方面，美国打"新疆牌"也会顾及两国关系大局，将其控制在有限范围内，甚至会在某些节点对中国让步。这集中表现为美行政当局对涉疆事务相对谨慎，公开表态留有余地，美议员和学者中关注新疆的人数也相对较少。

特朗普政府执政以来，从根本上重塑了美国国内对华共识，彻底抛弃"接

---

[1] 其中最系统的专著，是社科院美国所在2006—2012年间完成的一系列课题成果，参见顾国良、刘卫东、李枏著：《美国对华政策中的涉疆问题》，社会科学文献出版社，2012年版。近年研究包括：李捷、杨恕：《遏制与干涉：美国涉华核心利益法案分析》，《亚太安全与海洋研究》，2020年第4期，第15—35页；郭永虎、熊小艳：《美国国会涉疆立法活动的动向、特征及影响：2017—2020年》，《统一战线学研究》，2020年第4期，第52—59页；许建英：《美国介入"新疆问题"的考察与分析》，《统一战线学研究》，2018年第5期，第78—83页。较早的代表性文献包括：张文木：《美国对华外交中的西藏新疆政策分析》，《中国国情国力》，1997年6期，第36—38页；潘光、赵国军：《析"世维会"的国际化图谋》，《现代国际关系》，2009年第9期，第21—28页；刘强、李环：《美国国家民主基金会及其对"疆独"组织的资助》，《国际资料信息》，2009年第9期，第12—14页；石岚：《影响新疆地区稳定的外部因素》，《新疆社会科学》，2003年第1期，第74—80页；贾春阳：《论"疆独"问题与美国的政策》，博士论文，中共中央党校国际战略研究所，2011年5月，https://www.ixueshu.com/document/011836d33a4b294b318947a18e7f9386.html；贾春阳：《美国对"疆独"问题政策的演变、影响与前景》，《国际展望》，2011年第1期，第107—125页；雷洋：《"疆独"集团发展中的美国因素分析》，硕士论文，华中师范大学政治学研究院，2011年5月，https://kns.cnki.net/kcms/detail/detail.aspx?dbcode=CMFD&dbname=CMFD2011&filename=1011137579.nh&v=uhqeGiaX8Dtfzw4DtNsjSUaFmT766O3lQgKPiJ4wjZ7egiGHLAMMMwOeYHjRcGy1；石正义：《影响我国边疆民族地区安全稳定的美国因素研究》，博士论文，中央民族大学管理学院，2012年5月，https://kns.cnki.net/kcms/detail/detail.aspx?dbcode=CDFD&dbname=CDFDLAST2021&filename=1012417190.nh&v=uKytonyLs8%25mmd2F2vRM1Keq%25mmd2BvI%25mmd2FLyi0LcN9ZTAG9ypG03PHLJJisUx7xgRgKFDbrPiga；马凤强：《境外"三股势力"对新疆安全的影响》，《新疆师范大学学报》（哲学社会科学版），2013年03期，第43—47页；张培青：《美国对华遏制战略与"东突"问题研究：以美国"新疆工程"为例》，博士论文，中央民族大学马克思主义民族理论与政策专业，2013年6月，https://www.ixueshu.com/h5/document/d250416ce3aefc289c84dd767c224826318947a18e7f9386.html；刘爽：《亚太"再平衡"战略背景下的美国涉疆问题》，硕士论文，外交学院国际关系专业，2014年6月，https://kns.cnki.net/kcms/detail/detail.aspx?dbcode=CMFD&dbname=CMFD201501&filename=1014035099.nh&v=tFs61ZJrhVO%25mmd2BJ255ChN9%25mmd2F76Hoczt4F9OsEjydKLSiabr26D6bLoO4zaiszpY3Jy3；武磊、刘帅：《美国介入"疆独"问题的原因及其影响》，《国际研究参考》，2015年第4期，第7—11页；郭旭岗：《"七五"事件以来美国的新疆研究》，硕士论文，兰州大学国际政治专业，2016年6月，https://kns.cnki.net/kcms/detail/detail.aspx?dbcode=CMFD&dbname=CMFD201602&filename=1016724972.nh&v=7blsA2ageX%25mmd2B0xlzhHK32dm28suCXJwbgSVqVtvvyPaMlm2omRsxtNy8KeU0Ez%25mmd2FM5；励轩：《学者的角色：美国的中国西部边疆研究者与对华政策制订》，《北方民族大学学报（哲学社会科学版）》，2017年第6期，第26—32页。

触"战略，转向对华全面遏制和战略竞争。[1] 2020年5月20日，美国国家安全委员会发表文件《美国对华战略方针》(United States Strategic Approach to the People's Republic of China)，进一步更新和细化了2017年版美国《国家安全战略》(National Security Strategy, NSS)奠定的对华政策原则。[2] 在此背景下，作为美国对华遏制重要抓手的涉疆政策，也发生重大转变。

第一，美涉疆政策走向激进，抛弃以往的顾虑和底线。2019年12月，负责东亚与太平洋事务的助理国务卿史迪威（David R. Stilwell）发表演讲称，过去的美国政府在批评中国时有所保留，甚至"自我审查"，这是走错了路，特朗普政府要改变这一原则，要把新疆问题"广而告之，引发世界重视"。[3] 2020年9月，美国参议院外交委员会时任副主席鲍勃·梅嫩德斯（Bob Menendez）和共和党参议员约翰·科宁（John Cornyn）发起两党决议，攻击中国在新疆实行所谓"种族灭绝"。2020年11月5日，时任国务卿蓬佩奥（Michael Pompeo）宣布撤销对"东突厥斯坦伊斯兰运动"（简称"东伊运"）的恐怖组织认定。2021年1月19日，蓬佩奥在特朗普政府任期最后一天，再次为中国炮制所谓"种族灭绝"罪名。民主党方面，拜登竞选团队早在2020年8月就已出现所谓"种族灭绝"言论。拜登政府上任后，拜登本人和国务卿布林肯（Antony Blinken）等也多次公开附和蓬佩奥。

第二，美涉疆政策的地位显著上升，政策目标趋向复合化。特朗普政府前，涉疆政策在美国全球战略和对华政策的地位相对边缘。而特朗普政府和拜登政府均把涉疆议题上升到秩序与影响力竞争的高度。打"新疆牌"从一种以牵制袭扰为特征的非常规战术，升级成包含多种要素、旨在服务于全球范围内对华复合竞争的主攻战略，成为美国在国内和全球发起反华动员的主要抓手之一。政治上，美政府渲染涉疆谣言、打造反华同盟，离间中国与周边国家、与穆斯林国家关系，经济上炮制"强迫劳动"谎言，推动产业链制裁和部分"脱钩"，安全上为"东伊运"暴恐组织松绑。

第三，美涉疆政策的执行手段由虚入实。特朗普政府前，美国涉疆政策主要包括缺乏强制力和可执行性的立场性决议。特朗普政府和拜登政府则出台和落实具有强制力的法案，不断扩大对中方人员和实体的制裁范围，并将个别制裁升级

---

[1] 参见王缉思：《如何判断美国对华政策的转变》，《环球时报》，2019年6月13日，第14版；吴心伯：《特朗普政府重构中美关系的抱负与局限》，《国际问题研究》，2020年第2期，第20—32页。

[2] National Security Council, "United States Strategic Approach to the People's Republic of China," May 20, 2020, https://www.whitehouse.gov/articles/united-states-strategic-approach-to-the-peoples-republic-of-china/, 2020-06-22.

[3] "A Speech by Assistant Secretary of State for East Asian and Pacific Affairs David R. Stilwell: U.S.-China Bilateral Relations: The Lessons of History," Transcript, CSIS, December 13, 2019, https://www.csis.org/analysis/speech-assistant-secretary-state-east-asian-and-pacific-affairs-david-r-stilwell, 2020-06-22.

为全产业链、全地域性的制裁。

美国涉疆政策的转向，既是美国对华战略整体变化的缩影，也植根于涉疆政策体系的一系列新变化、新特点。研判美国涉疆政策体系的变化特点和趋势，对把握其未来政策走向有重要意义。

> 美国涉疆政策的转向，既是美国对华战略整体变化的缩影，也植根于涉疆政策体系的一系列新变化、新特点。

## 二、美国涉疆政策体系的新变化、新特点

### （一）美国涉疆政策体系概述

美国涉疆政策的范畴，狭义上包含政治体系内的政策活动，如国会召集听证会、质询行政部门、制定出台法案和各类决议案等，以及行政部门的公开声明、政策文件、命令和行动等；广义上也包含政治体系外的各类社会组织和个人的立法倡议、资政建议和执法辅助活动。因此，美国的涉疆政策主体也可分为国会、行政部门和准情报组织等内部主体，以及行业协会、游说团体、智库与学术机构等外部主体。在分权制政体和多元决策模式下，各个决策主体相互制约又相互嵌套配合，外部主体积极参与美国涉疆政策的酝酿、制定和执行，[1] 并通过"旋转门"实现内外转换，形成了网状的决策体系（见图1）。

最高行政与立法当局位于美国决策体系的顶端。作为行政首长的美国总统通过国家安全委员会等白宫幕僚，制定基本战略方针，任命各行政部门官员，并协调部门行动。国会通过制定涉疆法案、授权并监督行政部门来影响对外政策。

美国参、众两院的外交委员会通常是推动涉外法案的主要力量。2019年"维吾尔人权政策法"（*Uyghur Human Rights Policy Act*）也是先在两个委员会引入和审议，再在全院范围通过的。但在实际操作中，由于两院外交委员会任务较多，无暇专顾涉疆问题，因此在议程和信息上高度依赖专门"监督中国人权问题"的美国国会及行政当局中国委员会（Congressional-Executive Commission on China, CECC，下文简称"中国委员会"）。该委员会成立于2000年，主要任务是监督中国的"人权与法治问题"，向美国总统和国会提供信息。该委员会成员目前包括9名参议员，8名众议员，行政部门按规定应有5名代表。民主党众议员麦戈文（James P. McGovern）和共和党参议员卢比奥（Marco Rubio）曾共任主席，在2021年改选后，民主党参议员杰夫·默克利（Jeff Merkley）成为新一任主席。此外，众议院汤姆·兰托斯人权委员会（Tom Lantos Human Rights Commission）负责制定国会人权战略，与行政部门合作推进人权立法倡议，在涉疆立法进程中

---

[1] 大众媒体和社交媒体服务（Social Media Services, SMS）也是传播和塑造美国涉疆谣言和叙事的重要行为体，在美国涉疆政策的形成与实施中扮演重要角色。但限于文章主题和篇幅，不展开分析，另撰文详述。

发挥重要作用。

现实中，上述各委员会的主要成员间时常交叉任职，重合度较高。例如，麦戈文同时也担任汤姆·兰托斯人权委员会主席，另一名共和党主席克里斯托弗·史密斯（Christopher H. Smith）曾在2015—2017年任中国委员会主席，卢比奥同时担任参院外交委员会民主与人权小组委员会副主席。

在行政部门中，美国国务院、国际开发署、美国国际宗教自由委员会（US Commission on International Religious Freedom，USCIRF）等是政策的直接制定和实施者。以美国国务院为例，其涉疆部门包括制定对华政策的东亚与太平洋局，制定中亚政策的南亚与中亚局，制定国际人权政策的民主、人权与劳工局，制定宗教政策的国际宗教自由办公室，以及美驻哈萨克斯坦、吉尔吉斯斯坦等国使馆等。

在政策体系的中间层，是以美国国家民主基金会（National Endowment for Democracy, NED）、"共产主义受害者"纪念基金会（Victims of Communism Memorial Foundation）为代表的有情报组织背景、承担情报组织功能的"非政府组织"或"智库"，它们是"东突"组织的直接金主和幕后操控者，同时与美国国务院、国际开发署和使领馆等协调配合，在世界范围内散播涉疆谣言，策划反华活动，为美国政府和国会的涉疆政策和立法提供所谓"中立研究支持"。

从事基础研究的学术机构位于政策体系的最外围，但作用非常重要。它们不仅通过提供政策咨询扮演政府"外脑"，培养了大量后备人才，也能通过"旋转门"机制进入行政部门或国会幕僚团队。更重要的是，学术界很大程度上参与了美国涉疆社会舆论和政策议程的生成，为政策部门开启政策过程提供了重要的政治势能与话语资源。目前，美国涉疆研究的重镇包括乔治·华盛顿大学艾略特国际关系学院（Elliott School of International Affairs）中亚项目、印第安纳大学中央欧亚研究系、哈佛大学东亚系，以及因发起"新疆工程"（The Xinjiang Project）著称的中亚与高加索及丝绸之路研究所（Central Asia-Caucasus Institute and the Silk Road Studies Program）[1]、东西方研究中心等智库。

**自特朗普政府以来，美国涉疆政策体系日益呈现出所谓"全政府"方式（Whole-of-Government Approach），并向"全社会"路线扩展。** 具体而言：

第一，从国会主导转向国会与行政部门"双轮驱动"。此前，美国国会一直是美涉疆政策中最活跃、最具持久性的政策主体。行政部门虽然也长期资助分裂组织活动，但相对缺乏持续性，常会为在其他议题上寻求对华合作而降低涉疆

---

[1] 原隶属于约翰斯·霍普金斯大学（Johns Hopkins University），现隶属于美国外交政策委员会（American Foreign Policy Council）和斯德哥尔摩安全与发展政策研究所（Institute for Security and Development Policy）。

政策的优先级。国会与行政部门在在具体政策及其执行方式上时有分歧。自特朗普政府以来,一方面,国会的涉疆立法行动空前活跃,共识性空前增强,立法的强硬性、强制性空前提升。另一方面,以国安会、国务院为代表的行政部门的角色更加突出。通过回溯2018年以来美国国会涉疆立法活动及其与行政部门的互动可知(见表1),行政部门与国会中国委员会在两项涉疆法案的立法准备阶段密切互动,发挥了议程引领作用。同时,行政部门开始独立规划整体性的、明晰的涉疆政策。

第二,随着美涉疆政策由虚入实,涉疆政策主体增加,新主体作用尤为突出。在美政治体系内,随着美国对中国实体、人员和产业采取一系列政治经济制裁,美国商务部、财政部、国土安全部海关和边境保护局等成为其执行制裁政策的重要抓手。相关行业协会、行业游说团体和国际标准组织也在经济制裁政策的制定与实施中扮演了重要角色。前两类组织的代表有美国服装和鞋类协会(American Apparel & Footwear Association)、全美零售联合会(National Retail Federation)、太阳能工业协会(Solar Energy Industries Association, SEIA);国际标准组织如"负责任的全球成衣制造"(Worldwide Responsible Accredited Production)、"瑞士良好棉花发展协会"(Better Cotton Initiative)等。

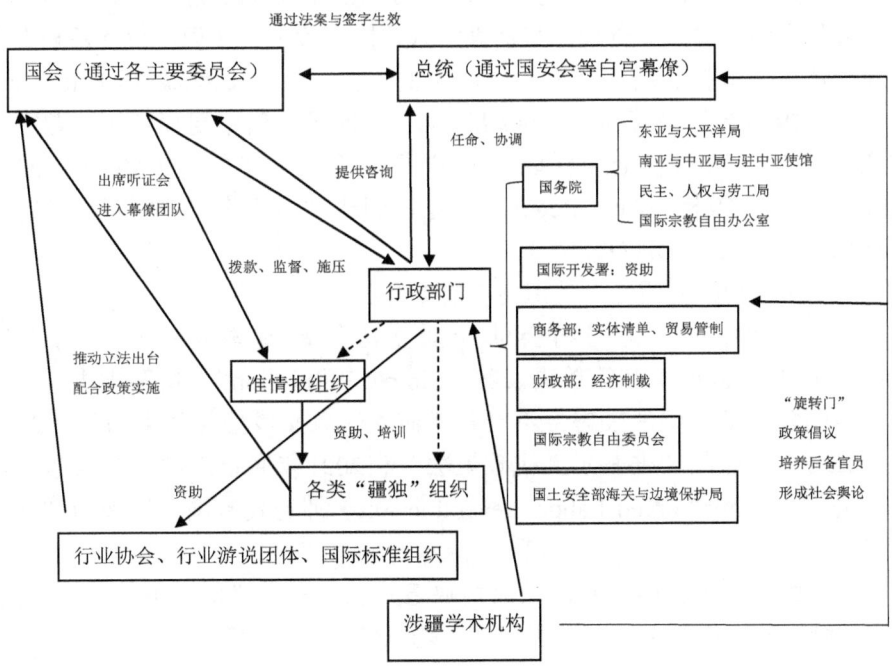

图1　美国涉疆政策体系

资料来源:作者绘制。

## （二）各政策主体的变化

### 1. 国会

一是古巴裔议员成为涉疆议题的重要推手。"维吾尔人权政策法案"根据其发起人，即共和党参议员卢比奥和民主党参议员梅嫩德斯，又被称为"梅嫩德斯—卢比奥法案"。"维吾尔强迫劳动预防法"（Uyghur Forced Labor Prevention Act），则是由卢比奥和共和党参议员特德·克鲁兹（Ted Cruz）联合发起的。上述三人均为古巴裔美国人，对外政策主张一贯带有强烈的反共反华意识形态色彩，除主导涉疆议题外，还在经贸、科技、台湾问题、香港问题、新冠肺炎疫情等多个领域推动反华进程，可谓"逢中必反"。三人在国会都身居要职：卢比奥担任过参议院情报特设委员会代主席、中国委员会主席、外交委员会民主与人权小组委员会主席等职务，是国会有权接触最核心机密的"八人帮"（Gang of Eight）成员之一。梅嫩德斯是外交委员会主席，克鲁兹是军事委员会和外交委员会成员。

二是涉疆分子加入国会幕僚团队。国会各委员会中，由于议员们任职广泛，分身乏术，大量研究和信息工作都由幕僚团队掌握。幕僚团队的构成，既能反映一定时期的美国对华政策取向，反过来也能加强这种取向。近年来，在涉疆政策上具有重要作用的中国委员会，其幕僚团队结构由劳工、知识产权和西藏专家为主，逐步转变为情报、新疆和港台专家为主。前任秘书长孟沛德（Peter Mattis）是前任美国国防部长马蒂斯（James Mattis）的侄子、前中情局特工，曾在"共产主义受害者"纪念基金会任职。[1] 核心幕僚梅根·弗鲁克（Megan Fluker）、研究助理艾米·雷格（Amy Reger）都曾任职于"维吾尔人权项目"（Uyghur Human Right Program, UHRP）。

三是立法行动的实质性、共识性空前提升。

第一，2018年前，美国国会的涉疆立法行动基本是提出共同决议案（Concurrent Resolution）和简单决议案（Simple Resolution）。这两类决议案仅意味着国会两院或某一院的表态，不具备任何立法意义或法律约束力。而2018年启动、2020年成法的"维吾尔人权政策法"和2021年底批准的"维吾尔强迫劳动预防法"（Uyghur Forced Labor Prevention Act）都是具备国内法效力和强制性的法案。

第二，此前，国会内部对涉疆议案缺乏共识，多数议员漠不关心。[2] 而2018年以来"维吾尔人权政策法"在参众两院均以惊人的速度和一致性完成审定，并

---

[1] 特朗普政府任期结束后，孟沛德于2021年4月离任，目前该职位空缺。

[2] 顾国良、刘卫东、李枏著：《美国对华政策中的涉疆问题》，北京：社会科学文献出版社，2012年版，第126—128页。

近乎全票通过。¹ 行政部门也迅速对法案加以回应，制定了相应政策。这种高度一致也体现在"维吾尔强迫劳动预防法"的立法进程中。这体现了府院和两党在对华遏制上的高度一致，是美国"全政府"对华竞争的缩影。

第三，"东突"分子频频出现在各项国会与行政部门听证会和圆桌会中，对政策制定的参与日益加深（见表1）。

表1 2018年以来美国国会涉疆立法活动及其与行政部门的互动[2]

| 日期 | 主体 | 活动内容 |
| --- | --- | --- |
| 2018年1月8日 | 中国委员会 | 发布声明称"新疆人权状况恶化"。 |
| 2018年5月15日 | 中国委员会 | 致函时任美国商务部长罗斯（Wilbur L. Ross, Jr.），质询商务部工业和安全局是否在跟踪"在新疆使用美国设备和技术进行监视、压迫与控制"的情况。 |
| 2018年7月26日 | 中国委员会 | 举行听证会"监视，压迫和大规模拘押：新疆的人权危机"，"自由亚洲电台"维吾尔语频道记者古丽恰克热·霍迦（Gulchehra Hoja）出席。 |
| 2018年8月28日 | 中国委员会 | 致函时任美国国务卿蓬佩奥、时任财务部长姆努钦（Steven Terner Mnuchin），敦促制裁新疆自治区官员、海康威视、大华科技等。 |
| 2018年9月12日 | 中国委员会 | 致函时任商务部长罗斯，敦促将新疆自治区国家安全部门纳入"实体清单"。 |
| 2018年11月18日 | 参院外委会 | 时任副主席梅嫩德斯和成员卢比奥在参议院发起"维吾尔人权政策法案"草案。 |
| 2019年1月17日 | 参院外委会 | 启动《法案》立法程序。 |
| 2019年3月4日 | 众院外委会 | 时任主席恩格尔（Eliot L. Engel）等四名议员对国务院"对新疆情况未能采取有效措施"发出质询，措辞严厉地要求蓬佩奥书面回复"对美企向新疆相关部门提供技术或培训的调查结果""自人权危机以来对华外交工作的具体细节"，以及"对未来战略的设想"。 |
| 2019年4月3日 | 兰托斯人权委员会 | 组织24名参议员和19名众议员联名致函时任国务卿蓬佩奥、财政部长姆努钦和商务部长罗斯，敦促制裁中国官员，加强对相关中国企业的出口管制和投资者风险提醒。 |

---

1 唯一的反对票来自共和党众议员马西（Thomas H. Massie），反对理由是"干涉他国内政不符合美国利益"。但要注意，此人投票习惯特立独行，经常是唯一投否决票的人，被称为"否决先生"。

2 系作者绘制。

续表

| 日期 | 主体 | 活动内容 |
| --- | --- | --- |
| 2019年4月19日 | 参院外委会 | 举行听证会"《亚洲再保证倡议法案》实施回顾：人权、民主与法治"，"东突"头目茹珊·阿巴斯（Rushan Abbas）出席，提出如下建议：美国会议员访问新疆、关闭中国驻旧金山总领馆、把涉疆问题与贸易谈判挂钩等。 |
| 2019年9月11日 | 参院 | 一致通过"维吾尔人权政策法"参院版。 |
| 2019年9月12日 | 众院外委会 | 开始审议"维吾尔人权政策法"参院版。 |
| 2019年10月7日 | 商务部、国务院、海关和边境保护局 | 将28个中国政府和商业组织列入"实体名单"，禁止对"参与拘押和监控"的中国企业出口芯片和软件。10月8日，美国国务院宣布对新疆自治区官员实行签证限制。美国海关和边境保护局发布命令，扣押和田泰达服装公司生产的服装，理由是"涉嫌使用强迫劳工"。 |
| 2019年10月17日 | 中国委员会 | 举行听证会"新疆的强迫劳动、大规模拘押和社会控制"，"共产主义受害者"纪念基金会成员郑国恩（Adrian Zenz）、努尔·图凯勒（Nury Turkel）出席。 |
| 2019年11月5日 | 中国委员会 | 致函美国海关和边境保护局，要求"调查和查封从新疆进口的、通过强迫劳动生产的商品"。 |
| 2019年12月3日 | 众院 | 众院以407票赞成，1票反对，通过"维吾尔人权政策法"众院修订版本。 |
| 2019年12月10日 | 众院外委会 | 举行"中国特色的威权主义：中国的政治和宗教人权挑战"听证会，郑国恩、"东突"分子法卡特·乔达特（Ferkat Jawdat）[1]出席。 |
| 2020年1月28日 | 众院外委会 | 举行"结束全球宗教迫害"听证会，茹珊·阿巴斯出席。 |
| 2020年3月10日 | 参院外委会 | 时任参院外委会副主席梅嫩德斯致函商务部长罗斯，敦促其采取措施，禁止新疆"强迫劳动制品"流入美国市场。 |
| 2020年3月11日 | 中国委员会 | 举行名为"全球供应链，强迫劳动与新疆维吾尔自治区"的圆桌会议，发布了同名报告，并宣布发起"维吾尔强迫劳动预防法"立法程序，该法案指示美国海关和边境保护局将新疆生产的全部商品贴上"强迫劳动"标签。茹珊·阿巴斯出席。 |
| 2020年5月14日 | 参院 | 一致通过"维吾尔人权政策法"修正案。 |
| 2020年5月27日 | 众院 | 以413赞成、1票反对通过"维吾尔人权政策法"修正案。 |
| 2020年6月17日 | 白宫 | "维吾尔人权政策法"经特朗普签署成法。 |

---

[1] 2019年3月曾受蓬佩奥接见，在社交网络上非常活跃。

续表

| 日期 | 主体 | 活动内容 |
| --- | --- | --- |
| 2020年7月2日 | 中国委员会 | 麦戈文和卢比奥致函时任国务卿蓬佩奥和财政部长姆努钦，要求制裁所谓"针对维族和哈族的绝育政策"，并举行联合国安理会情况通报会。该函由参众两院76名议员联署。 |
| 2020年9月23日 | 众院 | 以406对3票通过所谓"维吾尔强迫劳动预防法"，并提交参院。经二读后送参院外委会审议。 |
| 2020年10月26日 | 参院外委会 | 时任副主席梅嫩德斯和共和党参议员科宁发起两党决议，抛出所谓"种族灭绝"论。 |
| 2021年1月 | 参院外委会 | 卢比奥向参院提交"维吾尔强迫劳动预防法"修订版本。 |
| 2021年2月18日 | 众院 | 麦戈文在众院重新引入"维吾尔强迫劳动预防法"修订版本。 |

### 2. 行政部门

特朗普执政期间，美国对外政策部门有三大新特点：

一是"对华鹰派"影响力上升。在白宫和国家安全委员会层面，虽然特朗普屡次更换国安事务助理，依赖亲信和"小圈子"决策，造成国安会结构碎片化、运行效率低下。[1] 但以对华鹰派著称的亚洲事务高级主管博明（Matthew Pottinger）不仅在三次改组中波澜不惊，反而升任国安事务副助理，成为特朗普对华竞争战略的主要规划者。前任国安事务助理麦克马斯特（H. R. McMaster）曾将其称为"冷战后美国对外政策最大转型的中枢人物"。[2] 在美国国务院层面，政策规划高级顾问余茂春（Miles Yu）[3]、负责东亚与太平洋事务的助理国务卿史迪威等，都是对蓬佩奥战略思维与政策有重要影响的对华"鹰派"。

二是决策部门的政策手段更注重多边主义和"软实力"。

以美国国务院为例，其在政策手段上，着力诉诸多边机制，企图组建围堵

---

1 John Bolton, *The Room Where It Happened: a White House Memoir*, New York: Simon & Schuster, 2020.

2 David Nakamura, Carol D. Leonnig and Ellen Nakashima, "Matthew Pottinger Faced Communist China's Intimidation as A Reporter. He's Now at The White House Shaping Trump's Hard Line Policy toward Beijing," *The Washington Post*, April 30, 2020, https://www.washingtonpost.com/politics/matthew-pottinger-faced-communist-chinas-intimidation-as-a-reporter-hes-now-at-the-white-house-shaping-trumps-hard-line-policy-toward-beijing/2020/04/28/5fb3f6d4-856e-11ea-ae26-989cfce1c7c7_story.html, 2020-06-22; Michael B. Cerny, "Matthew Pottinger: Architect of the Chinese Cold War," The Carter Center, October 2, 2019, https://uscnpm.org/2019/10/02/matthew-pottinger-architect-of-the-chinese-cold-war/, 2020-06-22.

3 Bill Gertz: "From Mao's China to Foggy Bottom: Miles Yu A Key Player in New Approach to Beijing," *The Washington Times*, June 15, 2020, https://m.washingtontimes.com/news/2020/jun/15/miles-yu-mike-pompeo-adviser-helps-form-china-poli/?fbclid=IwAR3gdE8Pqxt8fNKupvAKBzk_09-l9PYgdksy5z_HtMLQmoP3cqUbhy9fO5M&from=groupmessage&isappinstalled=0, 2020-06-22.

中国的国际阵线，离间中国与周边国家和伊斯兰国家关系。2018年以来，美国务院国际宗教自由办公室先后举办两届"促进宗教自由部长级会议"（Ministerial to Advance Religious Freedom），邀请100余个国家和地区代表团参加。2019年9月24日，时任美国副国务卿约翰·沙利文（John J. Sullivan）在联合国发表《新疆人权危机》演讲。2020年2月6日，美发起27国参与的"国际宗教自由联盟"（International Religious Freedom Alliance）。2020年2月蓬佩奥访问中亚出席"中亚+美国"（C5+1）外长会议时，也曾企图诱拉中亚国家在涉疆问题上表态。

此外，美国国务院还利用中亚跨境民族，扶植涉疆反华组织，发起国际舆论战。例如，美国驻哈萨克斯坦使馆每周更新"新疆受难者日记"。

三是"东突"分子开始跻身重要决策部门。2020年5月26日，众议院议长佩洛西任命"世界维吾尔大会"（下文简称"世维会"）创始人、美国维吾尔协会前主席努尔·图凯勒（Nury Turkel）为国际宗教自由委员会专员。

### 3. 准情报组织

所谓准情报组织，是指表面伪装成"非政府组织""智库"或"媒体"，从美国和其他国家政府获得主要资助，行使相当于情报机构的渗透、宣传和颠覆功能的组织。准情报组织向"东突"组织提供资金和培训，也对其施加严密控制。其中，与"东突"联系最密切的组织包括国家民主基金会、人权观察（Human Rights Watch）、"共产主义受难者"纪念基金会、国际危机组织、"自由亚洲"电台维吾尔语服务等。

2018年以来，准情报组织对各类"疆独"组织的赞助显著增长。2019年，国家民主基金会宣称共向"疆独"组织拨款96.5万美元，其中向"世维会"拨款38万美元，向"维吾尔人权项目"拨款31.5万美元，其他约27万美元去向未标明具体组织和个人。相比之下，国家民主基金会宣称共向"疆独"组织拨款2018年总额为67.04万美元，2017年为54.06万美元，增长显著。

在增加资助的同时，准情报组织还以"空降"高层的方式，增强对"东突"组织的领导与控制。2018年7月，在国家民主基金会工作24年的副主席路易莎·格雷夫（Louisa Greve）转入"维吾尔人权项目"担任对外事务主任和全球传播总监。[1]

在特朗普当局推动下，作为"世维会"的美国分支，美国维吾尔协会本身也在分化，实现功能的多样化。前文提及的茹珊·阿巴斯，曾任职于美国情报机构，是美国维吾尔协会的创始人和副主席，2017年建立"维吾尔运动"（Campaign for Uyghurs）。阿巴斯发挥其组织游行示威的特长，在全球14个国家的18个城市

---

[1] 根据格雷夫的自我介绍，她还"与亚洲100多个新生的非政府组织密切合作，通过长期的战略规划和领导力发展帮助他们加强沟通，计划和组织有效性"。信息源自路易莎·格雷夫本人的领英（LinkedIn）账户，https://www.linkedin.com/in/louisagreve，2020年6月22日登录。

发起反华游行。

美国中情局在冷战时期建立的"自由亚洲电台"和"自由欧洲电台"也是"东突"组织的"中转站"。"东突"组织的多名新老头目，如美国维吾尔协会主席乌麦尔·卡纳特（Omer Kanat）、茹珊·阿巴斯都曾在这两个机构任职。现任"自由亚洲"电台维语服务主任阿里木·赛义托夫（Alim Seytoff）曾任"世维会"发言人、美国维吾尔协会主席等职。

除了传统"疆独"组织外，美国还积极在中亚国家扶植反华涉疆组织。美国国务院南亚与中亚局负责人艾丽斯·威尔斯（Alice Wells）亲自主持在哈萨克斯坦建立了涉疆组织"祖国志愿者"（Атажұрт еріктілері）。该组织除编造"跨境亲属在中国受难"等谣言外，还积极充当"疆独"分子的外逃渠道。

此外，较多传播涉疆话议题的智库，包括詹姆斯敦基金会（Jamestown Foundation）、新线战略与政策研究所（Newlines Institute for Strategy and Policy）等，都与情报界有密切关系。[1] 此外，美国政府还赞助和利用澳大利亚战略政策研究所（Australian Strategic Policy Institute, ASPI）等第三国智库。上述智库捏造的所谓"研究报告"，成为美国国会和行政部门推行涉疆立法和政策所援引的主要"证据"。

**4. 学术机构**

与准情报组织和"东突"分子相比，美国涉疆学者对政策的直接影响相对有限。近年来，美国涉疆学者出席国会听证会和接受政府公开资助项目的次数相对较少。

但智库与学界对政策的影响是长期的、战略性的。它们一方面通过"旋转门"和人才培养，为政策部门输送新鲜血液，另一方面，其政策性研究和基础研究很大程度上对政策议程与社会舆论有强大的塑造作用。最近几年，这两方面作用开始"开花结果"。

例如，前美国国安会中国事务主管伊尔特比尔（Elnigar Iltebir）毕业于乔治·华盛顿大学"中亚项目"，前国安会中亚事务主管埃里克·鲁登希尔德（Eric Rudenshiold）曾兼任"中亚项目"教授。"维吾尔人权项目"的"研究与倡议总监"爱丽丝·安德森（Elise Anderson）在印第安纳大学中央欧亚系获得博士学位，师从美国知名新疆专家鲍文顿（Gardner Bovingdon），[2] 曾在国会中国委员会和"刘

---

[1] 詹姆斯敦基金会是1984年美国政府为支持苏联叛逃者而成立的机构。新线战略与政策研究所原名"全球政策中心"，成立于2016年，2019年改名，与美国伊斯兰教组织"国际伊斯兰研究所"（Institute of Islamic Thought）和费尔法克斯学院（Fairfax Institute）联系密切。

[2] 鲍文顿代表作有《维吾尔人：自己土地上的陌生人》（*The Uyghurs: Strangers in Their Own Land*）和《新疆自治：汉族的专断和维吾尔族的不满》（*Autonomy in Xinjiang: Han Nationalist Imperatives and Uyghur Discontent*）。他认为"新疆的地区自治制度必须被视为动乱的主要根源"，还引导了一代美国学者和官员对新疆的看法。参见 Gardner Bovingdon, "Autonomy in Xinjiang: Han Nationalist Imperatives and Uyghur Discontent," Policy Studies，No. 11, The East-West Center Washington, 2004，2020年6月23日登录。

晓波委员会"任职。安德森在新疆艺术学院学习期间,还曾担任"美国大使馆驻乌鲁木齐监视人(warden)"。[1] 同时,从事涉疆研究的美国年轻学者人数虽少,但都具备出色的语言能力和过硬的历史学、人类学训练。同时,随着美国对华战略竞争逐步提速,涉疆研究将得到更多的关注和更大的投入。基础研究的逐步扩大,能增强美国对持续介入新疆问题战略性人才储备。

另一方面,近年成名的美国涉疆学者,对中国民族政策多抱有较强的成见和批判态度。他们在社交媒体上与"东突"分子频繁互动,一定程度上引导了美国社会对新疆问题的看法。未来,无论美国国内形势如何变化,涉疆议题都将成为美国社会反华情绪的长期诱因。

**5. 行业协会、行业游说团体和国际标准组织**

如前所述,以所谓"预防强迫劳动"为名,对中国发起经济制裁,成为美国涉疆政策的重要维度。在所谓"强迫劳动"议题和立法的酝酿、出炉和落地过程中,美国的服装行业协会、游说团体和国际标准组织扮演了重要角色。

行业协会和游说团体一方面积极参与相关立法和政策的形成过程,另一方面积极配合具体政策的实施与执行。2020年3月10日,美国服装与鞋类协会、全国零售联合会、零售业领导者协会(Retail Industry Leaders Association)、美国时装产业协会(Fashion Industry Association)、美国鞋袜经销商协会(Footwear Distributors & Retailers of America)等服装行业协会和游说团体发表关于"新疆强迫劳动问题"的联合声明,敦促美国政府"制定并部署系统解决方案"。[2] 此后,在美国国会立法过程中,上述协会多次发表联合声明,出席听证会。同年9月17日,服装和鞋类协会主席拉马尔(Steve Lamar)出席众院拨款委员会听证会,称应需对中国政府"施加持续压力"。[3] 在10月15日,八家行业协会和游说团体还向参院提交了联名信,建议对众院通过的《预防维吾尔族强迫劳动法》进行"建设性"修正,以保护美国企业利益。

2021年1月27日,美国海关与边境保护局对新疆棉花和番茄制品实行禁运后,服装和鞋类协会、鞋袜经销商协会、全国零售联合会、零售业领导者协会和时装产业协会等再次发表联合声明,重申将对新疆产品采取"果断行动",并敦

---

[1] 安德森的个人简历:http://www.elisemarieanderson.com/wp-content/uploads/2017/06/WorkingCV_6June 2017.pdf,讽刺的是,"中国网"和"中国之声"等国内媒体至今仍在宣扬其为"友好文化使者"。http://english.china.com/video/life/2649/20160128/559220.html,http://news.cri.cn/20171029/3b6f9dc5-311e-f414-4efe-c7e4d3a48a63.html,2020年6月23日登录。

[2] "Joint Statement from AAFA, NRF, RILA, USFIA, and FDRA on Reports of Forced Labor in Xinjiang," March 10, 2020, https://www.aafaglobal.org/AAFA/AAFA_News/2020_Press_Releases/Joint_Statement_Xinjiang.aspx, 2021-03-01。

[3] "AAFA Testifies Before House Ways & Means Committee Hearing on Xinjiang," American Appeal & Footwear Association, March 10, 2020, https://www.aafaglobal.org/AAFA/AAFA_News/2020_Letters_and_Comments/AAFA_Xinjiang_Testimony_September_17_2020.aspx, 2021-04-01。

促国会使"结束强迫劳动"成为"美国领导的全球战略的一部分"。[1] 2021年3月22日，美国国务院宣布将同英国、加拿大和欧盟共同制裁中国新疆自治区官员后，服装与鞋类协会、鞋袜经销商协会、全国零售联合会、零售业领导者协会、美国时装产业协会等协会组织发表联合声明，支持制裁决定，并呼吁美国与盟友共同"解决强迫劳动问题"。[2]

国际标准组织常是行业协会和行业游说团体的重要合作伙伴和赞助人，针对相关行业推行各类标准，同时又从美国政府机构处获得资金。例如，"瑞士良好棉花发展协会"的主要金主之一是美国国际开发署（USAID）。这些形式上独立的组织，实际上是美国政府重要而隐蔽的政策推手。

## 三、对未来美国涉疆政策的展望

总结特朗普政府涉疆政策体系中各层级与主体的变化，可得出如下判断：

第一，强硬涉疆政策走向常态化。随着政府和参众两院、党派和舆论界对华强硬共识的生成、少壮派涉疆人才的代际更替、"东突"分子更多参与核心政策进程，美国各类政策主体的变化同频共振，使美涉疆政策进一步走向强硬。可以预期，美国国会还将出炉新的涉疆立法，行政部门还会建构更多的多边涉疆排华机制，"东突"组织还会趁机扩张势力。拜登政府将继续打"新疆牌"，除继续造谣抹黑、拼凑反华同盟外，重点将转向经济制裁。

第二，中短期（二至五年）内，美涉疆政策将严重冲击中国国家安全、国际影响力和产业安全。涉疆因素与疫情阴谋论、中国责任论等相叠加，将对中国国际形象与话语权构成多重打击。在美反复诱拉之下，周边国家特别是中亚国家对华态度可能有微妙变化。反华宣传易增加部分中亚精英的对华疑虑情绪，并在普通民众中制造仇华、厌华倾向，对政府对华决策与合作形成负面影响和舆论压力，对中国发展周边关系、建设"一带一路"和人类命运共同体构成挑战。美国对中国高科技企业和新疆棉花、食品、光伏的制裁，短期内将严重损害中企利益，并对中国经济安全构成潜在威胁。

第三，长期而言，美国涉疆政策的效果值得怀疑。首先，包括美国媒体在内的国际舆论，开始质疑和揭露美国政府有组织、有预谋的涉疆谣言体系。美

---

[1] "Joint Statement from AAFA, FDRA, NRF, RILA, and USFIA Urging Clear and Decisive Action on XUAR," American Appeal & Footwear Association, January 27, 2021, https://www.aafaglobal.org/AAFA/AAFA_News/2021_Press_Releases/Statement_Urging_Clear_Decisive_Action_XUAR.aspx?WebsiteKey=49c45f4d-69b3-4c66-823a-6d285960fed2, 2021-03-01.

[2] "Joint Statement from AAFA, FDRA, NRF, RILA, USFIA in Support of Global Approach to Protect Citizens in Xinjiang," American Appeal & Footwear Association, March 22, 2021, https://www.aafaglobal.org/AAFA/AAFA_News/2021_Press_Releases/Joint_Statement_Global_Approach_Protect_Xinjiang_Citizens.aspx, 2021-03-01.

**特朗普政府以来，美国强硬涉疆政策走向常态化，中短期内将严重冲击中国国家安全、国际影响力和产业安全，但其长期效果值得怀疑。** 国独立记者马克斯·布鲁门塔尔（Max Blumental）、阿吉特·辛格（Ajit Singh）及前者创立的网站"灰区"（The Grayzone），长期致力于以详实的证据链条揭示美国政府涉疆政策的内幕，如披露美国情报机构对"疆独"组织的资金支持与人员控制、[1] 涉疆行业协会对美国企业的强迫、[2] 涉疆智库与极端宗教势力的联系[3] 等。前美国中情局高级官员格拉汉姆·富勒（Graham Fuller）也批评美国滥用"种族灭绝"标签是以人权为名，行政治投机之实。[4] 俄罗斯和中亚学者则普遍认为美国扶植中亚国家的涉疆"人权组织"是阴谋策动"颜色革命"。[5] 其次，世界上多数国家无法从美国涉疆谎言中获得实际利益，不会"随风起舞"。美国推动的涉疆经济制裁无视市场规则和经济规律，将损害包括美国企业和消费者在内的各国人民利益。"损人不利己"的买卖难以持久。最后，反制美国涉疆政策，说到底取决于中国自身。只要正确贯彻和稳步推进中央治疆方略，使新疆的稳定与发展惠及周边和整个地区，使地区和全球各国认识到去极端化和治理现代化的重要意义，美国打"新疆牌"的企图终将落空。

---

[1] Ajit Singh, "Inside the World Uyghur Congress: The US-backed Right-wing Regime-change Network Seeking the 'Fall of China'," The Grayzone, March 5, 2020, https://thegrayzone.com/2020/03/05/world-uyghur-congress-us-far-right-regime-change-network-fall-china/, 2021-05-02.

[2] Max Blumenthal, "Xinjiang Shakedown: US Anti-China Lobby Cashed In on 'Forced Labor' Campaign That Cost Uyghur Workers Their Jobs," The Grayzone, April 30, 2021, https://thegrayzone.com/2021/04/30/xinjiang-forced-labor-china-uyghur/, 2021-05-02.

[3] Ajit Singh, "'Independent' Report Claiming Uyghur Genocide Brought to You by Sham University, Neocon Ideologues Lobbying to 'Punish' China," The Grayzone, March 17, 2021, https://thegrayzone.com/2021/03/17/report-uyghur-genocide-sham-university-neocon-punish-china/, 2021-05-02.

[4] Graham Fuller, "Biden's Opportunistic Timing in Armenian Genocide Declaration," Responsible Statecraft, April 26, 2021, https://responsiblestatecraft.org/2021/04/26/bidens-opportunistic-timing-in-armenian-genocide-declaration/, 2021-05-02.

[5] Виктория Попова, Кто «раскачивает» Казахстан, Ритм Евразии, ноя 11, 2019, https://www.ritmeurasia.org/news--2019-11-11--kto-raskachivaet-kazakhstan-i-45868, 2021-05-02.

## 对美国核军控行为的战略分析

石绍柱

**内容提要：** 特朗普政府时期，美国一方面退出一系列核军控条约，另一方面试图拉中国加入美俄双边核军控机制。本文从核战略、国家战略和国际秩序三个方面对美国的核军控行为进行分析。美国对核力量的毁伤要求，特别是核作战计划，决定其限制和裁减核军备的水平，而新世纪美国核战略的转型，使其不再顾忌导弹防御的发展对核军控的影响。美国将核军控作为遏制战略竞争对手、保持竞争优势的国家战略的重要手段，其退出核军控条约的行为对国际秩序造成负面影响。在大国战略竞争加剧的背景下，核军控将继续成为国际安全、国际竞争和国际秩序的重要方面，核力量运用战略、国家战略和国际秩序也将继续成为观察美国和其他国家核军控行为的重要视角。

**关键词：** 美国　核军控　核战略　国家战略　国际秩序

近几年，美国先后退出《中导条约》、伊核协议、《开放天空条约》，加上2002年退出《反导条约》，使得源于冷战时期的核军控体系面临严重危机。[1] 与此同时，美国官方开始推动中国加入美俄双边核军控。2018年12月3日，时任美国总统特朗普（Donald Trump）在决定美国退出《中导条约》后，首次正式提出扩大美俄双

---

石绍柱　中国人民解放军军事科学院战略学专业博士研究生。

\* 作者感谢两位匿名评阅专家提供的宝贵意见建议，感谢军事科学院熊玉祥研究员、王桂芳研究员、赵德喜研究员、刘鹏博士、吕启斌博士和国防大学徐纬地教授（退休）、天津外国语大学王海凡老师针对文章提出的问题和建议，感谢北京大学国际战略研究院关贵海副院长和崔志楠老师提供的耐心帮助。

1 Alexey Arbatov, "Saving Strategic Arms Control," *Survival*, Vol. 62, No. 5, 2020, p.79.

边核军控。¹ 2020年4月17日，时任美国国务卿蓬佩奥（Michael Pompeo）告诉俄罗斯外长拉夫罗夫（Sergey Lavrov），称美俄《进一步削减和限制进攻性战略武器措施的条约》（新START条约）的延长取决于中国的参与。² 2020年6月22日，在中国明确拒绝参加的情况下，美国居然把中国的国旗摆到了美俄军控与战略对话的会议桌上，此举遭到了中国外交部军控司司长傅聪的质问。³ 这一国际外交上戏剧性的一幕，凸显了美国试图迫使中国加入美俄双边核军控的强烈意图。在拜登政府上台后，虽然美国很快与俄罗斯就延长新START条约达成一致，⁴ 但是，美国现任国务卿布林肯（Antony Blinken）在关于延长条约的媒体声明中也明确表示，将通过军控减少来自中国不断增加的现代化核武库的威胁。⁵

美国一方面不断毁约，对包括美俄双边核军控在内的核军控体系造成重大冲击；另一方面又努力推动作为中等核国家的中国加入美俄两个核大国的核军控机制。对于这两方面看似矛盾的核军控行为，我们从战略的角度如何解读？本文试图从核战略、国家战略和国际秩序三个方面，对美国的核军控行为进行相应分析。

## 一、美国核军控行为服从服务于美国的核战略选择

### （一）"确保摧毁"战略与美国核军控决策

核军控涉及核力量建设和运用方面的控制，是一国核战略选择的结果，也是核战略的一种体现。这在美国最初开始推动美苏双边核军控时就很明显。美苏最早的正式双边核军控谈判是1969年11月17日开始的限制战略武器谈判（SALT），该谈判始于尼克松政府时期，但谈判的动议是在约翰逊政府时期提出的。在1967年1月21日约翰逊（Lyndon Johnson）总统致苏联部长会议主席柯西金（Alexei Kosygin）的一封信中，美方发出了进行限制战略武器谈判的信息。⁶

---

1 Paul McLeary, "Trump Calls for Arms Control, Rips Own Defense Budget as 'Crazy'," *Breaking Defense*, December 3, 2018, https://breakingdefense.com/2018/12/trump-calls-for-arms-control-rips-own-defense-budget-as-crazy/, 2021-03-24.

2 Ibid.

3 齐倩：《美式碰瓷错用中国国旗，我外交部军控司司长傅聪：LOW》，观察者网，2020年6月22日，https://www.guancha.cn/internation/2020_06_22_555054.shtml，2021年8月22日登录。

4 Morgan Chalfant, "Biden Has First Call with Putin as President," *The Hill*, January 26, 2021, https://thehill.com/homenews/administration/535928-biden-has-first-call-with-putin-as-president, 2021-01-30.

5 Antony J. Blinken, "On the Extension of the New START Treaty with the Russian Federation," Press Statement, February 3, 2021, https://www.state.gov/on-the-extension-of-the-new-start-treaty-with-the-russian-federation/, 2021-02-05.

6 "Letter from President Johnson to Chairman Kosygin, Washington," January 21, 1967, in Department of State, *Foreign Relations of the United States, 1964-1968, Vol. XI, Arms Control and Disarmament*, Washington, United States Printing Office, 2018, p.660.

美方关于进行谈判的决策则是1966年12月6日在美国得克萨斯州奥斯丁召开的内阁会议上做出的，正是在这次会议上约翰逊政府决定先不部署反导系统，而是寻求与苏联进行限制部署战略防御力量谈判，如果半年后谈判没有进展，再决定部署。[1] 而关于战略进攻性力量规模问题，早在1964年11月20日，时任美国国防部长麦克纳马拉（Robert McNamara）就决定，将部署的"民兵"洲际弹道导弹定为1000枚、海基核力量定为41艘弹道导弹核潜艇共携带656枚导弹，这一决定在1964年12月11日得到约翰逊总统的批准。[2] 此后，无论是SALT还是《削减战略武器条约》（START），都受这两项决策的影响。

这两项决策背后的根本考虑是美方的"确保摧毁"战略。麦克纳马拉1962年在安阿伯的讲话强调"避开城市"的"打击军事目标"战略，但是，他不久就意识到需要调整这一战略，因为该战略可能成为军方几乎无限制发展核力量的借口，调整后的战略就是"确保摧毁"。从"避开城市"到"确保摧毁"重点在于强调威慑和避免战争，而不是强调如何打核战争。"确保摧毁"的第二个方面，也是更重要的方面，是将其作为评估核力量水平的标准，正是在这个意义上这一概念变得非常精确。[3] 在仔细研究和讨论后，麦克纳马拉做出判断，并经约翰逊总统和国会认可，为达到"确保摧毁"，美国需要有能力摧毁苏联20%—25%的人口和50%的工业生产能力。[4] 这个判断并不是基于苏联领导人对摧毁的看法，也不是基于苏联社会应当被破坏的程度，而是基于美国核力量对苏联人口和社会所造成破坏效果边际递减这一事实，即在造成上述破坏（大约需要400个百万吨当量）之后，再增加投送到苏联领土上的核弹就不划算了。因为即使将投送的核力量从400个百万吨当量增加到800个百万吨当量，苏联损失的人口和被破坏的工业也只分别增加9%和1%，而美国为此付出的成本代价将不成比例地大幅增加。[5] 正是基于这一边际效益拐点或"曲线平滑之处"，并考虑美国核力量在苏联首先发动核攻击情况下可能被摧毁以及被拦截，麦克纳马拉确定了美国二次核打击力量规模，并据此确定了美国战略核力量的规模。决定美国核力量规模的因素主要包括打击目标数量、毁伤要求、武器生存能力和成本效益。[6]

在1964年12月3日的核力量问题总统备忘录（草案）中，麦克纳马拉对战

---

[1] National Security Files, "Notes on Meeting with the President in Austin, Texas, December 6, 1966 with Secretary McNamara and the Joint Chiefs of Staff," Memos to LBJ from WW Rostow, box#11, December 10, 1966, quoted from John M. Clearwater, *Johnson, McNamara, and the Birth of SALT and the ABM Treaty 1963-1969*, California: Dissertation.com, 1999, p.89.

[2] John M. Clearwater, *Johnson, McNamara, and the Birth of SALT and the ABM Treaty 1963-1969*, p.66.

[3] Lawrence Freedman, *The Evolution of Nuclear Strategy*, New York: Palgrave MacMillan, 2003, pp.232-233.

[4] Alain C. Enthoven and K. Wayne Smith, *How Much Is Enough? Shaping the Defense Program 1961-1969*, California: RAND Corporation, 2005, p.175.

[5] Ibid, pp.207-208.

[6] John M. Clearwater, *Johnson, McNamara, and the Birth of SALT and the ABM Treaty 1963-1969*, p.13.

略武器的作用进行了最全面的论述,将"确保摧毁"作为美国核战略的核心。[1]而此时麦克纳马拉根据上述标准,得出结论认为美国的战略核武库规模已经过大。即使美国在苏联的第一波打击中损失一半的洲际弹道导弹和潜射弹道导弹,美国三位一体核力量中的任何一支都仍然能够对苏联造成"确保摧毁"。正是在这种情况下,美国认为有必要与苏联开展军控谈判,而直接促使美国下定决心与苏联开展正式军控对话的是反导问题。1966年美国参谋长联席会议要求在1967年开始采购"奈基-X"反导系统,并在美国25个城市进行部署,经费为100亿美元,[2]而麦克纳马拉反对部署反导系统,这一分歧成为1966年12月6日内阁会议争论的重要内容。实际上,麦克纳马拉从1965年就开始警告,如果任何一方建立反导系统,或者忽视为确保摧毁创造稳定而制定规则,就会引发军备竞赛。这体现出一项关于限制损伤的研究对麦克纳马拉的影响。早在1963年,麦克纳马拉就要求空军肯特(Glenn Kent)中将对美军"确保摧毁"和"限制损伤"(民防、反导、对敌人核力量的攻击等)的不同组合与苏联可能的反应进行比较研究,到1964年研究的结果表明,将"限制损伤"作为美国政策的主要目标是完全不可行的,防御水平的提高可被进攻能力的加强所抵消,而且后者花费要少得多。因此,麦克纳马拉在1964年12月起草的核力量问题总统备忘录(草案)中将"确保摧毁"作为美国核战略的核心。为了"确保摧毁",保持对对方核攻击所造成严重后果的惧怕心理,麦克纳马拉认为双方必须控制旨在加强诸如反导系统等限制损伤系统的军备竞赛。[3]

到了尼克松政府时期,虽然时任国务卿罗杰斯(William Rogers)请求授权将1969年4月25日定为与苏联核军控谈判的启动日期,但是,尼克松希望等到完成核战略决策,即确定第28号国家安全研究备忘录(National security study Memorandum, NSSM)主要内容后再确定谈判启动日期,以确保核军控谈判与美国的核战略考虑保持一致。[4]关于攻防关系,尼克松政府采取了与麦克纳马拉相同的立场,在就反导问题达成协议后,美苏才达成对进攻系统的临时协议。[5]基于"确保摧毁",并为了防止核战争,美苏/俄先后谈判并缔结系列双边

---

[1] [美]德博拉·沙普利:《承诺与权力:麦克纳马拉的生活和时代》,李建波等译,江苏人民出版社,1999年版,第229页。

[2] John M. Clearwater, *Johnson, McNamara, and the Birth of SALT and the ABM Treaty 1963-1969*, p.86.

[3] [美]德博拉·沙普利:《承诺与权力:麦克纳马拉的生活和时代》,第227—231页。

[4] NSC873, "Memo, Kissinger to Nixon," May 23, 1969, folder SALT January-May 1969, Vol.1, Nixon Library, quoted from John D. Maurer, "Divided Counsels: Competing Approaches to SALT, 1969-1970," *Diplomatic History*, Vol.43, No.2, 2019, p.371.

[5] James H. Lebovic, *Flawed Logics: Strategic Nuclear Arms Control from Truman to Obama*, Maryland: Johns Hopkins University Press, 2013, p.85.

核军控协议。[1]

### （二）核作战计划与美国核军控行为

在美苏（俄）诸多核军控条约中，对核弹头削减最多的是1991年签署的《美苏关于削减和限制进攻性战略武器条约》（START I），但是这次削减主要不是基于军控方面的考虑，而是因为负责核力量与军控政策的美国助理国防部部长帮办富兰克林·米勒（Franklin Miller）对总统和国防部指令与战略空军司令部的核作战计划——单一统一作战计划（Single Integrated Operational Plan, SIOP）之间存在的偏差进行研究分析的结果。[2] 米勒从1981年就开始努力分析单一统一作战计划，特别是其中打击目标与弹头分配问题。而在此之前，从来都是战略空军司令部的联合战略目标计划参谋部负责打击目标制定和武器分配。米勒发现，战略空军司令部禁止联合战略目标计划参谋部分析利用不同武器打击某个目标的有效性或打击某个目标对武器的需求，联合战略目标计划参谋部只负责根据上级要求把所有美国拥有的核武器全部分配给清单上的所有目标，即美国核战争计划是基于武器供给而非基于需求制定的。虽然麦克纳马拉在20世纪60年代就提出了美国拥有多少核力量才算足够的问题并给出了标准，但此后却没有得到应有的重视。这导致为打击苏联一个位于北极的、一年中有半年时间因天气条件无法使用的备用轰炸

---

[1] 美苏/俄主要双边核军控情况如下：（1）1972年5月，美苏限制战略武器对话缔结《限制反弹道导弹系统条约》（简称《反导条约》，ABM）和《限制进攻性战略武器某些措施的临时协议》（简称《临时协议》，SALT I）。《反导条约》将双方战略导弹防御系统的拦截器限制在200枚以下（后来减至100枚）。《临时协议》限制美国洲际弹道导弹发射井不得超过1054个，潜射弹道导弹发射器不得超过656个，这正是1964年麦克纳马拉确定的美国战略核力量的规模，而对苏联的限制分别为1607个和740个。协议没有涉及战略轰炸机，不涉及弹头数量，使得双方能够通过部署分导式多弹头和轰炸机扩大核武库。（2）1973年6月，美苏签署《防止核战争协定》。（3）1974年7月，美苏签署《美苏限制地下核武器试验条约》和《美苏关于限制反弹道导弹系统条约的议定书》。（4）1976年5月，美苏签署《美苏关于和平目的的地下核爆炸条约》（简称《和平核爆炸条约》），禁止为和平目的进行单个爆炸当量超过15万吨、成组爆炸总当量超过150万吨的地下核爆炸。（5）1979年6月，美苏双方缔结《美苏第二阶段限制战略武器条约》（SALT II），将美苏战略核力量运载工具（洲际弹道导弹发射井、潜射弹道导弹发射器和重型轰炸机）限制在2400件以下，1981年底时应减至2250件以下，条约没有生效，但双方一直遵守协议至1986年增加B-52轰炸机的部署。（6）1987年12月，美苏签署《消除美苏中程和中近程导弹条约》（简称《中导条约》，INF），规定双方在条约生效3年之内销毁全部中程导弹，一年半之内完全销毁中近程导弹。（7）1991年7月，美苏签署《美苏关于削减和限制战略武器条约》（START I），要求美苏将部署的战略运载工具削减至1600件，并将弹头数量按照条约计数规则限制在6000枚以下。（8）1993年，美俄签署《美苏关于进一步削减和限制战略武器条约》（START II），要求将部署的战略核弹头削减至3000—3500枚，禁止部署分导式多弹头导弹，销毁多余的运载工具。条约最终没有生效。（9）2002年5月，美俄签署《莫斯科条约》，规定将美俄部署的战略核弹头数量削减至1700—2200枚。（10）2010年4月，美俄签署新START条约，要求将部署的战略核弹头限制在1550枚，部署的战略运载工具限制在700件（洲际弹道导弹、潜射弹道导弹、重型轰炸机），并将部署和非部署运载工具总数限制在800件。条约于2011年2月5日生效，2021年到期，到期后双方可批准延长约5年。

[2] Fred Kaplan, *The Bomb: Presidents, Generals, and the Secret History of Nuclear War*, New York: Simon & Schuster, 2020, pp.154-167.

机基地就配备了17枚百万吨级核弹头；而用于打击莫斯科附近一处反导系统的核弹头数量达到69枚，包括打击反导系统的控制中心、雷达、拦截器等所有节点，以确保能够用近乎100%的确定性毁伤反导系统；而用于打击莫斯科城市80公里范围内目标的核武器达到689枚，其中许多当量在百万吨以上，而一枚百万吨核弹头的杀伤范围就可以达到近20公里。核作战计划的荒谬性已经到了极点，"超杀"（overkill）都难以形容。在时任美国国防部长切尼（Richard Cheney）和参谋长联席会议主席鲍威尔（Colin Powell）的支持下，米勒对打击目标和武器进行大幅压缩，在遭到联合战略目标计划参谋部抵制，仍然保留不少冗余的情况下，将核作战计划所需战略核武器数量从12000枚削减到5888枚，[1] 这也是START I条约规定的削减到6000枚以下的依据所在。

在东欧剧变、苏联解体后，因核打击目标减少，美国将部署的核弹头规模进一步压缩到3500枚以下，而《美苏关于进一步削减和限制进攻性战略武器条约》（START II）的规定就是将美苏部署的战略核弹头削减至3000—3500枚。冷战结束后初期，白俄罗斯、哈萨克斯坦、乌克兰都拥有核武器，在这些国家将核武器撤回俄罗斯的情况下，美国将只需要2200枚核武器，这正是小布什时期《莫斯科条约》规定的限额。实际上，2001年11月在国防部完成美国核态势评估后，小布什总统宣布美国将在未来10年单边将核弹头削减至1700—2200枚，不用签署军控协议。只是后来在普京的强烈要求下，美国才与俄罗斯签署了《莫斯科条约》，而该条约的要求就是将双方核弹头都削减至1700—2200枚，时限也是10年。[2] 在不改变小布什关于核武器运用指南的前提下，美参谋长联席会议在奥巴马执政期间同意将部署的战略核力量规模削减至1550枚，表明核战争计划中仍有许多空间。即使在1550枚的情况下，美作战计划中仍然可对多数目标分配2—3枚核弹头进行打击。经过近两年对作战计划和打击目标的分析，美参谋长联席会议表示将部署的核弹头削减至1000—1100枚，仍然能够满足战略需求。[3]

### （三）"新三位一体"战略选择对核军控造成重大影响

冷战后，美国对核战略调整最大的一次是在小布什政府时期。2002年1月，小布什政府的《核态势评估》报告提出"新三位一体"战略力量结构，包括发展

---

[1] Dave Davies, "'The Bomb' Presents a 'Secret History' of Nuclear War Planning in America," *WPSU*, Pemsylvania State Public Broadcasting, September 28, 2020, https://radio.wpsu.org/post/bomb-presents-secret-history-nuclear-war-planning-america, 2021-03-24.

[2] Amy F. Woolf, "Nuclear Arms Control: The Strategic Offensive Reductions Treaty," Congressional Research Service, February 7, 2011, https://fas.org/sgp/crs/nuke/RL31448.pdf, 2021-03-25.

[3] R. Jeffrey Smith, "Obama Administration Embraces Major New Nuclear Weapons Cut," *The Center for Public Integrity*, February 8, 2013. https://publicintegrity.org/national-security/obama-administration-embraces-major-new-nuclear-weapons-cut/, 2021-03-24.

和部署核与非核战略进攻力量、主动与被动战略防御力量，以及建设能够对威胁变化作出及时响应的战略基础设施。¹ 为此，美国于2002年6月正式退出《反导条约》，从而造成冷战时期构建的美俄战略军控体系的一个支柱崩塌。美国"新三位一体"战略的主要目的是实现相对潜在敌人的"全谱优势"，是美国在战略武器领域试图建立"单极时刻"的努力。² 虽然在"9·11"事件后，由于美俄在反恐等方面的政治合作氛围以及俄罗斯实力的衰弱，俄罗斯没有在当时对此做出强烈反应，但是，俄罗斯从那时起就开始全力发展新型战略武器以应对美国反导能力的发展。随着小布什政府开始落实导弹防御计划，俄罗斯公布了因美国部署导弹防御系统而制订的一些在美方看来不明确的计划。普京的新闻发言人佩斯科夫（Dmitry Peskov）称俄罗斯感到受到欺骗，俄罗斯军方认为美国的导弹防御是针对俄罗斯和中国的核力量。2007年12月，普京对美国的导弹防御问题发起新一轮抨击，并宣布俄罗斯暂停履行《欧洲常规力量条约》。³

奥巴马政府时期虽然不再提"新三位一体"，但实质上仍然坚持发展相关战略力量，包括导弹防御力量，而新START条约谈判最主要的障碍就是俄罗斯坚持将美国的导弹防御计划与条约谈判绑定。就在2009年12月谈判进入冲刺阶段时，普京发出警告：如果不对美国的导弹防御计划加以制约，俄罗斯就不会签署新START条约。最后奥巴马与俄罗斯新任总统梅德韦杰夫（Dmitry Medvedev）专门进行了90分钟的紧张通话，才使得俄罗斯不再坚持将条约与导弹防御计划绑定。⁴ 普京在2018年3月的国情咨文中表示，美国退出《反导条约》是因为当时美方认为，在可以预期的未来，俄罗斯将无法恢复足以支持必要战略潜力的经济、工业和国防工业能力，既然是这样的话，就没必要理会俄罗斯的看法，倒是有必要寻求最终的单边军事优势，这样以后在各个方面都可以向俄罗斯强加各种条件。普京认为，考虑到仍在实施的建设全球反导系统的规划，在新START条约框架下签署的所有协议正逐渐贬值，因为尽管运载工具和武器的数量正在被削减，但与此同时美国不受控制地持续增加反导系统的数量，提升反导系统的质量，并建设新的导弹发射阵地。正是在这一背景下，俄罗斯才发展了"萨尔马特"重型洲际弹道导弹、"先锋"高超音速滑翔弹、"匕首"高超音速导弹、核动力巡航导弹和核鱼雷等新型核力量。⁵ 而这些都是因为美国核战略的转变而起，

---

1 U.S. Department of Defense, "Nuclear Posture Review Report [Excerpts]," January 8, 2002, https://fas.org/wp-content/uploads/media/Excerpts-of-Classified-Nuclear-Posture-Review.pdf, 2020-10-11.

2 David S. McDonough, "'Nuclear Superiority' and the Dilemmas for Strategic Stability", *Adelphi Papers*, 2016, Vol.46, No.383, pp.63-64.

3 ［美］斯特登：《有限伙伴：21世纪美俄关系新常态》，欧阳瑾、宋和坤译，北京：石油工业出版社，2016年版，第166页。

4 同上书，第247页。

5 Vladimir Putin, "Presidential Address to the Federal Assembly," March 1, 2018, http://en.kremlin.ru/events/president/news/56957, 2020-07-20.

进而对核军控的未来造成了不利的影响。

## 二、核军控是实施美国国家战略的一种手段

### （一）核军控与国家战略的关系

尽管核军控是防止核战争的重要措施之一，但仅仅采取核军控措施并不足以完成避免核战争的任务，核军控只是更广泛的政治战略的一部分。[1] 实际上，作为冷战的产物，核军控从一开始就打上了政治斗争的烙印，服从服务于政治需要。核军控以国际体系的政治结构为条件，并在其框架内发挥作用。[2] 如同军备本身不是目的、只是实现国家安全的一种手段一样，军控也只是达成同一目标的另一种手段。[3] 特别是在竞争性国际环境下，核军控是一国战略考量的一部分，政策制定者往往利用核军控提升本国相对于其他国家的地位，或者利用军控换取竞争时间。[4] 虽然军控谈判有时可作为国家之间迈向更紧密合作的证明，但是，寻求军控并不总是出于合作的目的，国家经常将军控谈判作为推进本国竞争性议程的工具，而且是以和平的名义。在这种情况下，获取优势成为军控的目的之一。获取优势是指防止对手获取有利态势，而保持本国或友好国家在力量平衡方面的有利态势。[5] 军控谈判成为一方或双方寻求相对优势的工具，从而成为大国战略竞争的另一个前沿。在特定情况下，大国可能利用军控谈判减缓对手技术创新的速度，获取某种形式的战略与政治优势。[6]

### （二）冷战时期，核军控是美国管控美苏竞争、更好实施遏制战略的重要手段

冷战时期，美苏虽然在军控方面进行了基本的合作，但是，双方的政治斗争一直持续到冷战结束，美国也一直对苏联实施遏制战略[7]。美国把限制与削减军事力量谈判作为同苏联进行政治对话的重要指导因素，指望通过谈判、签订军控条约和修正两个超级大国军备竞赛的某些规则，对大国军备竞赛进行管理，确保军

---

[1] Harald Müller, "Looking at Nuclear Rivalry: The Role of Nuclear Deterrence," *Strategic Analysis*, Vol.38, No.4, 2014, p.470.

[2] ［英］布赞、海凌：《世界政治中的军备动力》，薛利涛、孙晓春等译，长春：吉林人民出版社，2001年版，第291、285页。

[3] ［美］约翰·柯林斯：《大战略》，北京：中国人民解放军战士出版社，1978年版，第344页。

[4] Robert E. Williams Jr. and Paul R. Viotti, eds., *Arms Control: History, Theory and Policy*, Vol. 1, California: Praeger Security International, 2012, pp.7-8.

[5] John D. Maurer, "The Purposes of Arms Control," *Texas National Security Review*, Vol.2, No.2, 2018, pp.9-10.

[6] John D. Maurer, "Divided Counsels: Competing Approaches to SALT, 1969-1970," *Diplomatic History*, Vol.43, No.2, 2019, p.361.

[7] ［美］约翰·加迪斯：《遏制战略：战后美国国家安全政策评析》，时殷弘、李庆四、樊吉社译，北京：世界知识出版社，2005年版。

事优势和国家安全,维持军事大国地位,以利于以实力为基础的外交政策,实现美国的国家战略目标。美苏军控谈判缔结协议的过程中也充满了斗争和妥协。冷战初期,巴鲁克计划等核军控提议的失败主要是因为美国想保持核优势,而苏联想逆转这一状态,为此双方都想制定有利于本国的规则。[1] 到了尼克松政府、福特政府和卡特政府时期,美国推行对苏缓和政策,军备控制成为实施缓和政策的重要途径和组成部分。但是,美国在军控谈判中强调必须保持战略实力,充分使用先进技术,发挥技术优势。[2] 比如,尼克松政府上台后,在当时苏联的远程导弹发射器以每年200个的速度递增的情况下,美国国防部副部长帕卡德(David Packard)在1970年春末致函尼克松总统,建议尽快谈判一项限制战略武器的协议,否则苏联的战略武器也许会很快超过美国。[3] 尼克松政府寻求限制导弹数量和尺寸等苏联占优势的方面,而不限制分导式多弹头和导弹精度等美国占优势的方面,并将部署分导式多弹头作为重建美国竞争优势的军控战略。最终,尼克松政府的提议既包括确保摧毁的战略考虑,也包括竞争战略考虑,将稳定的核对等与寻求战略优势相结合。[4] 美方认为,不管当时美苏军控谈判的结果如何,美苏都将进行长期持续的战略军备竞赛。尽管竞争的性质可以通过军控协议进行一定程度的控制,但是,竞争本身基本上是不可避免的,而且更重要的是要看美国开展竞争的方式:要提高美国的竞争效益,并使得苏联在保持竞争态势方面面临的问题更加复杂。[5]

里根政府上台后抛弃对苏缓和政策,转而采取进攻性的外交政策,军控也随之成为牺牲品。在经历1983年的重大核危机[6]及同年因美国开始部署中程导弹等行为而导致美苏关系严重紧张后,里根在随后两年内完成对苏政策调整,制定了以现实主义、实力和谈判为基础的新的缓和政策,军控谈判重新成为实施国家政策的重要途径。[7] 到老布什时期,军控成为其"超越遏制"战略的重要组成,通过保持美国的领导地位、以实力求和平,推动苏联的和平演变。[8] 冷战时期核军控谈判始终是美国对苏遏制战略的重要组成部分,而美苏之间的核军控谈判导致美国的舆论分为三派:一派认为谈判过程本身即可改变苏联的制度;另一派把共产主义看作是对世界和平的主要威胁,认为只有同共产主义开展竞赛并搞垮这一

---

[1] James H. Lebovic, *Flawed Logics: Strategic Nuclear Arms Control from Truman to Obama*, p.37.

[2] 刘金质:《冷战史(1945-1991)》,北京:世界知识出版社,2002年版,第862页。

[3] [美]基辛格:《美国的全球战略》,胡利平、凌建平译,海口:海南出版社,2009年版,第50页。

[4] John D. Maurer, "Divided Counsels: Competing Approaches to SALT, 1969-1970," p.377.

[5] Andy W. Marshall, *Long-Term Competition with the Soviet: A Framework for Strategic Analysis*, California: RAND Corporation, 1972, p. v.

[6] Dmitry Dima Adamsky, "The 1983 Nuclear Crisis – Lessons for Deterrence Theory and Practice," *Journal of Strategic Studies*, Vol.36, No.1, 2013, pp.4-41.

[7] 刘金质:《冷战史(1945—1991)》,第1280—1297页。

[8] 同上书,第1383—1388页。

制度才会有永久和平；最后一派认为遏制苏联需要外交与战略双管齐下，直到它被耗得筋疲力尽。[1]

### （三）冷战后美俄核军控是美国对俄罗斯政策的风向标

**冷战结束后，美俄关系的基本状态是持续影响两国核军控政策的重要因素，双边关系的起落直接影响两国核军控政策取向。**

冷战结束后，美俄关系的基本状态是持续影响两国核军控政策的重要因素，双边关系的起落直接影响两国核军控政策取向。冷战结束初期，俄罗斯开始政治制度转型，并频频向西方示好、靠拢，因而美国将防止前苏联领土上形成同西方对抗的力量、推行"自由民主"价值观作为重要战略目标。在这一战略背景下，双方利用两年时间就达成了《美俄关于进一步削减和限制进攻性战略武器条约》（START II 条约）。[2] 但是 START II 条约因双方关系恶化、导弹防御方面的分歧、俄罗斯让步太大等原因最终未能生效。此后在克林顿、小布什和奥巴马时期，美俄关系再次经历三个循环，每次都是高开低走，而且不断走向低谷，这主要是因为双方在战略目标、国家利益、意识形态、文化背景等方面均存在冲突。[3] 在小布什时期，"9·11"事件后美国的战略重心转向反恐，由于美俄存在共同的安全利益以及俄罗斯方面的主动示好，美国在"9·11"事件至伊拉克战争前对俄采取短暂的合作政策，美俄关系在此期间呈现好转的趋势，并达成《莫斯科条约》。即使如此，美俄在进行条约谈判时，虽然俄罗斯希望将核力量削减至1500枚，但是，美国坚持根据自身核态势评估结果保留1700—2200枚。这是因为，小布什自信能够保持美国的主导地位，将单极均势视为冷战后以及新千年世界政治的典型特征，在单极世界里和美国相较量将是自掘坟墓。[4] 小布什认为俄罗斯经济衰弱，不可能在核力量规模方面重新对美国形成重大挑战，所以根本不用考虑要不要与俄罗斯达成双边协议，即使要达成协议，也不用考虑俄罗斯的提议，只要按照美国的战略设计就可以保持优势。只是为了争取俄罗斯在反恐方面的合作，小布什才同意与俄罗斯达成正式的军控协议，以满足俄罗斯以条约体现大国地位的需求。

2008年金融危机后，美国新任总统奥巴马试图重启美俄关系，以争取俄罗斯对其核政策议程的支持，并改善因小布什单边主义政策对美国国际形象和地位造成的负面影响。2009年3月6日，希拉里与拉夫罗夫在日内瓦按下象征美俄

---

1 [美] 基辛格：《美国的全球战略》，第56页。
2 樊吉社：《从合作到对抗：美俄军控十年的历史考察及思考（1991—2000）》，《欧洲研究》，2003年第5期，第28—42页。
3 陶文钊：《后冷战时期美俄关系的三个循环》，《和平与发展》，2020年第4期，第1—19页。
4 [美] 史蒂文·胡克、约翰·斯帕尼尔：《二战后的美国对外政策》，白云真、李巧英、贾启辰译，北京：金城出版社，2015年版，第316页。

改善关系的"红色按钮"。2009年7月奥巴马首次访问俄罗斯，双方就削减进攻性战略武器问题达成共识，并谈判缔结新START条约。两国改善关系的政治意愿为达成该条约提供了条件，而条约的达成也成为美俄双边外交关系的重要成果。但是，美俄关系在2012年普京再次上台后不断恶化，在2012年12月奥巴马签署了针对俄罗斯官员的《马格尼茨基人权问责法案》后，俄罗斯不再支持美国从1992年就开始在俄罗斯进行的"合作减少威胁"计划（纳恩—卢戈计划），该计划用于拆卸核武器和确保核武器、武器级核材料、其他大规模杀伤性武器以及相关技术知识的安全。在2014年克里米亚公投加入俄罗斯后，美俄关系进一步恶化，军控合作也进一步受到影响。美国在2014年4月暂停与俄罗斯军控相关的联合研究项目，并于2014年开始公开指责俄罗斯违反《中导条约》，最终美国于2019年退出了该条约。

**（四）新时期推动三边核军控是美国实施竞争战略的重要手段**

特朗普政府上台后，在2017年美国《国家安全战略》报告、2018年《美国国防战略》《美国军事战略》和《核态势评估》等报告中，都将中、俄确定为美国的长期战略竞争对手，宣布对中、俄实施竞争战略。对于只有美俄核力量规模受到正式双边军控限制而中国不受限的情况，无论从中国核力量规模角度看这种现状是否合理，从政治上来说都无法为美国所接受，特别是无法被特朗普政府接受。特朗普政府认为，现有国际军控体系已经不合时宜，美国要抛弃束缚自己的"坏协议"，签署捆住对方手脚的"好协议"，以便在大国竞争中占得上风，[1] 突出反映了特朗普政府对中国的战略防范，[2] 这才出现了本文开头部分提到的美国在国际外交场合的奇特举动。因为美国在亚洲的主要国家利益是防止任何一个大国（尤其是一个敌对国）称霸亚洲大陆，而美国防止任何一国称霸亚洲的威胁的最佳办法是保持军事上的优势。[3] 当前从全球层面看，中国综合国力持续增强成为全球战略格局的突出变量，但是，从国际核态势层面看，全球核力量对比并未出现明显变化，美俄两国核武库仍占全球核武库总量的90%以上。[4] 尽管如此，美国在意的是中国带来的中长期挑战，并把推动核军控作为抑制中国军事崛起态势、防范中国核力量潜在增长的重要手段。作为大国战略竞争的一种手段，美国还试图将开展三边核军控作为在中俄之间制造摩擦、塑造有利于美国的战略态势

---

[1] 郭晓兵：《军控续约能带动美俄关系改善吗》，《环球时报》，2021年1月23日，第7版。

[2] 蒋翊民：《美国倡议"中美俄三边核军控"：进程、动因与前景》，载李驰江主编：《2020国际军备控制与裁军》，北京：世界知识出版社，2020年版，第30页。

[3] [美]基辛格：《美国的全球战略》，第137页。

[4] 蒋翊民：《美国倡议"中美俄三边核军控"：进程、动因与前景》，第33页。

的途径之一。¹ 2021年以来美国官员的言行表明，拜登政府在这方面的政策与特朗普政府表现出较大的连贯性。²

## 三、美国核军控行为与国际秩序的互动关系

秩序是有条不紊的状态，³是一个社会系统内的可预测性的程度，而这种可预测性通常是因为在一个社会系统内部，行为体的行为、社会交往以及社会结果均受到了一定的调控。⁴ 国际社会虽然是无政府社会，但是存在一定程度上的国际秩序，即可预测性。这种可预测性主要基于共同利益的存在，以及行为规则和制度的运行，而有关国家的共同利益、国家遵循的共同规则以及国家所创立的共同制度一直都在国际体系中发挥作用。⁵ 国际秩序是国际体系中的国家依据国际规范采取非暴力方式处理冲突的状态。⁶

自广岛和长崎受到核轰炸，特别是核武器不再为美国一家独有后，如何管控核武器及国际关系中的核议题一直是国际秩序问题的重要组成。这是因为，如何避免核灾难是国际社会面临的共同问题，不仅涉及拥有核武器国家的利益，也关乎无核武器国家的利益。从20世纪60年代，特别是在1962年古巴导弹危机导致美苏接近核战争的边缘之后，国际社会关于这一问题的某种解决方案逐渐形成。它主要包括两个相互联系的合作体系：一是受管控的威慑体系，在该体系中，受到承认的多个国家持续以越来越可控的和基于规则的方式利用核武器防止战争和维持稳定，该体系由核军控提供制度支撑；另一个是受管控的弃核体系，即其他国家放弃发展、拥有和使用核武器的主权，以获取经济、安全和其他方面的利益，该体系以《不扩散核武器条约》和延伸威慑为主构成的核不扩散机制为支撑。⁷

**美国推动的美苏/俄双边核军控正是受管控的威慑体系的重要组成，也是国际核秩序与国际秩序的重要组成。**

美国推动的美苏/俄双边核军控正是受管控的威慑体系的重要组成，也是国际核秩序与国际秩序的重要组成。在无政府的国际社会，核武器的存在使得拥有核武器的国家之间

---

1 Andrea Kendall-Taylor and David Shullman, *Navigating the Deepening Russia-China Partnership*, Center for New American Security, January, 2021, pp.29-30, https://s3.us-east-1.amazonaws.com/files.cnas.org/documents/CNAS-Report-Russia-China-Alignment-final-v2.pdf?mtime=20210114133035&focal=none, 2021-03-10.

2 Stephanie Nebehay, "Biden to Pursue Arms Control, Seeks to Engage China: U.S. Envoy," *Yahoo News*, February 4, 2021, https://news.yahoo.com/biden-pursue-arms-control-seeks-095211686.html, 2021-04-26.

3 阎学通：《无序体系中的国际秩序》，《国际政治科学》，2016年第1期，第12页。

4 Shiping Tang, "Order: A Conceptual Analysis," *Chinese Political Science Review*, Vol.1, No.1, 2016, p.34.

5 [英]赫德利·布尔：《无政府社会——世界政治秩序研究》，张小明译，北京：世界知识出版社，2003年版，第33页。

6 阎学通：《无序体系中的国际秩序》，第13页。

7 William Walker, "Nuclear Order and Disorder," *International Affairs*, Vol.76, No.4, 2000, p.706.

努力避免发生核战争,以及避免爆发可能导致核战争的大规模武装冲突。因此,在有效管控核力量的情况下,核武装国家能够提供避免核大战的公共产品。¹防止核战争这个共同的利益促使拥核国家在两个方面进行合作:一是避免和应对危机;二是控制军备动力,避免军备竞赛。²核武器导致超级大国事实上行为谨慎规则的产生,军备控制是辅助实现稳定的途径之一。实际上,稳定在某种程度上是核武器的产物,核恐怖通过"水晶球效应"导致稳定的局面。³核威慑是战略稳定的真正基石,军控有助于管控核国家的关系,部分限制军备竞赛,在核国家之间建立信心。⁴曾担任美国空军全球打击司令部首任司令、美国能源部副部长兼国家核安全管理局局长的克劳茨(Frank Klotz)中将表示,对于美国军方来说,美俄军控协议有助于减少不确定性,增加俄罗斯能力和意图的可预测性,使得美方能够以更大的信心确定其核力量投资计划是否足够。⁵

当前,美国的消极核军控行为对国际秩序造成了严重的负面影响。国际秩序变迁的核心动因包括秩序所覆盖区域的变化、秩序内权力分布的变化、秩序内制度化程度的变化。⁶从覆盖区域来看,美国推动美俄双边核军控扩展为中美俄三边核军控,将使大国军控秩序覆盖区域发生重要变化;从秩序内权力分布的变化看,相较于中国,虽然美俄在减少核力量,但仍然非常庞大,权力分布没有发生根本变化;从秩序内制度化程度的变化来看,美国先后退出《反导条约》等重要军控条约,导致国际核军控体系特别是美俄双边核军控体系遭到严重破坏。美国在退约后大力构建以本土为后盾,以欧洲和亚洲为重点区域的全球一体化反导系统,⁷对其他国家核威慑的有效性形成重大挑战,同时美国将在未来30年投入上万亿美元开展核力量现代化,⁸严重损害受管控的国际威慑体系。为应对美国导弹防御能力的发展,俄罗斯大力推进核武器现代化,发展新型核武器。而与此同时,美俄核裁军进程越来越缓慢,甚至裹足不前。在这种情况下,签署《不扩散核武器条约》的无核武器国家对国际核裁军进程极为不满,对印、巴等国持续增

---

1 William Walker, "The Quest for International Nuclear Order," *Die Friedens-Warte*, Vol.83, No.2/3, 2008, p.37.

2 [英]布赞、海凌:《世界政治中的军备动力》,第279—280页。

3 [美]小约瑟夫·奈:《理解国际冲突:理论与历史》(第五版),张小明译,上海:上海人民出版社,2005年版,第164—166页。

4 Dmitri Trenin, "Stability amid Strategic Deregulation: Managing the End of Nuclear Arms Control," *The Washington Quarterly*, 2020, Vol.43, No.3, p.169.

5 Frank Klotz, "Extending New START Is in America's National Security Interest," *Arms Control Today*, Vol.49, No.1, 2019, p.2.

6 唐世平:《国际秩序变迁与中国的选项》,《中国社会科学》,2019年第3期,第190页。

7 熊瑛等:《美国全球一体化反导系统发展分析》,《战术导弹技术》,2017年第3期,第8页。

8 Congressional Budget Office, "Approaches for Managing the Costs of US Nuclear Forces, 2017 to 2046," October, 2017, https://www.cbo.gov/system/files/115th-congress-2017-2018/reports/53211-nuclearforces.pdf, 2020-09-11.

加核武器感到担忧。这些国家推动联合国大会在2017年谈判缔结了《禁止核武器条约》，共有122个国家投票赞成。该条约在50个国家批准后，于2021年1月20日正式生效，[1] 对国际核不扩散机制和核秩序造成进一步冲击，也使得有核国家与无核国家之间更加对立，影响国际政治和战略的稳定。

美国的核军控行为突出体现了核武器与国际政治的关系。国际关系学界普遍承认国际社会的无政府状态，而核武器的存在使得拥有核武器的国家之间不敢轻易发生大规模武装冲突，这在某种程度上降低了这种无政府状态，从而塑造了最基本的国际秩序。国际社会中的核因素作为国际政治的一个大背景，在国际政治气候相对缓和、大国关系相对和谐时，往往不受关注；但是，当国际关系发生变化、特别是大国关系趋向紧张时，核武器的影响就会逐渐凸显。

在冷战初期，美苏战略竞争的主要体现之一就是不受管控的核军备竞赛。在古巴导弹危机之后，双方为了防止军备竞赛导致核大战，逐渐探索建立一套军备控制体系，对军备竞赛进行一定程度的管控，并为了防止其他国家拥有核武器，逐渐推动建立一套防扩散体系，从而形成了基本的核秩序，并由此带来相对稳定的国际政治秩序。[2]

冷战末期和冷战结束后，国际政治关系逐渐改善，大国战略竞争退潮，核武器的地位逐渐下降，国际核军控取得更大进展，直至1998年印、巴开展核试验，国际核秩序开始逐渐面临挑战。[3] 1999年，美国参议院否决了《全面禁止核试验条约》，此后美国开始退出《反导条约》等多个军控条约。美俄关系自1999年也因科索沃战争开始恶化，而后起起伏伏、不断走向低谷，直至2017年美国宣布针对中、俄开展长期的大国战略竞争。在此背景下，核领域的竞争与管控在国际政治中的地位也日益凸显。不过，虽然特朗普政府的核军控行为对国际核军控制度造成了很大的负面影响，但是，美国并没有放弃核军控，只是想推翻不再有利于本国战略利益的核军控制度，重新调整建立一套符合其国家战略利益的核军控制度。美国核军控行为和当前国际核秩序的变化，是更为广泛的国际秩序和国际战略力量对比变化的表现之一。美国自冷战时期参与推动建立的核军控制度主要是围绕与苏联开展的战略竞争；而当前美国将中国作为首要战略竞争对手之一，因而需要将围绕针对中国的战略竞争设计到核军控体系之中。

---

1 United Nations, "Treaty on the Prohibition of Nuclear Weapons," https://www.un.org/disarmament/wmd/nuclear/tpnw/, 2021-03-15.

2 Lawrence Freedman, "The Interplay Between the International System and the Global Nuclear Order," in Steven E. Miller, Robert Legvold, and Lawrence Freedman, *Meeting the Challenges of the New Nuclear Age: Nuclear Weapons in a Changing Global Order*, Cambridge: American Academy of Arts & Sciences, 2019, p.63.

3 Steven E. Miller, "The Rise and Decline of Global Nuclear Order," in Steven E. Miller, Robert Legvold, and Lawrence Freedman, *Meeting the Challenges of the New Nuclear Age: Nuclear Weapons in a Changing Global Order*, p.19.

## 结束语

美国的核战略选择、国家战略和国际秩序的变化是影响美国核军控行为的主要因素。以核作战计划为核心的美国核力量运用战略和以争夺与维持战略优势为核心的美国国家战略是美国核军控行为的根本决定因素，美国对核力量的毁伤要求决定其限制和裁减核军备的水平。国际格局与秩序的变化则是美国核军控行为的大背景，国际力量对比的变化使得新世纪美国核战略的转型不再顾忌导弹防御的发展对核军控的影响。核军控既是美国避免没有赢家的核战争的手段之一，也是美国霸权战略安排的重要侧翼。[1] 为维护国家利益，美国主导和推动了相关核军控制度的建立，这些制度构成国际秩序的重要内容，但是，当这些制度不再有利于美国利益时，美国不惜破坏相关制度。

习近平主席在2018年指出，当前世界处于百年未有之大变局。[2] 这一大变局中最重要的变化是霸权秩序的终结，它标志着一个多元世界的时代正在开始，多极权力格局、多层制度安排、多维思想理念是其典型特征。[3] 但是，这个时代的开始在美国看来则是一种失序，[4] 强调美国必须再次领导世界，[5] 未来大国之间的竞争有可能进一步加剧。在此背景下，核军控将继续成为国际安全、国际竞争和国际秩序的重要方面。拜登政府上台后，在延长新START条约的同时，将进行新一轮的核态势审议，美国内各方都在努力影响审议进程，[6] 审议的结果有可能对美国较长一段时期内的核军控政策产生重要影响。而核力量运用战略、国家战略和国际秩序也将继续成为观察美国和其他国家核军控行为的重要视角。

---

[1] 门洪华：《霸权之翼：美国国际制度战略》，北京：北京大学出版社，2005年版，第199页。

[2] 习近平：《努力开创中国特色大国外交新局面》，载《习近平谈治国理政》（第三卷），北京：外文出版社，2020年版，第428页。

[3] 秦亚青：《世界秩序的变革：从霸权到包容性多边主义》，《亚太安全与海洋研究》，2021年第2期，第1—15页。

[4] [美] 理查德·哈斯：《失序时代》，黄锦桂译，北京：中信出版社，2017年版。

[5] Joseph R. Biden, Jr., "Why America Must Lead Again: Rescuing US Foreign Policy After Trump," *Foreign Affairs*, Vol.99, No.2, https://www.foreignaffairs.com/articles/united-states/2020-01-23/why-america-must-lead-again, 2021-03-26.

[6] Joe Gould, et al., "Lawmakers, Defense Officials Joust Over Next-gen ICBM Plans," *Yahoo News*, April 25, 2021, https://news.yahoo.com/lawmakers-defense-officials-joust-over-093834409.html, 2021-04-26; Jack Davis, "Senior US Military Official Issues Major Warning About 'Nuclear Capability' of China and Russia," *The Western Journal*, April 21, 2021, https://www.westernjournal.com/senior-us-military-official-issues-major-warning-nuclear-capability-china-russia/,2021-04-26; Joe Gould, "Democrats Reintroduce Ban on US Using Nuclear Weapons First," *Defense News*, April 16, 2021, https://www.defensenews.com/congress/2021/04/16/democrats-reintroduce-bill-to-bar-us-from-using-nuclear-weapons-first/, 2021-04-26.

# 阿富汗和平进程的逆转与挑战

富育红　席　猛

**内容提要**：塔利班与阿富汗前政府双方内部"领导力"局限，以及部分外部国家的"破坏性"作用等因素深刻影响着阿富汗内部和谈进程的脆弱性与可逆性。美国是推动阿富汗内部和谈的最重要的外部力量，但美国迅速撤军却使阿富汗内部和谈的基础不复存在。塔利班重掌政权后，美国等西方国家的制裁和孤立等措施使阿富汗人道主义危机与经济形势进一步恶化。随着美国和北约在阿富汗的影响力下降，未来地区国家在阿富汗事务中的作用和影响力会进一步提升。

**关键词**：阿富汗　塔利班　美国　内部和谈

## 一、引言

自奥巴马（Barack Obama）政府上台以后，美国逐渐认识到单纯依靠军事手段无法在阿富汗实现持久和平，也无法实现自身的利益，阿富汗问题只有通过谈判才能解决。2009年以后，美国及其支持下的阿富汗前政府与阿富汗塔利班[1]的和谈进程开启，但波折不断。2010年，美塔双方代表在伦敦会谈，未能取得进展。2011年，阿富汗前国家高级和平委员会主席拉巴尼（Burhanuddin Rabbani）在武装分子袭击中丧生，致使内部和谈进程受挫。2012年，美塔双方代表在卡塔尔和德国举行了两轮初步会谈。两个月后，双方和谈由于释囚问题破裂。2013

---

富育红　上海外国语大学上海全球治理与区域国别研究院副教授；席猛　中央广播电视总台亚非中心译审。

[1] 以下简称塔利班。

年,阿富汗前国家高级和平委员会新主席拉巴尼之子重启与塔利班的和谈。[1] 同年,塔利班在卡塔尔正式设立政治办公室。然而,因塔利班在办公室悬挂"阿富汗伊斯兰酋长国"旗帜,原定于2013年6月在多哈举行的会谈被阿富汗前总统卡尔扎伊(Hamid Karzai)取消。一个月后,该办公室关闭,政治和谈再次被搁置。2015年7月,阿富汗前政府与塔利班之间的第一次正式会议在巴基斯坦举行。随着塔利班首领毛拉·奥马尔(Mullah Omar)去世消息宣布,和谈再次陷入停滞。2017年美国特朗普(Donald Trump)政府将阿富汗和谈重新提上议程。支持这一倡议的阿富汗加尼(Ashraf Ghani)政府表示,他们准备与塔利班进行无条件和谈,并向后者作出承诺(如承认塔利班为合法政治力量,释放塔利班囚犯等)。但塔利班再次表示和谈只针对美国,而不是加尼政府。2019年2月,美塔双方代表在多哈会面。经过长达六个月左右的和谈,双方宣布接近达成协议。[2] 2020年2月,美塔签署协议,美国和北约盟国承诺从阿富汗撤出所有外国军事人员。在美塔和谈及国际社会的推动下,2020年9月阿富汗加尼政府与塔利班正式开启直接和谈,但并未取得进展。2021年5月美国撤军以后,塔利班军事进展势如破竹。2021年8月中旬,阿富汗和谈进程随着塔利班重返政权和加尼政府倒台而终结。总体来看,美国及其支持下的阿富汗前政府与塔利班之间的和谈不断推进,但这一过程始终存在脆弱性与可逆性。

可以说,自美国政府接受与塔利班和谈选项以来,国际社会关于阿富汗政治和谈与和解问题的探讨和研究不胜枚举,其中阿富汗政治和谈进程遭遇的困难与症结是相关研究关注的一个焦点。在该问题上,已有研究大多认为,塔利班与阿富汗前政府之间的政治分歧和诉求鸿沟是双方谈判停滞不前的主要原因。特别是他们在国家未来的政治体制、宪法修改、权力架构安排及妇女权利等方面存在巨大分歧和深刻矛盾,从而对内部和谈进程构成重大挑战。但在国家(政府)与反政府武装组织的和谈进程中,双方立场和诉求的差异主要是双方和谈旨在面对和解决的问题,而并非导致和谈进程滞缓的深层次原因。实际上,国家(政府)与反政府武装组织之间的和谈进程往往充满曲折。在很多案例中,和平之路由和平协议不断被打破,以及暴力事件接连爆发铺垫而成。[3] 和谈过程通常漫长而痛苦,

---

[1] 肖建明:《血色阿富汗:温和塔利班的神话破灭》,《南风窗》,2016年第10期,第68—70页;Mona K. Sheikh and Maja T. J. Greenwood, "Taliban Talks: Past, Present and Prospects for the US: Afghanistan and Pakistan", DIIS Report, 2013: 06, https://www.econstor.eu/bitstream/10419/97044/1/774665149.pdf, 2013-12-01.

[2] Anna Larson, "Processing Peace in Afghanistan", PSRP Report, *Conciliation Resources*, 2017, https://www.politicalsettlements.org/wp-content/uploads/2018/11/CRAccord_Processing-peace-in-Afghanistan.pdf, 2018-12-24; Merve Seren, "A Critical Stage in Afghan Peace Process", April 18, 2021, https://www.aa.com.tr/en/analysis/analysis-a-critical-stage-in-afghan-peace-process/2212632, 2021-08-11.

[3] [美]布丽奇特·L.娜克丝(Brigitte L. Nacos)著:《反恐原理——恐怖主义、反恐与国家安全战略》第4版),北京:金城出版社/社会科学文献出版社2016年版,第289页。

充满怀疑、恶意、失误甚至失败的可能。[1] 对于阿富汗这个历经常年战乱、国外频繁干预及国内深刻分裂的脆弱国家来说更是如此。本文认为,内部和谈进程开启之后,塔利班与阿富汗前政府双方内部"领导力"局限,以及部分外部国家的"破坏性"作用等因素深刻影响着内部和谈进程的脆弱性与可逆性。虽然塔利班长期积聚的政治与军事影响力是其能够颠覆前政权的根本动因,但美国无条件撤军阿富汗这一"外部因素",最终导致塔利班与前政府之间的"僵局"被打破,阿富汗内部谈判的基础不复存在,该进程彻底终结。

## 二、塔利班与阿富汗前政府内部"领导力"局限

在国家内部和谈进程中,一方面,武装组织领导人在和谈问题上的立场与偏好,及其对武装组织各派别的影响与控制能力,通常是影响和平进程的重要因素。特别是那些支持和谈、具有高度权威、有能力掌控武装组织活动方向的领导人通常成为内部谈判进程顺利推进的关键。另一方面,在与反政府武装组织和谈与和解的问题上,国家(政府)是否能够保持内部团结一致的立场,并获得社会公众的广泛支持,[2] 也是影响和谈进程前进或倒退,决定和谈能否实现持久和平的重要一环。

### (一)塔利班"去中心化"发展与国内暴力激增

总体来看,在 2001 年以后武装斗争时期,特别是 2010 年以后,塔利班日益朝"去中心化"方向发展。除奎塔舒拉(Quetta Shura)权力中心之外,塔利班内部还出现了米兰沙赫舒拉(Miran Shah Shura)和白沙瓦舒拉(Peshawar Shura)等多个权力中心。2015 年塔利班最高领导人毛拉·奥马尔死讯公布进一步加剧了内部权力之争。塔利班新任领导人海巴图拉·阿洪扎达(Haibatullah Akhundzada)领导的主流派别受到其他派别的挑战。相对于阿洪扎达和巴拉达尔(Abdul Ghani Baradar)等领导人,哈卡尼网络领导人西拉杰丁·哈卡尼(Sirajuddin Haqqani)对与前政府的和谈态度强硬,更希望通过军事手段取得胜利。同时,塔利班各地方军事指挥官具有一定的自主性,他们常常根据自己的政策和当地习俗,组织成众多不同的地方小组,部分地区的塔利班小组拒绝接受美塔协议及阿富汗内部谈判的结果。[3] 加上"伊斯兰国"极端组织的渗透,一些反

---

[1] Brian Michael Jenkins, "Negotiating with TTP—A Different Perspective", October 27, 2021, https://www.rand.org/blog/2021/10/negotiating-with-ttp-a-different-perspective.html, 2021-12-15.

[2] Daniel Bar-Tal, "From Intractable Conflict through Conflict Resolution to Reconciliation: Psychological Analysis", *Political Psychology*, Vol.21, No.2, June 2000, pp. 351-363.

[3] Wolfgang Minatti, "The Challenges of the Afghan Peace Talks", September 28, 2020, https://euideas.eui.eu/2020/09/28/the-challenges-of-the-afghan-peace-talks/, 2020-11-21.

对政治和谈的强硬派塔利班指挥官接连叛离。

上述情况意味着,由于一些塔利班派别和指挥官反对与前政府和谈,那么即使双方谈判达成某项协议或取得进展,也很可能被突如其来的暴力事件破坏。通常认为,暴力是谈判解决的障碍,暴力可能降低双方共存的意愿或能力,削弱对立方之间的信任基础,是实现和平进程的主要障碍。而塔利班部分派别持续发动的袭击活动削弱双方信任的基础。2020年9月,阿富汗前政府与塔利班之间的直接对话开始后不久,塔利班针对阿富汗前国家安全部队的袭击升级。阿富汗前政府和塔利班代表在谈判桌上陷入僵局,无法就谈判的框架和议程达成共识。根据联合国2020年10月24日的报告,自内部和谈开启以来,阿富汗国内暴力水平一直没有下降。[1] 在国内层面,由于暴力事件激增,阿富汗人对国内和平进程的乐观情绪下降。2020年9月29日至10月18日,战争与和平研究所(Institute of War and Peace Studies)展开的调查结果表明,对和平进程持乐观情绪的阿富汗人比例从约86%下降到约57%。[2]

### (二)阿富汗前政府的内在脆弱与分裂

阿富汗前政府的内在脆弱与分裂是国内和谈进程面临的另一主要障碍。2001年以后,在美国和国际社会支持下建立的阿富汗政治体系存在严重分裂。在中央政权内部,阿富汗前政府被不同派系分裂;在全国各地,阿富汗被地方权力掮客和塔利班控制的地区所分裂。2001年至2014年,在前总统卡尔扎伊任内,原"北方联盟"力量在阿富汗前政府中居主导地位,国内最大民族普什图族集团相对处于弱势,政权稳定性较差。原"北方联盟"势力不愿与其他势力分权,其自身也是基于反塔立场而走到一起的松散力量。2014年以后,在加尼担任总统的两届政府中,分别产生了首席执行官和民族和解高级委员会两个分享总统权力的临时机构,总统的权威被进一步削弱。在担任总统期间,加尼与担任国家二号领导的阿卜杜拉(Abdullah Abdullah)始终龃龉不断。在与塔利班谈判前夕,前民族和解高级委员会组成人员的任命及政府代表团的人员构成,加尼、阿卜杜拉、阿富汗国内其他政要及前"圣战者"之间的争执,使得阿富汗前政府在相对软弱、分裂的处境下参加了和平谈判。另外,阿富汗前政府对许多地区缺乏控制,将其"割让"给当地的强人和军阀,进一步损害了前政府在与塔利班谈判时的权威。[3] 总

---

[1] Anthony H. Cordesman, "Afghanistan: The Peace Negotiations Have Become an Extension of War by Other Means", October 28, 2020, https://www.csis.org/analysis/afghanistan-peace-negotiations-have-become-extension-war-other-means, 2020-12-20.

[2] "Report: Afghans Losing Hope for Peace Process Amid Violence," *DTN*, December 11, 2020, https://www.dtnpf.com/agriculture/web/ag/news/world-policy/article/2020/12/11/report-afghans-losing-hope-peace, 2020-12-20.

[3] Wolfgang Minatti, "The Challenges of the Afghan Peace Talks".

之，阿富汗前政府内在虚弱、分裂及权力斗争加剧，不仅威胁着和平谈判的统一立场，而且削弱了反塔利班力量，使他们无法抵抗塔利班攻势。

## 三、美国在阿富汗内部和谈进程中的破坏性作用

奥德丽·克罗宁（Audrey Kurth Cronin）认为，第三方充当调停者、局外担保人及那些愿意推动和支持和谈的外部行为体的作用尤为重要。[1] 塔拉特·法鲁卡（Talat Farooqa）、斯科特·卢卡斯（Scott Lucasb）和斯蒂芬·沃尔夫（Stefan Wolff）认为，外部调停者不仅能够帮助打开更多沟通渠道，创造更多赢得当事方信任的机会，[2] 而且也可能为和谈提供可靠的保护。[3] 然而，外部国家也可能在内部和谈进程中发挥破坏性的作用。在阿富汗内部和谈问题上，虽然包括美国在内的很多国家都曾大力推动政治和谈进程，但阿富汗内部和谈进程的外部参与者太多，也导致该进程缺乏透明度和明确的方向。[4] 特别是在美国等国家与塔利班接触和对话的过程中，阿富汗前政府常常被边缘化，在很大程度上削弱了阿富汗前政府的合法性以及在内部和谈进程中的地位。可以说，美国等西方国家本身作为冲突的一部分，加上美国在阿富汗问题上一贯秉持的短视和权宜之策，是他们无法在阿富汗和平进程中发挥积极作用的根本原因。

### （一）美国匆忙撤军阿富汗

美国是推动阿富汗内部和谈的最重要的外部力量，但美国急于减少在阿富汗的存在对其内部和谈进程带来一定的负面影响。自奥巴马政府上台以后，在三届美国政府的阿富汗政策中，撤军的趋向日益明显、坚定。2008年底，美国在阿富汗的驻军数量攀升至3万人。奥巴马政府意欲通过先增兵并取得战场上的相对优势后再寻求撤军。2010年至2014年，奥巴马政府逐步明确了2016年底前从阿富汗撤出所有美军的时间表，表露了美国迫不及待抽身阿富汗的意图。2017年特朗普（Donald Trump）上台后，虽然提出以"基于条件"的撤军计划取代奥巴马政府"基于时间"的撤军计划，但其撤军政策与奥巴马政府本质上并无差异。在行动上，特朗普政府撤军阿富汗的意图和步骤更加明显和坚决，并催生了后面

---

1 [美]奥德丽·克罗宁（Audrey Kurth Cronin）著：《恐怖主义如何终结：恐怖活动的衰退与消亡》，宋德星、蔡焱译，北京：金城出版社2017年版，第79—80页。

2 [法]夏尔-菲利普·戴维（Charles-Philippe David）著：《安全与战略：战争与和平的现时代解决方案》，王忠菊译，北京：社会科学文献出版社2011年版，第262页。

3 Talat Farooqa, Scott Lucasb and Stefan Wolff, "Predators and Peace: Explaining the Failure of the Pakistani Conflict Settlement Process in 2013-4", *Civil Wars*, Vol. 22, No. 1, 2020, pp.26-63.

4 Mona K. Sheikh and Maja T. J. Greenwood, "Taliban Talks: Past, Present and Prospects for the US, Afghanistan and Pakistan".

出现的美塔谈判和阿富汗内部谈判。[1] 2018年美国政府任命哈利勒扎德（Zalmay Khalilzad）为阿富汗问题特使，牵头负责与塔利班谈判事宜，为美国从阿富汗的撤军做准备和铺垫。[2] 拜登（Joseph Robinette Biden, Jr）政府上台后进一步对美国国家安全战略进行调整，比如重返各种多边政治舞台，应对新冠疫情带来的政治、经济和安全影响，以及在全球范围内重新分配美国援助的需求等，但拜登政府坚持撤军的立场和决心一以贯之。[3] 在战略方面，美国在世界其他地区具有更高的优先选项。[4] 很多分析人士认为，2012年以后美国大力推动的阿富汗和平进程似乎只是其加速撤出阿富汗的掩护，而不是为实现真正和平所做的努力。美国更强调按期全面撤军，并没有为全面停火或达成实际和平解决方案设定明确的条件，而且它在谈判过程中通常将阿富汗前中央政府排除在外。[5] 总之，美国加速撤军无法为解决战争提供根本政治解决方案。

虽然很多分析强调美国国内因素、国际格局等方面对美国撤军阿富汗政策的影响，但美国匆忙撤军阿富汗的根本原因在于阿富汗对于美国全球战略并不具有重要价值。尽管"9·11"后阿富汗曾相对短暂地成为美国对外战略中的焦点，但从20世纪至今的美国—阿富汗关系发展历程来看，阿富汗在美国对外战略中并不处于重要的位置，美国不认为阿富汗具有重要的价值。从美国的角度来看，美国和阿富汗的关系在很大程度上具有临时性和交易性，主要是对具有战略重要性的具体事态与演变作出的反应。[6] 这使得美国过分看中眼前的、短期的自身利益，而罔顾阿富汗的国家利益，因此美国在阿富汗各领域实施的政策常常是短视和权宜的，美国阿富汗政策始终缺乏长期战略。这导致美国在阿富汗的任务和行动一直呈现模糊、矛盾和不连贯的特征，美国不负责任地撤军阿富汗也遵循同样的逻辑。

### （二）阿富汗"僵局"被打破

威廉·扎特曼（William Zartman）曾提出一个短语叫作"痛苦的僵局"

---

1 Carter Malkasian, "How the Good War Went Bad: America's Slow-Motion Failure in Afghanistan," *Foreign Affairs*, Vol. 99, No. 2, 2020, https://www.foreignaffairs.com/articles/afghanistan/2020-02-10/how-good-war-went-bad, 2020-10-01.

2 胡仕胜：《印巴冲突，美国左顾右盼》，新华网，2019年3月27日，http://www.xinhuanet.com//globe/2019-03/27/c_137904758.htm，2020年10月15日登录。

3 The White House, "Interim National Security Strategic Guidance," March 3, 2021, https://www.whitehouse.gov/briefing-room/statements-releases/2021/03/03/interim-national-security-strategic-guidance/, 2021-03-20.

4 Anthony H. Cordesman, "Afghanistan: The Peace Negotiations Have Become an Extension of War by Other Means."

5 Ibid.

6 James D. Boys, "Strategic Ambiguity: the U.S. Grand Strategy Initiative in Afghanistan", *Policy Studies*, March 30, 2022, https://doi.org/10.1080/01442872.2022.2057461, 2022-4-28.

（hurting stalemate）。¹"僵局"成为国内冲突背景下政治和谈的最重要条件，是大多数通过谈判终止内战的理论的核心。实际上，"僵局"的基础是国家（政府）与武装组织之间的一种权力关系状态。当各方认识到进一步使用暴力已无法实现目标，而且无力承担暴力进一步升级的代价，和谈便成为各方探索的一个选项。

塔利班不断增长的军事实力与政治影响力，使其与美国支持下的阿富汗前政府之间存在某种僵局，这成为双方和谈的基础。2007年以后，塔利班的力量显著增强，其武装活动在地理范围上不断扩展，并尝试在占领广大农村地区的同时对城市地区发动袭击。与阿富汗前国家安全部队的高伤亡率、高损耗率及腐败的指挥系统相比，塔利班拥有庞大而有效的情报网络，保持高度积极性的战斗人员。²塔利班还利用阿富汗前政府的腐败与无能扩大人员招募，建立司法机构，并且因实施迅速和相对公正的司法活动而受到农村部落地区很多民众的欢迎。随着塔利班渗透、影响和控制的地区日益扩大，他们的政治控制也得到发展。在国际上，周边及域外主要国家都将塔利班视为阿富汗国内主要的政治力量。塔利班的国际联系不断扩展。他们在边境部落地区拥有进入"避风港"的通道，在多哈设有经美国认可的代表处，这些增加了塔利班的国际影响力，使他们可以在不同的论坛上表达自己的立场，并开放与多个国际参与者沟通的渠道。³总之，阿富汗前政府和塔利班意识到，双方都不会取得彻底的军事胜利，加上塔利班在国内外实际上享有某种合法性，这构成了他们和谈与和解的基础。

然而，2021年5月美国无条件迅速撤军阿富汗打破了国内的军事与政治僵局，在很大程度上改变了阿富汗冲突的平衡和性质。⁴尽管2015年阿富汗的安全和防御已移交给阿富汗前国家安全部队，但美国在阿富汗的军事存在提供了一个安全网，并对塔利班形成威慑。⁵美国宣布无条件撤军失去了对塔利班的影响力，阿富汗内部和谈的根基不复存在。2021年5月和6月，塔利班控制了阿富汗400个地区中的100多个地区。8月中旬，塔利班进入喀布尔，⁶并有效地控制了阿富汗。

---

1 [美]奥德丽·克罗宁（Audrey Kurth Cronin）著：《恐怖主义如何终结：恐怖活动的衰退与消亡》，宋德星、蔡焱译，北京：金城出版社2017年版，第47页，第76—78页。

2 "Taliban Government in Afghanistan: Background and Issues for Congress", Congressional Research Service, November 2, 2021, https://crsreports.congress.gov/product/pdf/R/R46955, 2021-12-01.

3 Michael Semple, "Internationalisation and Inclusiveness in Afghan Peace Processes," *Conciliation Resources*, March 28, 2019, https://www.c-r.org/accord/inclusion-peace-processes/internationalisation-and-inclusiveness-afghan-peace-processes, 2020-10-01.

4 Kate Clark and Obaid Ali, "A Quarter of Afghanistan's Districts Fall to the Taleban amid Calls for a 'Second Resistance'", July 2, 2021, https://www.afghanistan-analysts.org/en/reports/war-and-peace/a-quarter-of-afghanistans-districts-fall-to-the-taleban-amid-calls-for-a-second-resistance/, 2021-09-01.

5 Merve Seren, "A Critical Stage in Afghan Peace Process", April 18, 2021, https://www.aa.com.tr/en/analysis/analysis-a-critical-stage-in-afghan-peace-process/2212632, 2021-07-06.

6 Clayton Thomas, "Afghanistan: Background and U.S. Policy: In Brief", Congressional Research Service Report, February 17, 2022, https://sgp.fas.org/crs/row/R45122.pdf, 2022-04-05.

## 四、美国撤军后阿富汗形势发展

### （一）乌克兰危机爆发后国际社会对阿富汗"关注"减少

美国撤军后阿富汗局势受到的国际关注持续下降。而乌克兰危机的爆发产生了广泛的连锁反应，进一步削弱了阿富汗人在国际社会受到的同情和关注。"关注"意味着国际社会愿意在阿富汗投入资源和政治资本，积极为阿富汗提供援助、支持，推动阿富汗实现持久和平、繁荣发展。"外部"因素在阿富汗现代国家的发展中始终起到重要作用。特别是阿富汗经历了四十年左右的战乱，国家机构、基础设施与人力资源遭到摧毁或枯竭。可以说，外部援助对于阿富汗国家重建不可或缺。

然而，在90年代，尽管当时阿富汗国内面临严重的粮食短缺和饥荒，人道主义危机和内战，但是苏联撤军以后，长期关注阿富汗的各捐助国甚至联合国断绝了对阿富汗的援助，国际社会的关注焦点几乎完全转移到东欧和俄罗斯。塔利班兴起之后，阿富汗进一步受到孤立和排斥。虽然阿富汗过去的经历表明，国家获得援助不等于能够实现发展，而且当前塔利班新政权也在寻求独立发展的道路，但是如果没有外部的关注和支持，塔利班似乎很难管理千疮百孔的国家，实际上塔利班也一直在寻求国际社会的关注和支持。历史表明，在很多情况下，与国际社会脱离接触的情况对阿富汗发展更为不利。

### （二）人道主义危机与经济形势恶化

根据联合国人道主义事务协调办公室（OCHA）的数据，常年冲突和反复干旱加剧了阿富汗人道主义危机，超过2440万阿富汗人需要人道主义援助才能生存。阿富汗粮食安全水平以惊人的速度下降，约一半人口面临严重饥饿，其中包括900万人处于紧急粮食不安全状态。此外，阿富汗人营养不良的情况也恶化。[1] 联合国儿童基金会表示，在阿富汗5岁以下儿童中，超过100万面临死于营养不良的风险。根据联合国开发计划署的数据，约97%的阿富汗人的收入将降至贫困线以下。自塔利班重掌政权以来，超过150万阿富汗人前往其他国家，约350万阿富汗人流离失所。[2] 美国五角大楼报告预测，随着阿富汗遭受三十年来最严重的干旱，以及乌克兰危机后食品价格急剧上涨，阿富汗经济形势将进一步

---

[1] "World can End 'Downward Humanitarian Spiral' of Afghanistan", March 31, 2022, https://news.un.org/en/story/2022/03/1115102, 2022-05-01.

[2] Abubakar Siddique, "We Are Desperate: War In Ukraine Diverting World's Attention From Afghan Humanitarian Crisis", March 4, 2022, https://gandhara.rferl.org/a/ukraine-war-diverting-attention-afghanistan/31736163.html, 2022-06-30.

恶化。[1]

人道主义危机与经济形势恶化通常会增加区域和全球安全风险，比如可能使跨国恐怖组织在阿富汗重新集结，为国际恐怖主义活动的复兴提供良好条件。更为重要的是，在经济恶化和财政困难的背景下，并不能排除未来塔利班从"非国家暴力行为者"那里寻求财政援助的可能性。另外，经济崩溃也可能引发另一轮难民潮，更多的走私毒品和武器现象发生，以及地区大国重新采取"代理人"行动的可能。

随着乌克兰危机的爆发，未来世界范围内将见证更多贸易和援助日益武器化的现象——阿富汗也会受到这一趋势的影响。[2] 随着美国等西方国家对塔利班的制裁和孤立，阿富汗人道主义危机和经济形势将进一步恶化。由于西方制裁、资产冻结和其他经济限制，阿富汗经济的许多部分无法运转。[3] 国际救援委员会主席兼首席执行官戴维·米利班德（David Miliband）指出，美国等西方国家通过制裁和冻结数十亿美元资产对阿富汗造成"灾难性破坏"。[4] 塔利班掌权后遭受的西方经济制裁和援助终止，加剧了国内严重干旱、难民和新冠疫情等问题产生的负面后果。[5] 实际上，美国等西方国家通过制裁和冻结资金等手段并不会改变塔利班掌权的事实，但却会导致阿富汗国内普通公共服务崩溃、经济衰退和阿富汗人的生计进一步萎缩，[6] 而且可能导致出现塔利班变得更为强硬等意外后果。

## （三）大国竞争增加与国际合作减少

在地缘政治方面，乌克兰危机爆发从根本上改变了西方国家与俄罗斯之间的战略竞争环境，同时也对西方与中国的竞争产生了影响。斯科特·沃登（Scott Worden）认为，在紧张局势加剧的氛围中，各国在建立一个包容和稳定的阿富汗等共同利益方面的合作将变得更加困难。[7] 其他一些学者和专家也表达了对大国

---

[1] Lynne O'Donnell, "Afghanistan's Hungry Will Pay the Price for Putin's War", April 1, 2022, https://foreignpolicy.com/2022/04/01/afghanistan-food-insecurity-humanitarian-crisis-war/, 2022-06-30.

[2] Vinay Kaura, "China Draws Closer to the Taliban as Regional Foreign Ministers Prepare to Meet in Beijing", March 24, 2022, https://www.mei.edu/publications/china-draws-closer-taliban-regional-foreign-ministers-prepare-meet-beijing, 2022-06-30.

[3] "Afghanistan: The Humanitarian Crisis and U.S. Response", February 10, 2022, https://reliefweb.int/report/afghanistan/afghanistan-humanitarian-crisis-and-us-response, 2022-06-30.

[4] "How The War In Ukraine Is Affecting Afghanistan's Growing Famine", March 21, 2022, https://www.npr.org/2022/03/21/1087897335/how-the-war-in-ukraine-is-affecting-afghanistans-growing-famine, 2022-06-30.

[5] "Dialogue or isolation?", February 8, 2022, https://www.cmi.no/news/2932-dialogue-or-isolation, 2022-06-30.

[6] Laurel Miller, "Afghanistan Is in Meltdown, and the U.S. Is Helping to Speed It Up", January 11, 2022, https://www.nytimes.com/2022/01/11/opinion/afghanistan-taliban-us.html, 2022-06-30.

[7] Scott Worden, "Russia's Invasion of Ukraine Helps the Taliban and Makes Afghans Worse Off", March 16, 2022, https://www.usip.org/publications/2022/03/russias-invasion-ukraine-helps-taliban-and-makes-afghans-worse, 2022-06-30.

之间的"新冷战"可能撕裂阿富汗的担忧。近期西方大国的举措表明他们不仅会孤立塔利班，而且含蓄地将阿富汗问题纳入所谓的印太框架——这意味着对中国的遏制。[1] 政治分歧将阻碍中国与西方国家就塔利班治下的阿富汗重新融入全球体系问题的讨论。[2]

### （四）地区国家的作用和影响上升

鉴于日益分散的恐怖主义威胁、有限的资源和注意力，以及其他国内和全球威胁的增长，预计在未来几年，美国对阿富汗的关注和参与会持续减少。实际上，2014年美国撤军计划实施后，地区国家在阿富汗的作用已获得很大提升。乌克兰危机爆发后，随着美国和北约在阿富汗的影响力持续下降，地区国家的作用和影响力会进一步提升，这意味着地区大国将对阿富汗的命运带来更多影响。

塔利班重返政权后，虽然阿富汗与其他部分邻国因边境和难民等问题产生的矛盾也在逐渐累积，但与美国的退出相比，大部分阿富汗周边邻国对塔利班新政权的态度更为积极，他们希望与塔利班新政府建立友好关系，并增加在阿富汗的影响力。中国政策界和学界一致赞同在阿富汗事务上采取重点是不干涉阿富汗内政，尊重阿富汗主权，尊重阿富汗人民自主选择发展道路的权利和尊严，以及通过多边平台推动阿富汗问题的政治解决等。[3] 近来，印度也大幅增加了对阿富汗的人道主义援助，加强了与塔利班政府的联系。调整后的印度对阿富汗政策可能会侧重于对阿富汗的经济支持，[4] 预计未来印度会进一步加深对阿富汗事务的参与。塔利班重掌阿富汗后，俄罗斯没有撤离其驻阿富汗大使馆的工作人员，并在塔利班回归政权后不久会见了塔利班官员，并希望通过加强与阿富汗的经济合作扩大在中亚地区的影响。自从美国撤军、塔利班重掌政权以来，中亚国家一直关注阿富汗局势的发展，特别是阿富汗难民潮、跨境毒品走私和恐怖主义威胁的影响。其中乌兹别克斯坦、土库曼斯坦等中亚国家与塔利班一直保持积极的双边对话和交流，希望通过区域贸易稳定阿富汗局势。此外，伊朗、巴基斯坦也都希望通过与塔利班政府保持友好关系，从而在周边地区建立有利的地缘环境。

---

1 Salman Bashir, "Isolating the Taliban: An Error of Judgment", September 30, 2021, https://www.arabnews.pk/node/1938746, 2022-06-30.

2 Vinay Kaura, "China Draws Closer to the Taliban as Regional Foreign Ministers Prepare to Meet in Beijing", March 24, 2022, https://www.mei.edu/publications/china-draws-closer-taliban-regional-foreign-ministers-prepare-meet-beijing, 2022-06-30.

3 张新平、代家玮：《中国建设性介入阿富汗重建的挑战与路径》，《和平与发展》，2022年第3期，第121—122页；苗蓓蕾、薛力：《从"最低限度介入"到"有条件积极介入"：论中国对阿富汗政策的调整》，《南亚东南亚研究》，2021年第2期，第44页。

4 John Raine, "Adapting to a New Reality in Afghanistan", August 20, 2021, https://www.iiss.org/blogs/analysis/2021/08/afghanistan-taliban-region-response, 2022-06-30.

## 结　论

　　阿富汗的持久和平与繁荣发展仍然需要国际社会的关注、支持和包容。与孤立和制裁塔利班相比，国际社会与塔利班的建设性、合作性接触，将对阿富汗的稳定带来更加积极的影响。与域外大国相比，周边邻国往往在阿富汗局势变迁的影响中首当其冲，各国无法承受阿富汗国家崩溃的后果。与美国的退出相比，阿富汗周边邻国对塔利班政权的态度要更为积极，各国在阿富汗问题上具有长期共同利益。对于周边国家而言，未来更为重要的是避免使国家间竞争或冲突损害各国在阿富汗问题上的基本合作。这需要各国从过去的经历中吸取经验和教训。特别是在过去二十年美国阿富汗战争中，地区国家很少探讨自身缺少真诚的合作与行动可能对阿富汗持久和平带来的负面影响。总之，在未来各国与阿富汗的交往中，强调平等自愿、务实合作，同时避免恶性博弈，对阿富汗及地区稳定与发展至关重要。

# 新冠肺炎疫情对印度政治、经济和对外战略的影响

刘宗义

**内容提要**：新冠肺炎疫情对中印关系造成了严重冲击，不仅是疫情所带来的政治和经济方面的负面影响，更主要的是疫情给印度决策者所带来的认知和心理上的变化，特别是印方在疫情之初对所谓"机遇论"的认知及其后"机遇论"破灭所导致的心理变化及相应的对外战略调整。但新冠肺炎疫情只是一剂催化剂，使得印度国内经济政策及对外战略调整突然加速。而这一调整实际上早就已经开始，并在莫迪2019年连任印度总理之后加紧推进。本文在回顾新冠肺炎疫情发生之前印度国内政治经济形势及其内外政策重点的基础上，分析新冠肺炎疫情对印度政治、经济的影响以及由此带来的对外战略变化。

**关键词**：新冠肺炎疫情　中印关系　印度对外战略

2019年底至2020年初暴发的新冠肺炎疫情是百年不遇的大灾疫，不仅对人类的生命健康构成了威胁，而且还对世界各国的政治、经济、安全、思想等多个方面形成了综合性挑战。斯蒂芬·沃尔特（Stephen M. Walt）等人认为，这是一个震惊世界的事件，其后果深远，我们今天仅能开始想象。但有一点是肯定的，它将导致政治和经济权力的永久性转变，并加速权力和影响力从西向东转移，但不会改变的是世界政治最为根本的冲突属性。[1] 确实如此，新冠肺炎疫情就像一剂猛烈的催化剂，将原先一些几乎发展成熟，或者初露端倪，却一直被掩盖着的国家间矛盾或者国际政治经济进程和趋势无情地暴露出来。2020年，中美矛盾空

---

刘宗义　上海国际问题研究院副研究员、中国与南亚合作研究中心秘书长。感谢匿名评审专家和本文编辑对本文作出的贡献，文中错漏之处由作者本人负责。

[1] John R. Allen, et al., "The Coronavirus Pandemic Will Change the World Forever," *Foreign Policy*, March 20, 2020, https://foreignpolicy.com/2020/03/20/world-order-after-coroanvirus-pandemic/, 2020-03-21.

前激化，中国在应对新冠肺炎疫情的同时，承受了来自美国和其他西方国家的巨大外部压力，部分美国政府人士甚至企图将中美关系推入"冷战"的深渊。[1] 与此同时，中国西南方向的战略压力也陡然上升，与中国同属发展中大国、号称与中国"平行崛起"[2] 的印度，其对华关系也跌入自1988年拉吉夫·甘地（Rajiv Gandhi）访华以来的最低点。

2020年是中印建交70周年，按照两国领导人2019年10月在金奈非正式会晤中达成的协议，两国原计划举行70场纪念活动，但突如其来的新冠疫情不仅打断了两国的原定安排，而且使彼此的认知发生了几乎不可逆转的变化。2020年6月15日的加勒万河谷流血冲突则进一步成为压垮中印关系这头"骆驼"的"最后一根稻草"。大多数印度学者将中印关系的严重恶化归结为加勒万冲突，但实际上，加勒万冲突只是中印关系发展的必然结果，而非原因。当然不可否认，加勒万冲突为印度在经济上推行"去中国化"措施提供了借口。新冠肺炎疫情无疑对中印关系造成了严重冲击，这不仅是由于疫情带来的政治和经济上的负面影响，更主要的是疫情给印度决策者所带来的认知和心理上的变化，特别是印度方面在疫情之初对所谓"机遇论"的认知以及其后"机遇论"破灭所导致的心理上的变化及对外战略调整。但新冠肺炎疫情只是一剂催化剂，疫情的发生使得印度国内经济政策及对外战略调整急剧加速。而这一调整实际上早就已经开始，并且在纳伦德拉·莫迪（Narendra Modi）2019年连任印度总理之后开始加速。本文将在回顾新冠肺炎疫情发生之前印度国内政治、经济形势及其内外政策的基础上，分析疫情对印度政治经济的影响以及随之而来的对外战略变化。

## 一、新冠肺炎疫情之前印度国内政治经济形势及印度政府的内外政策目标

### （一）新冠肺炎疫情暴发前印度经济已陷入衰退

自2018开始，印度经济就呈现下行态势，2019—2020财年第一季度，印度国内生产总值（Gross Domestic Product, GDP）增速降至五年最低点5.2%。[3] 这是莫迪及印度人民党（下简称"印人党"）在2019年大选中利用印度教民族主义情绪，主打"国家安全牌"，而非像在2014年大选中大打"经济牌"的主要原

---

[1] U.S. Embassy & Consulates in China, "Communist China and the Free World's Future," July 23, 2020, https://china.usembassy-china.org.cn/communist-china-and-the-free-worlds-future/, 2020-07-24.

[2] Subrahmanyam Jaishankar, "India-China Relationship Is at a Crossroads," *Rediff*, January 28, 2021, https://www.rediff.com/news/special/s-jaishankar-india-china-relationship-is-at-a-crossroads/20210128.htm, 2021-01-29.

[3] "GDP Contracts by Record 23.9% in Q1 Against 3.1% Growth in Previous Quarter," *The Times of India*, August 31, 2020, https://m.timesofindia.com/business/india-business/gdp-growth-contracts-by-23-9-in-q1-against-3-1-growth-in-previous-quarter/articleshow/77852090.cms, 2020-09-02.

因。印度经济出现的问题，是长期结构性因素与短期周期性因素相叠加的结果。除去莫迪政府修改 GDP 统计方法造成经济增长数字虚高的因素，印度经济得以在 2014—2018 年的后金融危机时期保持较高增速，是由于一些短期性利好因素存在：一是国际油价暴跌，人均实际收入上升，对消费有支撑作用；二是净出口方面，由于 2017 年和 2018 年世界总需求上升，非石油出口增长由负转正；三是非银行金融机构主导的信贷繁荣，同时伴随着大规模的政府支出和隐蔽的财政刺激。但实际上在 2016 年莫迪政府推出"废钞令"之后，印度国内资金大量流入"影子银行"及其下游的房地产业，生成泡沫。泡沫最终在 2019 年破裂，与 2008 年全球金融危机之后一直未能充分解决的印度银行和基础设施公司的债务危机问题形成叠加效应。加之上述国际油价较低和全球需求回暖等周期性利好因素到新冠肺炎疫情前已消失，印度经济不得不面临结构性与周期性问题的双重打击，但印度传统的结构性改革议程、土地和劳动力市场的改革措施对解决这些问题缺乏针对性。[1]

### （二）莫迪连任后加快推进"印度教特性"政治议程，产生严重的地区外溢效应，中国成为连带目标

金钱和安全是理解印度大选结果的两把钥匙。在有效扩大自身资金来源，并利用"废钞令"等手段切断印度国民大会党（简称国大党）等反对派资金来源之后，莫迪及印人党巧妙利用普尔瓦马（Pulwama）袭击事件所造成的民众恐慌，挑动印度教民族主义情绪，将"国家安全"塑造成 2019 年印度大选中最热门的议题，[2] 在大选中赢得 303 个议席，取得压倒性胜利。莫迪及印人党的这一胜利标志着"印度已形成以印人党为主导性力量的政治架构"，莫迪政府及印人党在内政外交方面拥有更大的自主性，可以更自由地贯彻其既定方针和政策，并进一步刺激了其大国雄心。另外，这也标志着印度教民族主义已成为印度政治中的主导意识形态，这对其内政与外交都将造成重大影响。莫迪连任之后，这种影响立即显现出来。

在内政方面，莫迪政府和印人党加快推动印度中央政府能力建设和民族国家整合的步伐。根据印人党的既定政策，莫迪政府在 2019 年 8 月废除宪法第 370 条款，取消印控克什米尔地区的特殊地位，将印控克什米尔划分为查谟—克什米尔与拉达克两个中央直辖区，并将中国的阿克赛钦地区也纳入所谓的拉达克中央直辖区。这一举措不仅激化了印巴矛盾，而且侵犯了中国领土和主权完整，重新挑

---

[1] Arvind Subramanian and Josh Felman, "India's Great Slowdown: What Happened? What's the Way Out?" *CID Faculty Working Paper*, No. 370, Center for International Development at Harvard University, December 2019, https://www.hks.harvard.edu/centers/cid/publications/faculty-working-papers/india-great-slowdown, 2020-03-01.

[2] 刘宗义：《金钱和安全是理解印度大选结果的两把钥匙》，观察者网，2019 年 5 月 27 日，https://www.guancha.cn/liuzongyi/2019_05_28_503362.shtml，2021 年 2 月 10 日登录。

起与中国在中印边界西段的冲突。莫迪之所以在连任之后不久就在克什米尔问题上下手，表面上看是要履行印人党在竞选纲领中承诺的"印度教特性"三大议程，即废除宪法第370条款、加快阿约提亚的罗摩庙重建、起草统一民法典，[1] 实际上是莫迪政府和印人党推动印度中央政府能力建设和民族国家整合的重要步骤之一。莫迪政府和印人党要通过强调"印度教特性"，通过印度教民族主义来推动其民族国家的整合。而在这一过程中，莫迪政府及印人党需要将巴基斯坦塑造成敌人，进一步抹黑、打压和孤立巴基斯坦；中印关系则成为莫迪政府国内印度教民族主义政策外溢效应的另一个目标。

2019年12月，印度议会通过《公民身份法（修正案）》，经总统签署生效后成为正式法律。该法案提议印度政府授予2014年12月31日前因"宗教迫害"来到印度的巴基斯坦、孟加拉国和阿富汗三国非法移民印度国民身份，包括印度教、锡克教、佛教、耆那教、拜火教和天主教教徒都有资格摆脱非法移民身份，但将穆斯林排除在外。《公民身份法（修正案）》通过后，印度多地爆发抗议示威，且事态不断升级。印度同巴基斯坦和孟加拉国关系因此进一步恶化。莫迪政府改变印控克什米尔地区法律地位、通过《公民身份法（修正案）》等极富争议的举措挑起与巴基斯坦、中国等国争端，客观上具有转移民众对经济发展状况不满等国内矛盾的作用。

### （三）莫迪政府希望以"挖中国墙脚"的方式促使产业链向印度转移，并减少中国对印度的经济影响

在经济上，莫迪连任总理之后，提出到2023年印度GDP超过5万亿美元的宏伟目标。为实现这一目标，莫迪政府在国内经济增长大幅减速的压力下进一步采取经济自由化改革措施：一是解决一些结构性、制度性问题，推动土地制度和劳工制度改革，推行国企私有化；二是进一步放宽对外国直接投资的限制，吸引更多外资以扩大就业，特别是企图利用全球产业链、供应链可能受中美贸易摩擦影响重新调整的机会，提供激励措施吸引撤离中国的跨国企业到印度投资设厂。印度政府和智库在2018年就关注到美国商会报告中关于中美地缘政治关系和贸易摩擦的连带后果：美国技术和工业部门的企业不仅考虑将企业移出中国，而且也要移出美国。其中许多企业正在考虑将业务转移到亚洲其他地区，特别是东南亚和南亚次大陆。支持美印双边商业关系的"美印战略与伙伴关系论坛"（U.S.-India Strategic Partnership Forum）在2019年4月发布的报告则显示，有200家美国公司计划将其制造基地从中国转移到印度。印方认为这对印度来说是一个发展

---

[1] TNN Bureau, "BJP reiterates commitment to core issues," April 8, 2019, https://www.thenewsnow.co.in/newsdet.aspx?q=76192, 2022-08-25.

"印度制造"、替代中国的极好机会。[1] 因此,莫迪第二任期开始后,印度积极利用中美贸易战的机会"挖中国墙脚",推动产业链向印转移。印度与一些大型跨国企业,如苹果、富士康、大众汽车、现代汽车等协商,通过提供税收优惠和免税期等措施,鼓励它们将整个或部分业务从中国转移到印度。

同时,印方认为,中印之间600亿美元的贸易逆差是无法接受的,因为这一状况扼杀了印度的中小企业的发展,而中小企业是印度主要的就业来源,也是莫迪总理"印度制造"计划的关键。[2] 印度利用关税和非关税壁垒等手段逼迫一些在印中国企业加大对印投资,将手机、太阳能等产业的制造环节转移到印度。另外,一些印度智库认为,自"印度制造"计划启动以来,中国企业对印度汽车、可再生能源、电子、纺织、房地产以及初创企业的投资非常活跃,尤其是对印度科技初创企业的投资产生了与其价值不成比例的影响,这一现象值得印度警惕。[3]

### (四)印度政府以中国为主要战略挑战,企图通过与美西方合作平衡或遏制中国,实现其全球大国目标

在外交和对外战略方面,印度在继续推行"邻国优先"政策的同时,希望成为全球领导性力量(leading power),[4] 追求全球大国地位。此时印度所谓的"邻国"已不限于莫迪第一届任期就职典礼时所邀请的南盟国家,而是在此基础上向周边延伸。莫迪在其第二届任期就职典礼时邀请了环孟加拉湾多领域经济技术合作倡议(BIMSTEC)成员国和吉尔吉斯斯坦、毛里求斯等国领导人出席,表明其"邻国"概念向东南亚、中亚和印度洋等大周边地区扩展。为维护和扩张地区霸权,印度将继续努力加强对其周边国家的政治、经济、军事、人文渗透,特别是要加强在印度洋关键节点,如马六甲海峡、马尔代夫、斯里兰卡、毛里求斯等地的军事设施建设。莫迪宣布设立"国防参谋长"职位,其目的是推动三军现代化整合,更好地按照西方模式协调印度海陆空三军。同时,大力推动其提倡的互联互通项目,如环孟加拉湾多领域经济技术合作倡议、孟不印尼次区域合作倡议

---

1 Akshay Mathur, "Cannibalising U.S. Firms in China," Gateway House, May 22, 2019, https://www.gatewayhouse.in/us-companies-trade-war/, 2021-02-10; "About 200 US Companies Seeking to Move Manufacturing Base from China to India: USISPF," The Economic Times, April 27, 2019, https://economictimes.indiatimes.com/news/economy/foreign-trade/about-200-us-companies-seeking-to-move-manufacturing-base-from-china-to-india-usispf/articleshow/69068781.cms, 2021-02-10.

2 Neelam Deo, "2019, the Year of Aligning Decisively," Gateway House, January 3, 2019, https://www.gatewayhouse.in/2019-aligning-decisively, 2021-02-10.

3 Amit Bhandari, et al., "Chinese Investments in India," Report, No. 3, Gateway House, March 9, 2020, https://www.gatewayhouse.in/chinese-investments-in-india/, 2021-05-06.

4 Ministry of External Affairs, Government of India, "IISS Fullerton Lecture by Dr. S. Jaishankar, Foreign Secretary in Singapore," July 20, 2015, https://www.mea.gov.in/Speeches-Statements.htm?dtl/25493/iiss+fullerton+lecture+by+dr+s+jaishankar+foreign+secretary+in+singapore, 2021-02-10.

（BBIN）、地区同安共荣（SAGAR）、国际南北运输走廊（INSTC）等，以对冲和平衡中国提出的"一带一路"倡议的影响。

在追求大国地位方面，印度将自身定位为"印太"国家，向中、美、俄、东盟等国积极推销其"印太"构想。印度希望建立"多极亚洲、多极世界"的国际秩序，将中国视为最大战略挑战，不希望看到中国成为亚洲主导力量，在"印太"地区平衡、甚至遏制中国已成为印度的明确目标。印度希望在"印太"地区拉住美国，以"小步慢跑"方式加强与美国的关系，并在此过程中向中美施压、索取大国地位，要求中国在印度"入常"、加入核供应国集团（NSG）、中印边界争端等问题上让步，并从美国方面获取实际利益。印还不断加强与日、澳、英、法、越等国战略、军事、经济的双边和小多边合作。2019年4月，印度外交部设立印太司，主管环印度洋联盟（IOR-ARC）、东盟和美日澳印"四边机制"（Quad）。虽然印度表面上宣称希望在"印太"和"欧亚"之间保持平衡，即在加强与美日澳等国关系的同时继续与中、俄等上海合作组织和金砖国家成员开展合作，但实际上至少从2017年开始，印度已经成为上合组织和金砖国家合作的阻挠因素。[1]

2019年1月，印度知名智库公开呼吁印度政府不要再犹豫不决，应果断地调整其对西方的外交政策，与美国签署《地理空间基本合作与交流协议》（BECA）。[2] 在莫迪第二任期开始后，之所以继续在中美之间保持微妙平衡，一是由于印度认为特朗普政府没有给予印度足够的特殊待遇，特别是在莫迪连任伊始就取消了印度的普惠制待遇；二是忌惮中国的实力，同时还幻想能够借美日澳印"四边机制"以及与美西方国家的战略协调，迫使中国在边界、贸易等问题上做出对印有利的让步。但在2019年8月中国对印度单方面取消印控克什米尔特殊地位，将中国的阿克赛钦纳入所谓的"拉达克中央直辖区"一事提出抗议之后，中印关系又开始恶化。2019年9月，中印两国军队在班公湖地区发生对峙。虽然中印两国领导人在2019年10月举行金奈非正式会晤，双方决定设立高级别经贸对话机制，加强经济发展战略对接，探讨建立制造业伙伴关系，推动双边贸易平衡可持续增长，同意拓展"中印+"合作，推进地区互联互通建设，同各方一道尽早达成"区域全面经济伙伴关系协定"（RCEP），双方同意办好2020年"中印人文交流年"，举行70场活动庆祝两国建交70周年；但从2019年11月印度决定

---

[1] 印度阻挠金砖国家扩员，阻扰"一带一路""人类命运共同体"等理念写入金砖国家和上合组织峰会联合声明。著名战略学者拉贾·莫汉（C. Raja Mohan）认为，当初促使印度参与金砖国家合作的内外条件都已发生根本变化。参见 C. Raja Mohan, "With Global Institutions in Turmoil, India Needs to be Pragmatic and Fleet-Footed," *The Indian Express*, April 11, 2020, https://indianexpress.com/article/opinion/columns/world-health-organisation-coronavirus-crisis-india-delhi-china-un6356921/，2020年4月12日登录。

[2] Neelam Deo, "2019, the Year of Aligning Decisively," Gateway House, January 3, 2019, https://www.gatewayhouse.in/2019-aligning-decisively/, 2021-02-10.

退出 RCEP 谈判，并将退出的责任归咎于中国来看，[1] 中印两国关系发展已受到严重削弱。

## 二、疫情对印度政治经济的影响及印度对国际秩序发展前景的判断

如果新冠肺炎疫情没有发生，中印两国在2020年有可能举行一系列庆祝两国建交的活动，两国之间的矛盾和摩擦即使仍会发生，但外交部门之间和智库之间顺畅的交流和沟通在一定程度上会起缓和作用，两国关系有可能保持较平稳的发展势头。然而，新冠肺炎疫情打乱了一切，扰乱了各自国内政治经济进程，阻断了双方正常的交流渠道，使得两国陷入盲目猜测相互意图的境地。信息不对称、固有的意识形态及对外战略传统加剧了印度方面的战略投机心态，使得印度对外战略调整加速，严重恶化了中印关系。

### （一）新冠肺炎疫情对印度经济造成沉重打击，暴露了印度对中国经济的深度依赖，同时为莫迪政府掩盖其在经济发展方面的糟糕表现提供了借口

中国国内新冠肺炎疫情一发生，印度就采取措施禁止本国公民赴华旅行，并出台法令禁止中国公民入境；禁止口罩和其他医疗防护用品出口，甚至禁止出口制造口罩所需的棉纱；印度的航空公司也暂停飞往中国的航班；海关对来自中国的货物加大审查力度。印度是继美国、韩国等国之后第四个从武汉撤侨的国家，几乎紧跟美国步伐。印度采取的这些措施一定程度上加剧了新冠肺炎疫情对其经济的冲击。由于中国疫情暴发期间大量工厂停工停产，印度经济也受到沉重打击。这是因为印度不少行业在进口方面对中国存在较深依赖，在印度从世界进口的前20大类产品中，中国占据很大份额。在印度的电子产品进口总额中，中国产品占45%；印度从世界各地购买的机械约三分之一来自中国，有机化学品中近五分之二来自中国；汽车零部件和化肥份额超过25%；约65%至70%的活性药物成分和约90%的手机零部件来自中国。[2] 疫情导致印度从中国进口的电子产品、汽车、药品以及部分工业零部件等受到严重影响，其国内相关产业几乎难以

---

[1] PTI, "If India's Concerns Addressed by RCEP, Govt May Take Call on What Needs to Done: Jaishankar," *Money Control*, November 29, 2019, https://www.moneycontrol.com/news/india/if-indias-concerns-addressed-by-rcep-govt-may-take-call-on-what-needs-to-done-jaishankar-4684841.html, 2021-02-10; Philip Heijmans, "India Criticizes Chinese Trade Policies," *Bloomberg*, September 9, 2019, https://www.bloomberg.com/news/articles/2019-09-09/india-criticizes-chinese-trade-policies-as-rcep-talks-resume, 2021-02-10.

[2] Shelley Singh, "Coronavirus Crisis: It's Time for India Inc to Create Opportunities," *The Economic Times*, February 16, 2020, https://economictimes.indiatimes.com/news/economy/foreign-trade/coronavirus-crisis-its-time-for-india-inc-to-create-opportunities/articleshow/74153826.cms?from=mdr, 2021-02-09; Shikha Goyal, "What Is The Impact of Coronavirus on Indian Economy?" Jagran Josh, April 23, 2020, https://www.jagranjosh.com/general-knowledge/what-is-the-impact-of-coronavirus-on-indian-economy-1582870052-1, 2021-02-09.

为继。另外，印度对中国的出口也受到直接冲击。印度政府本来希望利用这一机会鼓励本国产业发展，或寻求其他供应渠道，并试图通过加征关税等政策迫使包括中国在内的一些国家的产业向印度转移，但最后发现难以实现。新冠肺炎疫情折射出印度对中国经济的深度依赖及其经济脆弱性，这使得印度中右翼严重不满，要求印度政府采取措施摆脱对中国经济的依赖。

随着欧美以及印度陷入新冠肺炎疫情，印度经济状况出现进一步恶化。2020年3月24日，为控制疫情扩散，印度总理莫迪下令，该国所有非必要政府机构和私人企业将关闭，所有印度民众居家隔离三周；此后，又连续三次延长封锁令。全国封锁使得大批企业停工，工人失业。在疫情暴发前，印度经济增长已逐步放缓，社会政治环境也在恶化。印度的中小企业雇佣了94%的工人，为印度经济贡献了45%的总产出。中小企业本来就因"废钞令"举步维艰，大批工人因此失业。由于印度政府下令"封城"，中小企业首当其冲受到影响，成千上万的工人一夜之间失去工作。农业方面，由于封锁期间供应链不能正常运作，大量农产品无法出售，给印度农民带来巨大损失。金融方面，印度银行业本来就因巨额不良贷款陷入危机。2020年3月，印度国内第四大银行破产，引发民众恐慌，股市暴跌。财政方面，印度在背负巨额财政赤字的情况下遭遇疫情。为缓解封锁造成的困难，印度政府宣布230亿美元的救助计划。经济学家认为这些钱杯水车薪，难以解决问题，而且财政赤字早已超越往年。因此，印度前中央银行行长拉詹

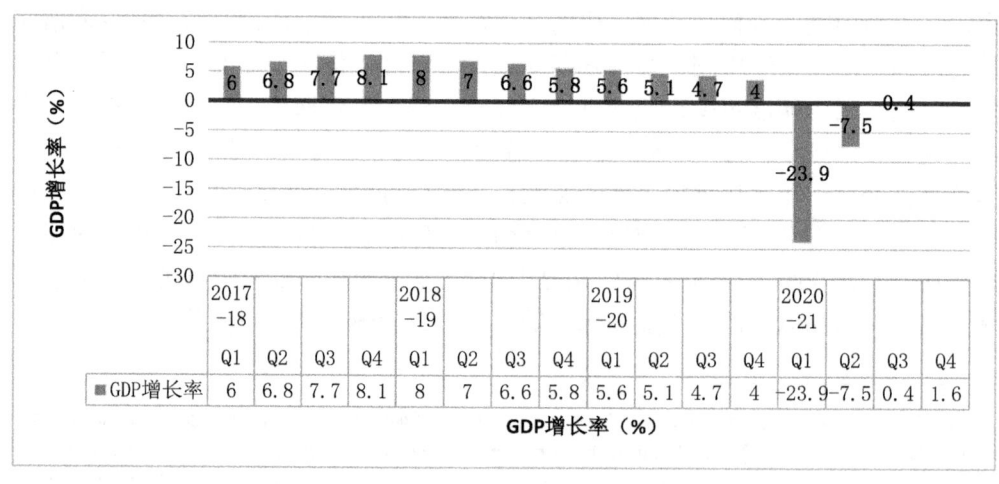

图1　2017—2021年印度GDP增长率[1]

---

[1] Department of Economic Affairs, Ministry of Finance, India, *Monthly Economic Report* (December 2019; Combined Report of March and April 2020; March 2021; May 2021), https://dea.gov.in/monthly-economic-report-table, 2022-08-25.

（Raghuram Rajan）认为，印度面临着独立以来最严峻的经济局面。[1]

据印度政府公开报道，受疫情影响，印度2020—2021财年第一季度的国内生产总值增长率下跌23.9%，是印度自1996年发布季度经济增长数据以来，经济下跌最严重的一次；随后的第二季度为-7.5%，连续两个季度保持负增长；到第三季度，印度国内生产总值增长率为0.4%，自疫情暴发以来经济首次出现正增长。[2]

新冠肺炎疫情使得莫迪政府无法在2023年实现5万亿美元GDP的原定计划目标。印度曾在2019年取代英国成为第五大经济体，但是由于疫情的冲击又再次滑落，位居英国之后；据预测，印度要到2024年才会再次取代英国。[3] 疫情在一定程度上掩盖了印度在疫情发生之前面临的经济困境。印度政府不断声称，莫迪连任后，印度经济已开始升温，但新冠肺炎疫情使得印度经济形势再次逆转。包括印度国民志愿服务团主席莫汉·巴格瓦特（Mohan Bhagwat）在内的一些拥有巨大社会影响力的人士，都将印度2020年经济严重下滑的原因全部归结为新冠肺炎疫情，并借机指责中国。[4]

**（二）疫情背景下印度教民族主义持续高涨，而中印抗疫形势的迅速逆转和抗疫效果的强烈反差使印度社会及其精英阶层产生扭曲心理，转而攻击中国**

首先，新冠肺炎疫情和随之而来的全国封锁客观上压制了印度国内反对修改宪法第370条款和《公民身份法（修正案）》的浪潮，同时在印人党和印度国民志愿服务团的鼓动下，印度教民族主义更加高涨。莫迪政府取消印控克什米尔的特殊地位以及通过《公民身份法（修正案）》，曾引发印度国内骚乱，甚至在时任美国总统特朗普访问新德里时，印度教教徒和穆斯林之间爆发了大规模流血冲突。但2020年3月24日封锁令颁布之后，印度政府以防疫为名趁机加强了对印控克什米尔地区和穆斯林社区的封锁和管制，反对《公民身份法（修正案）》的抗议活动逐渐沉寂。同年4月3日，一名穆斯林因新冠肺炎在孟买病亡，他在患病前曾前往德里参加当地"塔卜里格传教团"（Tablighi Jamaat）的一场大型活动。印度政府很快采取措施，封闭相关会场。而"穆斯林传播新冠病毒""印度穆斯林发动新冠圣战"等言论在4月上旬成为印度的流行语。不少印度教团体也出面

---

[1] Raghuram Rajan, "How to Restart The Economy after The Lockdown: Here's How India Can Meet Perhaps the Greatest Challenge of Our Times," *The Times of India*, April 5, 2020, https://timesofindia.indiatimes.com/blogs/toi-edit-page/how-to-restartthe-economy-after-the-lockdown-heres-how-india-can-meet-perhaps-the-greatest-challenge-of-our-times/, 2021-02-09.

[2] 《印度2020—2021财年第三季度国内生产总值增长率达0.4%》，第一财经，2021年2月27日，https://www.yicai.com/news/100961527.html，2021年2月28日登录。

[3] 《英国智库称新冠疫情将令中国提前至2028年登顶世界最大经济体》，BBC中文网，2020年12月28日，https://www.bbc.com/zhongwen/simp/business-55465032，2020年12月29日登录。

[4] 张忞煜：《政治印度教的"团党平衡"：新变化与新挑战》，《世界知识》，2021年第1期，第30—31页。

要求当局查封"伊斯兰传道会"的银行账户,并逮捕其主要办公人员。[1] 这场针对穆斯林的风波让印度各界民众从防疫的角度产生了同仇敌忾的情绪。虽然莫迪政府控制疫情的全国封锁效果不佳,但在印人党和印度国民志愿服务团等印度教民族主义团体的操纵下,[2] 莫迪及印人党的声誉和支持度不降反升。

其次,新冠肺炎疫情暴露了莫迪政府社会治理能力的不足。当疫情在印度蔓延时,莫迪总理和印人党以为印度可以像中国那样通过封锁来控制疫情的扩散,但事实证明,印度政府组织动员社会各方面力量控制疫情的能力远远落后于中国。在毫无征兆的情况下,莫迪于2020年3月24日宣布封锁令,成千上万的印度民众一夜之间失去工作,无法支付房租与购买食物,数百万外来务工者因此选择逃离城市返回家乡。印度政府对失业者的安置出现很多问题,各邦政府之间缺乏衔接。由于铁路和公路客运停运,大批进城务工者不得不徒步跋涉几百公里,许多人在回家的途中去世。直至3月26日,印度政府才宣布一项1.7万亿卢比的经济救济措施,向低收入者发放现金和大米等食物。29日,莫迪总理为此向民众,尤其是穷人道歉,请求原谅。[3] 被称为"金砖国家之父"的英国权威经济学家吉姆·奥尼尔(Jim O'Neill)在新冠肺炎疫情暴发之初曾对中国政府反应之快表示赞赏,他说:"感谢上帝,这不是从印度这样的地方开始的,因为凭印度的治理质量绝对不可能像中国人那样做出反应。"他的评论被印度官员批评为"无知和不负责任"。[4]

最后,新冠肺炎疫情的发生、发展和全球流行,尤其是中印两国抗疫形势的逆转和抗疫效果的强烈反差使得印度社会心理发生了扭曲。2020年2月7日之前,印度各界普遍认为中国在新冠肺炎疫情的打击下可能会一蹶不振,而印度则迎来发展机遇,印度社交媒体对中国遭遇新冠肺炎疫情的评论绝大多数都是幸灾乐祸和对中国及中国共产党的污蔑、谩骂和攻击,这反映了中印关系的真实群众基础。但当印度政治精英观察到中国成功遏制住了疫情,而印度却深陷其中时,尤其是当中国已从疫情中走出并开始复工复产,而印度却由于莫迪政府抗疫不力,

---

1 "Tablighi Jamaat: The Group Blamed for New Covid-19 Outbreak in India," BBC, April 2, 2020, https://www.bbc.com/news/world-asia-india-52131338, 2020-04-04; "India Coronavirus: Tablighi Jamaat Leader on Manslaughter Charge over Covid-19," BBC, 16 April 2020, https://www.bbc.com/news/world-asia-india-52306879, 2020-04-18.

2 "The Post-Covid-19 World Order Will be 'Markedly Different', Says BJP's Ram Madhav," *The Hindu Business Line*, May 3, 2020, https://www.thehindubusinessline.com/news/the-post-covid-19-world-order-will-be-markedly-different-says-bjps-ram-madhav/article31494874.ece, 2020-05-04.

3 龙玥:《数百万印度农民工被迫返乡,已有20多人徒步死在路上》,观察者网,2020年3月31日,https://www.guancha.cn/internation/2020_03_31_544755.shtml,2020年3月31日登录。

4 David Dawkins, "Coronavirus To 'Ravage' India's Economy With Slump To 1% GDP Growth Forecast–Report," Forbes, April 3, 2020, https://www.forbes.com/sites/daviddawkins/2020/04/03/coronavirus-to-ravage-indias-economy-with-slump-to-1-gdp-growth-forecastreport/#4eb6d9c0ee8a, 2020-04-04.

经济受到沉重打击，衰退严重，其崛起势头受挫时，同为新兴大国的中印两国政府在应对疫情方面所表现出的治理能力的明显差距对于积极宣扬印度民主制度优越性的群体，特别是对宣扬"民主抗疫"的印度精英而言是一个沉重的心理打击。他们既看到了中国政治制度和治理模式的优越性，同时也因此感受到压力，因为他们视其为一种威胁，以及对印度政治制度和治理模式的挑战。印度战略界对后新冠肺炎疫情时代中国软硬实力和国际地位的变化可能将更加忧心忡忡。这种复杂的心理最终转变成对中国的憎恨和攻击，而在印度教民族主义情绪的加持下，这种心态表现得尤为强烈。部分印度战略界人士，包括前任及现任高官以及一些前驻华大使，在此问题上丧失理性，迁怒中国。心理学的"挫折—攻击—转移"理论可以在一定程度上阐述这一现象。[1] 在这种情况下，印度社会对华友好的声音几乎荡然无存，对华友好人士噤若寒蝉，不敢发声。

### （三）新冠肺炎疫情使印度对外政策精英产生严重战略误判，刺激其战略投机心理，印度对外战略调整加速

新冠肺炎疫情发生前，从印度外交部成立印太司、主动将美日澳印"四边机制"从司长级升格为部长级、退出RCEP谈判等事件中，可以明显看出印度对外战略的调整，尤其是围绕中美两国和所谓"印太"战略而进行的调整，新冠肺炎疫情的发生使这一调整进一步加速。疫情暴发之后，印度对外政策精英在对中国的疫情以及国际局势进行了一番观察和评估之后，其固有的战略投机心态马上活跃起来，并且在印度外交战略调整中发挥了重要作用。比较遗憾的是，尽管他们认识到新冠肺炎疫情将使全球政治经济秩序发生急剧变化，但他们对一些与其自身相关的国际局势的发展，尤其是在中国能否迅速控制疫情并恢复经济、全球疫情的暴发，以及印度对疫情的控制等方面却都产生了严重误判。

首先，印度政策精英认为，疫情之后印度将面临一个"截然不同的世界秩序"，印度将在其中发挥重要作用。[2] 他们认为，在疫情之后的国际秩序中，中美两国的国际地位都将受到严重削弱。新冠肺炎疫情以及中美之间日益加剧的战略

---

[1] Ralph K. White, "Images in the Context of International Conflict," in Herbert C. Kelman (ed.), *International Behavior: A Social Psychological Analysis*, New York: Holt, Rinehart and Winston, 1965, pp. 267-268.

[2] "The Post-Covid-19 World Order Will be 'Markedly Different', Says BJP's Ram Madhav," *The Hindu Business Line*, May 3, 2020, https://www.thehindubusinessline.com/news/the-post-covid-19-world-order-will-be-markedly-different-says-bjps-ram-madhav/article31494874.ece, 2020-05-04; "India Will Play Greater Role in New World Order Post Coronavirus: Ram Madhav," Mint, May 3, 2020, https://www.livemint.com/news/india/india-will-play-greater-role-in-new-world-order-post-coronavirus-ram-madhav-11588443183993.html, 2020-05-04.

竞争和可能出现的经济"脱钩",将严重影响两国对内的治理能力和对外的力量投射能力。其结果是,从国际安全到贸易,再到流行病防治等各领域,国际无政府状态将继续缓慢而稳定地发展。但是如果一些地区大国愿意抓住全球疫情提供的外交机会来破解各国利益保障的难题并展现战略利他主义的话,国际无政府状态还是可能避免的。在这些地区大国中,除法国、德国、澳大利亚、韩国和日本外,最重要的是印度。受疫情冲击,世界各主要经济体均暴露出"潜在脆弱性"。但根据国际货币基金组织(IMF)和世界银行数据,印度各项指标都处于适度地位,不会比其他国家更脆弱,并且疫情可能会有助于减少印度的经常账户赤字,使其有更多的资金投入其他亟须发展的领域。他们认为,印度已成功地在本国境内控制了新冠肺炎疫情的范围和规模。如果印度能继续专注于自己的目标,不受国内政治冲突的影响,新冠肺炎疫情的全球流行可能会推动印度的崛起。[1]

其次,印度政策精英认为,新冠肺炎疫情是发展"印度制造"、摆脱对中国经济依赖、取代中国全球产业链和供应链地位的天赐良机。他们认为,从经济全球化的角度来看,中国不再是一个值得信赖的伙伴。跨国公司逐渐认识到,产能不能集中在一个地方。经济"脱钩",特别是中国和世界其他国家之间的"脱钩"可能会出现,迫使中国更多地集中于国内消费。在这样一个不确定的时代,全球地缘政治扮演了一个新的角色。印度可能不得不制定一项战略,在进口方面减少对中国的过度依赖,尤其是对原材料的依赖。从中国转移供应链也将为印度提供新的外国直接投资机会。疫情之后,发达国家的资本将逃离中国,寻找更安全的目的地,比如印度和其他亚洲国家。这对印度来说是巨大的机遇,不断变化的全球经济秩序可以使印度成为首选的投资目的地。[2] 疫情为印度在全国范围内实施新的产业政策提供了一次千载难逢的机会,类似于美国在20世纪40和50年代以及中国在20世纪80和90年代所遇到的那样。印度最需要做的是制定新冠肺炎疫情之后的产业政策。[3]

最后,印度政策精英认为,新冠肺炎疫情使得中国遭遇到内外双重困难,是

---

[1] Dhruva Jaishankar, "Economic Vulnerabilities and Power Shifts in a Post-Covid19 World," *Observer Research Foundation*, April 18, 2020, https://www.orfonline.org/expert-speak/economic-vulnerabilities-and-power-shifts-in-a-post-covid-19-world-64795/?amp, 2020-04-19; Sreemoy Talukdar, "India's Walked a Fine Foreign Policy Line During COVID-19 Crisis; Test Ahead Lies in How Modi Handles Big Powers," *Firstpost*, May 8, 2020, https://www.firstpost.com/india/indias-walked-a-fine-foreign-policy-line-during-covid-19-crisis-test-ahead-lies-in-how-modi-handles-big-powers-8348031.html, 2021-02-10.

[2] EEPC India and AIC RIS, *COVID-19: Challenges for the Indian Economy: Trade and Foreign Policy Effects*, August 2020, https://www.eepcindia.org/eepc-download/617-Covid19_Report.pdf, 2021-02-10, p. 24; p. 92; p. 93; p. 199; PTI, "The Post-Covid-19 World Order Will be 'Markedly Different', Says BJP's Ram Madhav," *The Hindu Business Line*, May 03, 2020, https://www.thehindubusinessline.com/news/the-post-covid-19-world-order-will-be-markedly-different-says-bjps-ram-madhav/article31494874.ece, 2020-05-04.

[3] Dhruva Jaishankar, "Economic Vulnerabilities and Power Shifts in a Post-Covid19 World".

印度加速推进"东向行动政策"（Act East Policy）和"印太战略"、削弱中国在全球和地区影响力、向中国施压解决边界问题的大好时机。[1]

同时，印方认为新冠疫情全球流行将有利于加强印美关系。印度意识到自己在应对大国关系方面能力不足，因此应加快与更广泛的地区平衡性力量的合作，以对冲各种可能性。在2020年4月，印度的战略精英已经确定，在可能更有限的手段范围内加速印度的"东向行动"和"印太战略"是新冠病毒全球流行的必然后果。[2]

## 三、新冠肺炎疫情背景下印度的对外政策

（一）印方自主或配合西方，从舆论上攻击中国政府和中国政治制度，推行经济"去中国化"措施，企图削弱中国的全球和地区影响力；在边界地区对中国进行挑衅，加勒万冲突之后，印对华关系全面恶化

新冠肺炎疫情在在中国暴发后，印度采取隔岸观火的政策，其社会媒体充满幸灾乐祸之声。在全球疫情暴发后，美国和一些西方国家由于抗疫措施不力，企图转嫁矛盾，转移国内民众视线，甚至希望借此遏制中国，美国前国务卿蓬佩奥（Michael Pompeo）之流将疫情全球流行的责任试图推到中国和世界卫生组织身上，印度与美西方遥相呼应，成为抹黑、攻击中国的主要舆论中心之一。印度官员和主流媒体将疫情的应对问题上升到发展模式、意识形态和价值观竞争的高度。这些看法和言论对印度公众甚至世界其他国家公众对中国的看法产生了非常不利的影响。

印度不仅希望挑起中西方更激烈的斗争，借此打击中国的国际影响力，而且意在引导其民众将新冠肺炎疫情全球蔓延和莫迪政府下令全国封锁造成的经济损失归咎于中国。

在经济上，2020年4月18日，印度工业和内贸促进局（DPIIT）突然修改外资政策，要求将所有"与印度陆地接壤的国家"的对印投资和并购全部纳入政府审批，旨在遏制疫情期间的"机会主义收购"。由于印度陆地邻国中只有中国在印度有较大规模投资，并且在新冠肺炎疫情全球流行的情况下，其陆地邻国中只有中国有能力对印投资，因此这一政策针对中国的意图非常明显。在边界地区，印度军警在中印边界中段和西段数个地点同时挑起与中国的对峙，并越过实控线到中国境内的加勒万河谷修桥造路。6月15日，在双方经过军长级会谈达成协议的情况下，印方违背协议越界偷袭，导致加勒万流血冲

---

1 Dhruva Jaishankar, "Economic Vulnerabilities and Power Shifts in a Post-Covid19 World".

2 Ibid.

突。加勒万冲突之后，印度国内掀起反华浪潮，印方在边界地区屯集重兵，制造边界紧张局势，并以此为借口大力推动经济"去中国化"，企图在经济上与中国"脱钩"。印方采取的一些措施甚至走到了美国前面，为全球经济"去中国化"带节奏的倾向十分明显。同时印度政府在双边人文交流领域制造障碍，中印关系全面恶化。

### （二）加紧推动印美结盟和美日澳印四国军事同盟建设；吸引西方投资，建立替代中国的供应链和产业链

2020年2月，特朗普访印期间，与印度总理莫迪将两国关系提升为"全面全球战略伙伴关系"。美印"全面全球战略伙伴关系"强调的重点在于"印太"地缘战略和国防安全合作，印度通过这一关系希望实现两方面的目标，第一方面的目标也可以看作是印度对美国的承诺，而第二方面的目标则可以看作是印度要求美国给予印度的回报。美国希望印度成为其"印太战略"的一个支柱，或者叫"小伙伴"，而印度提出的交换条件则美印之间应建立"全面的"关系，不仅包括国防安全与战略合作，如莫迪所说，美国还应帮助印度实现工业化4.0，并发展21世纪的新技术，在贸易方面给予印度特殊待遇等。

从2020年3月20日起，印度与美国、日本、澳大利亚、韩国、越南、新西兰等国开始每周举行一次副外长级视频会晤，名义上讨论如何应对新冠肺炎疫情，而其实质性内容则是讨论新冠肺炎疫情引起的地缘政治变化以及如何在中国之外建立一条富有弹性的供应链和产业链。这一行动与印度退出 RCEP 谈判一样，表明其摆脱以中国为中心的亚洲产业链和价值链、降低对华经济依赖的决心。并着眼疫情之后，主动塑造和融入美国"印太战略"，抓住以美国为首的一些西方国家遏制中国、企图将大量产业链条转移出中国的"机会"与发展"印度制造"的雄心。同年6月15日加勒万冲突发生之后，印度大力推动经济层面的"去中国化"。与此同时，印度政府划出46万公顷土地，莫迪向全球公司发出投资邀请，声称印度是世界上最开放的经济体之一，并许诺提供种种优惠，以吸引美日和西方国家的投资，游说大型跨国公司将产业链从中国转移到印度。

加勒万冲突之后，印美战略协调和战略联动公开化。印度外长苏杰生（Subrahmanyam Jaishankar）在其新书《印度之路：不确定世界中的战略》中，引用印度史诗《摩诃婆罗多》中的故事，提出在般度族和俱卢族的战争中（影射中美战略竞争），一是印度不能超然于事外，那样到尘埃落定之后印度就没有办法影响结果了；二是印度也不能太高估自己，在决斗的两方中待价而沽，从而使得两方都讨厌自己。[1] 那么，印度的选择就是加入一方阵营。2020年10月，美印在德里举行年度"2+2"高层会谈后，签署《地理空间基本合作与交流协议》，

---

[1] S. Jaishankar, *The India Way: Strategies for an Uncertain World*, Noida: HarperCollins India, 2020.

建立事实上的军事同盟。11月，澳大利亚在印方的正式邀请下参加了马拉巴尔海军演习，这意味着美日澳印四国军事同盟基本成形。2020年9月，印日两国也签署了《物资劳务相互提供协定》（ACSA）。拜登上台之后，美国延续了特朗普政府加强"印太战略"的做法，于2021年3月15日举行了美日澳印四国元首线上会议。

**（三）推进符合印度利益的全球和地区治理改革，扩大全球影响力，建立排他性地区经济安排**

印度政府还企图利用新冠病毒全球流行之机进一步拓展其国际空间，谋求改革或重新建设多边国际秩序，争取大国地位。印度现任和前任高官纷纷表示：疫情揭示了联合国、世界卫生组织等全球治理机制的弱点和短处，印度、美国、德国、日本等国将在后疫情世界发挥领导作用，建立一个新的世界秩序。莫迪总理在二十国集团视频峰会发表演讲时，认为世卫组织需要进行重大改革。印度企图利用其2021年担任联合国安理会非常任理事国以及世界卫生组织执行理事会主席的机会，推动这些国际组织的改革。2020年5月底，时任美国总统特朗普表示要扩大七国集团，邀请韩国、澳大利亚、印度、俄罗斯等国参加。印度政府很快就予以响应，表示希望加入扩大后的七国集团，并与七国集团成员积极合作。另外，印度也加入了英国发起的名为"D10"的"民主合作伙伴俱乐部"，建立5G设备和其他技术的替代供应商池，避免依赖中国。印度加入了由德国发起、欧洲国家支持的"多边主义联盟"，以对非洲和其他地区发展中国家发挥影响力。

2020年5月，莫迪总理高调参加主题为"团结一致抗击新冠肺炎疫情"的不结盟运动联络小组特别视频峰会，并发表演讲，强调印度作为"世界药房"愿向发展中国家提供大量药品援助。这与其2014年上台之后，先后缺席2016年和2019年两次不结盟运动峰会的冷淡态度形成鲜明对比。这些行动表明，印度试图在全球范围内发挥协调和带头作用，向世界宣示其重要性，树立印度作为负责任和仁慈的公共产品提供者的形象，并领导全球合作。印度向除巴基斯坦之外的南盟国家、科威特等中东国家和非洲国家积极提供抗击新冠疫情的医疗物资。印度战略精英认为，全球疫情创造了一个战略机遇，中国也在利用这一机遇，通过卫生外交作为软实力工具扩大领导地位。面对疫情，许多国家自愿接受了中国的医疗支持，同意参加中国的"一带一路"建设并向中国开放市场。[1] 而印度通过提供羟氯喹和新冠疫苗，不仅可以对冲中国的"一带一路"与人类卫生健康共同体倡议，与中国在发展中国家竞争影响力，而且有利于改善印度在国内推行宗教

---

[1] Priya Gauttam, Bawa Singh and Jaspal Kaur, "COVID-19 and Chinese Global Health Diplomacy: Geopolitical Opportunity for China's Hegemony?" *Millennial Asia*, Vol. 11, No. 3, 2020, pp. 318-340.

民族主义政策所导致的负面形象。[1]

2020年3月，印度倡议举行了自2014年以来的首次南亚区域合作联盟虚拟峰会，建立了应对新冠肺炎疫情的紧急基金。印度希望展示地区团结的信号，在南盟发挥协调和主导作用。印度认识到，这次疫情会使全球价值链和产业链发生重组。一些有能力的国家，特别是大国，特别希望能尽量缩短价值链和产业链，一些涉及国计民生安全的核心产业能够放到自己国内，或者尽力推动本地区经济一体化，以在本国所能控制或影响的范围内实现全产业链化。印度在疫情全球蔓延后企图复活南盟，其主要目的并不是关心南亚地区人民健康，而在于要建立一个印度主导和控制下的南盟，排挤中国等域外国家的影响力，为今后在本地区建立全产业链做准备。

## 余 论

自2014年莫迪政府上台之后，印度对外战略调整就已经开始。2017年洞朗对峙之后，印度与美日澳等国一同重启美日澳印"四边机制"。2019年莫迪连任之后，印度对外战略调整步伐加快，不仅设立了"印太司"，而且主动将美日澳印"四边机制"从司长级升格为部长级。在经济方面，印度趁中美贸易摩擦之机，企图游说大型跨国公司将其在中国的产业链转移到印度，发展"印度制造"，实现印度经济腾飞，并退出了RCEP谈判。这在一定程度上表明印度不希望融入以中国为中心的亚洲产业链和供应链的决心。新冠肺炎疫情只是使得这些政治经济进程突然加速。

印度的对外战略调整是以中国为中心、围绕中国进行的，因为印方认为中国是当今国际秩序和亚洲秩序变化中的最大变量。印度无法接受中国成为亚洲的主导力量。印度的对外战略目标非常明确，那就是在政治和战略上成为多极世界和多极亚洲的一极。但印方清醒地认识到，无论印度如何发展，都不可能在综合国力上赶上中国，那么印度必须做的就是寻求与其他"志同道合"者的结盟，从而在所谓"印太"地区平衡和遏制中国的发展。

新冠肺炎疫情的发生使得印度对外决策精英产生了一系列误判：首先是认为中国在疫情打击下将一蹶不振，他们没有预料到中国政府不仅能够迅速控制疫情，而且还能迅速恢复生产；二是对中国应对美西方战略压力的能力以及坚决捍卫国家领土主权的决心认识不足，认为在边境对峙中印度至少不会"吃亏"；三是对疫情之后全球价值链和产业链将发生重组深信不疑，但同时对自身国情认识

---

[1] Byron Chong, "Pandemic and Geopolitics: China and India's Response to COVID-19," *China-India Brief*, No. 156, Centre on Asia and Globalization, April 1-14, 2020, http://lkyspp.nus.edu.sg/cag/publications/details/china-india-brief-156, 2021-02-09.

不足，对印度所拥有的市场优势盲目乐观，认为美西方必然会向印度大规模投资。在这一系列误判基础上，在印度教民族主义情绪的鼓动下，印度战略界根深蒂固的战略投机心态迅速膨胀。

新冠肺炎疫情之后印度的对外战略调整凸显了战略投机心理在印度战略文化中的一贯性。虽然印度媒体欢呼美日澳印四国举行线上峰会，但印美接近损害了俄印关系，普京总统取消了2020年度的两国元首会晤，中印关系也全面恶化。印度非常担心与中、俄关系的进一步恶化将使其彻底丧失"战略自主"地位，沦为美国的"小伙伴"。而经济与中国"脱钩"的政策也未收到预期效果，经过一年的对华经济制裁，中国反而超越美国重新成为印度第一大贸易伙伴。面对经济低迷和外资短缺状况，印度政府不得不重新考虑放开一些非敏感领域来吸引中国投资，而中国公司是否愿意重返印度则尚不可知。

中印两国军队在班公湖地区已脱离接触，其他地区的脱离接触工作还在谈判之中。印度在边界地区的投机和冒险没有得到任何好处。但从2021年1月印度外长苏杰生的讲话[1]和2021年3月印度前外交秘书顾凯杰的文章[2]中可以看出，印度已将边界问题的解决或者实控线的核实作为两国关系正常发展的前提条件。在这个问题上，并不像顾凯杰所说的那样，两国存在误解。事实上，中方非常清楚印度人的企图。如果印度不能改变自己一厢情愿的认知，中印关系确实可能会陷入长期僵持状态。鉴于印度战略界一贯的战略投机心理，中印之间发生突发冲突的可能性仍然存在。

---

[1] Ministry of External Affairs, Government of India, "Keynote Address by External Affairs Minister at the 13th All India Conference of China Studies," January 28, 2021, https://www.mea.gov.in/Speeches-Statements.htm?dtl/33419/Keynote+Address+by+External+Affairs+Minister+at+the+13th+All+India+Conference+of+China+Studies, 2021-01-29.

[2] Vijay Gokhale, "The Road from Galwan: The Future of India-China Relations," *Paper*, Carnegie Endowment for International Peace, March 10, 2021, https://carnegieindia.org/2021/03/10/road-from-galwan-future-of-india-china-relations-pub-84019, 2021-03-11.

# 能源外交视角下的东地中海天然气开发与地缘博弈

张 林 马晓霖

**内容提要**：环地中海地区地缘生态脆弱、战争频繁，地缘关系错综复杂，而能源争夺一直是影响该地区地缘政治状态的复线。随着东地中海地区天然气的勘探与开发，巨大的能源经济利益驱动地缘政治博弈。本文从能源外交视角出发，重点解读东地中海地区重要天然气资源国以色列、埃及和塞浦路斯等国的能源外交战略；剖析地区天然气资源争夺战最大"搅局者"土耳其的能源外交战略及手段；分析欧盟、美国和俄罗斯作为利益攸关大国在该地区所采取的相应策略。本文认为，东地中海地区的能源与地缘双博弈或将长期存在并形成共振效应。

**关键词**：东地中海地区 天然气 能源外交 地缘政治 大国博弈

环地中海地区是亚非欧三大陆结合部，是西方文明、阿拉伯伊斯兰文明和非洲文明的发祥地，古代埃及、两河流域、希腊、波斯、罗马文明以及阿拉伯帝国、奥斯曼帝国和地中海北岸诸多西方帝国等，都在这里孕育、产生、发展、碰撞和融合。环地中海地区是中国和印度之外人类历史演进最为活跃的地区，也形成了宝贵的世界遗产。在浩瀚的历史长河中，地中海是一片相对平静的海域，古罗马人称"地中海"为"我们的海"，阿拉伯人自古称之为"白色中间海"，今日听来仍有融合共享和色彩变幻之感。然而环地中海地区千百年来杀伐不断，兵连祸结。二战结束后，地中海北岸的欧洲地区进入总体和平稳定状态；而东岸和

---

张林 浙江外国语学院环地中海研究院助理研究员；马晓霖 浙江外国语学院环地中海研究院院长、教授、博士生导师。

南岸的西亚北非地区，却陷入漫长的以阿拉伯—以色列冲突为核心的地缘战争与博弈之中。2011年后又陷入"阿拉伯之春"引发的长达10年的大面积内乱、动荡和战争。

近年来，随着东地中海地区天然气资源的勘探和开发，环地中海地区各国上演能源外交角力，"我们的海"从暗流涌动到剑拔弩张，只为"清算"和瓜分海上油气资源。自20世纪起，埃及、以色列、塞浦路斯便开始对东地中海地区的天然气资源进行勘探开发，后在埃以主导下东地中海天然气合作论坛正式成立。而近年来，土耳其调整能源外交战略，"一跃而出"成为该地区天然气资源争夺的最大"玩家"，力图在东地中海天然气资源"分配"中"分得一杯羹"。虽然东地中海地区的天然气储量在世界范围内并非十分惹人注目，但由于其特殊的地缘方位，欧盟、美国、俄罗斯等域外势力为维护自身在该地区的利益和影响力，也纷纷出手，加剧了该地区的地缘政治竞争。

传统的地缘政治主要指军事领域，但随着多学科融合研究的发展，目前地缘政治概念已经开始发生变化，能源成为一门可以影响国家外交政策的学科[1]，其范畴可包括政府间的能源对话和能源治理、政府主导的能源企业间合作、国家间能源博弈、油气管道政治博弈等。[2] 本文拟从多国能源外交视角解读东地中海地区天然气开发与地缘政治角力。

## 一、东地中海地区重要天然气资源国的能源外交战略分析

东地中海地区蕴藏着八个具有成油条件的大型盆地，分别是黎凡特盆地（Levant Basin）、尼罗河三角洲盆地（Nile Delta Basin）、西阿拉伯盆地（Western Arabian Basin）、扎格罗斯盆地（Zagros Basin）、塞浦路斯盆地（Cyprus Basin）、拉塔基亚盆地（Latakia Basin）、厄拉多斯内盆地（Eratosthenes Basin）和朱迪亚盆地（Judea Basin）。[3] 目前，该地区的天然气开发主要集中在黎凡特盆地和尼罗河三角洲盆地两个"核心地带"及周边水域，地处该区域的以色列、埃及和塞浦路斯较早便开始进行天然气勘探，发现了若干个大型天然气田并加以开发利用，从而奠定了这三国在东地中海地区重要的天然气资源国地位。[4]

---

[1] Wu Hao, et al., "The Impact of Energy Cooperation and the Role of the One Belt and One Road Initiative in Revolutionizing the Geopolitics of Energy among Regional Economic Powers: An Analysis of Infrastructure Development and Project Management，"*Complexity*,Vol.2020,p.3.

[2] 王宝龙:《21世纪俄罗斯中东能源外交研究》，博士学位论文，上海外国语大学中东研究所，2018年5月。

[3] Hall Jeremy, Ali E. Aksu, and Cenk Yaltirak, "Varying Tectonic Control on Basin Development at an Active Microplate Margin: Latakia Basin, Eastern Mediterranean," *Marine Geology*, Vol.221, No.4, p.16.

[4] 潘楠:《东地中海地区天然气开发现状与前景》，《国际石油经济》，2016年第11期，第81—96页。

## （一）以色列：积极推动"天然气革命"与合作，谋求促进地缘政治和解

以色列是东地中海地区的发达经济体之一，却曾被称为"能源孤岛"。[1] 在过去很长的时间里，由于本土资源开发不足，以色列只能长期依靠进口满足能源需求。由于巴勒斯坦问题，以色列与周边国家地缘政治矛盾尖锐，与地区内能源供应国之间的市场关系脆弱；加之，中东地区深受恐怖主义肆虐，能源运输时刻面临因恐怖袭击而中断之威胁。因此，能源问题不仅限制了以色列的经济发展，更成为其国家安全的巨大隐患。为解决围绕能源产生的结构性问题，以色列政府对内强力推动"天然气革命"，加紧开发海上油气资源；对外开展多种形式的能源外交，谋求促进地缘政治和解。

以色列是东地中海地区最早进行天然气勘探与开发的国家，力推"天然气革命"。经过十多年的钻井勘探，2009年以色列终于在东地中海地区率先获得天然气重大发现，两年间先后发现塔玛尔（Tamar）和利维坦（Leviathan）两个大型天然气田及其他小气藏，预计探明总储量超过9000亿立方米。[2] 以色列"天然气革命"的重大发现不仅帮助它一举摆脱了"能源孤岛"的困境，也使其"能源独立"成为可能；甚至帮助它实现了能源出口，为其在推进地区能源合作中赢得了话语权。

2020年9月，经过历时一年多的协商筹备，在以色列和埃及的主导下，东地中海天然气论坛（以下简称"东地论坛"）正式成立。论坛旨在加强东地中海地区各国、尤其论坛成员国之间的油气合作，论坛成员国还包括塞浦路斯、希腊、意大利、约旦和巴勒斯坦。以色列积极主导东地论坛成立是其能源外交的重要举措，也是其拓宽地区合作空间的重要手段。东地论坛的成立标志着阿拉伯国家首次将以色列纳入了地区合作联盟，强调了以色列与阿拉伯国家之间关系的日益正常化，预示着东地中海地区合作的新时代即将到来。[3] 以色列积极推动"天然气革命"，不仅满足了其国家安全和经济发展需要，更为施展能源外交战略提供了可能；全力推进地区能源合作，为实现地缘政治和解打开了突破口。

## （二）埃及：夯实地区天然气枢纽地位，巩固传统地区大国影响力

埃及地处东地中海南部，横跨亚非大陆，境内苏伊士运河连通大西洋与印度洋，是亚非欧三大洲的交通枢纽和战略要地。[4] 2014年塞西（Abdel Fattah al

---

[1] 张帅：《以色列能源外交的历史、现状与特点》，《国际石油经济》，2016年第6期，第87—92页。

[2] Robin Beckwith, "Israel's Gas Bonanza," *Journal of Petroleum Technology*, Vol. 63, No. 3, pp. 46-49.

[3] 周锡生：《东地中海天然气开发——地区合作还是苦涩争夺》，《国际展望》，2020年12月第6期，第45—64页。

[4] 黄晓兵、陈其慎等：《埃及能源供需趋势与合作机遇探析》，《地质与勘探》，2018年11月第6期，第1107—1114页。

Sisi）政府上台后，国内政局逐渐企稳，政府采取了积极的能源外交政策，对内加大海上气田开发和陆上辅助设施建设力度，对外加大油气行业开放力度，加之在天然气开采、加工与输送方面具有的天然优势，埃及在东地中海地区的能源枢纽地位得以不断夯实，从而巩固了其作为传统地区大国的影响力。

在天然气开采方面，埃及亦是最早在东地中海地区开展勘探与开发的国家之一。2015年，埃及在东地中海地区发现祖尔（Zohr）巨型气田，这使埃及成为该地区绝对的"天然气明星国"。祖尔气田探明的可采储量为8495亿立方米，超过埃及在2010—2015年发现天然气合计储量的三倍，其巨大的储量和开采优势扭转了当时埃及天然气已然相对短缺的局面，使其一度重新成为天然气出口国，在天然气领域的重要性得以恢复和加强。

在天然气加工与输送方面，埃及凭借其2003年完成一期工程的阿拉伯管道以及东地中海沿岸境内的液化天然气（LNG）输出终端，较早便开始布局其地区能源枢纽国的地位。至今，东地中海地区向东南方向的天然气管线已基本成熟，大部分以埃及作为端口进行输入及对外输送；埃及也积极布局液化天然气加工工厂，使其具备成为地区天然气枢纽国的客观条件。

埃及通过夯实在东地中海地区的天然气枢纽国地位，一方面统筹协调该地区的天然气资源，在经济上获利；另一方面，借此加强与环地中海地区国家的能源合作，力图恢复在阿拉伯世界的话语权，巩固其作为传统地区大国的影响力。

**（三）塞浦路斯：鼓励国际投资合作以弥补自身力量不足，支持区域协调和共同开发**

塞浦路斯与以色列同属黎凡特盆地，周边海域面积大，以色列天然气开采的成功给塞浦路斯以巨大鼓舞。2008年金融危机之后，塞浦路斯经济状况堪忧，进口能源成本巨大，需耗费该国大量外汇。因此，塞浦路斯对开采出体量巨大的天然气资源以扭转国内经济颓势充满期待，这促使其也较早地加入了东地中海地区天然气勘探与开发的队伍。

由于自身开发能力有限，塞浦路斯政府积极鼓励国际投资与合作，于2007年、2012年和2016年先后对其南部海上专属经济区12个区块中的11个进行公开招标，授权海外公司勘测与开发，合作伙伴包括意大利国家能源控股公司埃尼集团（ENI）、韩国天然气公司（KOGAS）、法国道达尔能源公司（Total）、埃克森美孚公司（XOM）和卡塔尔天然气公司（Qatargas）等。[1]

2011年，塞浦路斯海域发现了阿芙洛狄忒（Aphrodite）气田，储量约为1982亿立方米，该气田位置跨越塞浦路斯与以色列两国的海上专属经济区，其中90%位于塞浦路斯一侧，10%位于以色列一侧。塞以两国为此摩擦不断，经

---

[1] 王晋：《能源撬动政治：博弈东地中海天然气开发》，《西亚非洲》，2020年第5期，第21—41页。

反复磋商就部分问题达成共识,塞浦路斯也将阿芙洛狄忒气田相关区块交给以色列公司开采,收益分摊。事实上,这种情况在天然气资源开发过程中并不罕见,埃及的祖尔气田也很有可能延伸至塞浦路斯水域内。但意大利埃尼集团同时获得了祖尔气田在埃及水域的开发权,以及在塞浦路斯水域靠近祖尔气田区块的开发权。这种引入第三方公司介入开发的方式,也许可以为如何打破资源民族主义提供一种可行性借鉴。从某种程度上来说,塞浦路斯积极加入东地论坛,也是希望通过论坛机制更好地协调与周边资源国可能存在的"边界矛盾",可见该国在东地中海地区能源外交的态度是支持区域协调和共同开发。但塞浦路斯问题等地缘政治矛盾与东地中海天然气资源争夺交织影响,各方博弈更趋复杂。

## 二、东地中海地区天然气资源争夺的最大动因——土耳其能源外交战略分析

### (一)土耳其的能源外交背景

土耳其在区域能源版图中的位置特殊,它东邻阿塞拜疆、土库曼斯坦,西接欧盟,北通俄罗斯,南连西亚北非,是该地区传统油气贸易中不可或缺的枢纽国。但土耳其本国油气资源匮乏,能源供应长期依赖从俄罗斯、伊朗和阿塞拜疆进口,能源对外依存度高达90%以上。土耳其虽然看到了东地中海地区天然气开发的巨大利益和前景,也想方设法加大了勘探开发力度,但始终未在该地区取得实质进展。

东地论坛的成立使土耳其的区域传统能源枢纽国地位受到威胁。而由于与东地论坛成员国存在错综复杂的矛盾,土耳其很难被接纳进入东地论坛。目前,土耳其的天然气管道布线已十分成熟,拥有俄土"蓝溪""土耳其溪"管线、南高加索管线、土耳其—希腊—意大利管线、伊朗—土耳其管线、土耳其—保加利亚管线,以及跨安纳托利亚管线等多条跨国管线,投入可谓巨大,蓝图可谓宏伟。而一旦东地论坛成员国建立起北通欧洲、南达约旦的天然气开发与输送体系,势必将影响土耳其在区域内原本"独一无二"的能源枢纽国地位。

因此,土耳其十分重视东地中海地区的天然气勘探和开发,甚至采取激烈的能源外交手段"拼命"争夺天然气资源。这主要出于两方面考虑:一方面,鉴于东地中海地区已探明和预计未探明的天然气储量巨大,土耳其寄望于同以色列、埃及一般有重大发现,一举改善国内能源短缺局面,甚至振奋低迷经济,改善民生困境;另一方面,为免于陷入一步被动、步步被动的局面,土耳其选择在东地中海天然气资源"分配"的关键阶段,"花样迭出"地"主动出击",力图尽可能多地掌握东地中海地区的能源话语权。

## （二）土耳其在东地中海地区的能源外交手段

埃尔多安执政后毫不避讳地提出"新奥斯曼主义"的外交政策，梦想通过对奥斯曼帝国历史遗产的"再发现"构建土耳其的世界大国地位，而东地中海地区历史上曾是奥斯曼帝国统治的核心区域。[1] 近年来，土耳其在东地中海地区"长袖善舞"，面对区域热点事务积极作为，大有强势"回归"的态势。能源作为东地中海地区事务的关键要素，为土耳其施展多重外交手段提供了着力点。

### 1. 借土作为"北塞浦路斯土耳其共和国"保护国身份，对塞浦路斯海域进行勘探

长期以来，塞浦路斯以希腊族和土耳其族聚居区为界，分裂为南北两部分。1974年，在土耳其的大力支持下，土耳其族控制了北部地区，建立了"北塞浦路斯土耳其共和国"。作为国际上唯一承认"北塞浦路斯土耳其共和国"的国家，土耳其始终拒绝承认塞浦路斯领海和专属经济区的划分。

2014年起，土耳其便开始在与塞浦路斯争议海域开展勘探活动，称该海域属于土耳其大陆架组成部分，主张塞浦路斯须与"北塞浦路斯土耳其共和国"共享天然气开发权益。2017年夏，塞浦路斯勘探船"西嘉佩乐"号在相关海域作业时遭到土耳其战舰和战机骚扰，欧盟紧急协调并派出意大利、法国和希腊的三艘战舰与之对峙，一度紧张的局势甚至让隶属美国第五舰队的"乔治·布什"号航母编队也加入其中。2018年初，"塞班1200"号勘探船在塞浦路斯岛西部海域进行勘探时，被多艘土耳其军舰包围，最终被迫放弃勘探任务。2019年2月和6月，土耳其军方出动上百艘军舰和百余架战机举行两次军事演习，并在短时间内几乎封锁整个塞浦路斯海域。7月，三艘土耳其船只不顾塞浦路斯警告，分头从东、西、南三个方向闯入与塞浦路斯争议海域进行勘探。2020年夏天，土耳其接连"出招"，连续派出多艘勘探船在塞浦路斯周边海域作业，将东地中海争议海域能源之争推向白热化。11月，土耳其总统埃尔多安突访"北塞浦路斯土耳其共和国"，此举严重刺激了主权国家塞浦路斯共和国的神经，塞浦路斯总统阿纳斯塔夏季斯 (Nicos Anastasiades) 直斥这是"前所未有的挑衅"。而土耳其频繁借"北塞浦路斯"问题做文章，其中一个重要意图在于东地中海地区的天然气之争。

### 2. 借与利比亚签订"海事管辖权"谅解备忘录，寻求东地中海上更大勘探范围

利比亚位于地中海南岸，与埃及等国接壤，是北非地区重要的阿拉伯国家。

---

[1] 邹志强：《土耳其的中东地缘三角战略：内涵、动力及影响》，《国际论坛》，2018年第6期，第16—21页。

利比亚油气资源丰富，是石油输出国组织成员国，也是世界上重要的油气资源国。

2011年，"阿拉伯之春"波及利比亚，引发其国内动荡，域外势力迅即介入，将利比亚变成了推行"新干涉主义"的实验场。[1] 2014年大选后，利比亚东西势力持续对立，民族团结政府与卡扎菲旧部哈里发·哈夫塔尔（Khalifa Haftar）领导的"国民军"东西对峙，国内动乱持续升级。2019年，"国民军"一度取得战场优势，兵锋直逼首都的黎波里，民族团结政府岌岌可危。然而，民族团结政府于当年11月与土耳其达成军事合作协议，土耳其随即派遣军事力量进入利比亚，致使哈夫塔尔原本指日可待的胜利前景顿时暗淡，民族团结政府和土耳其联军甚至成功发动反攻，一度逼近哈夫塔尔的传统势力范围。此次出兵利比亚是奥斯曼帝国解体后，土耳其军队首次登陆非洲大陆。

在与利比亚民族团结政府签订军事协议的同时，土耳其还与其签署了地中海"海事管辖权"谅解备忘录（后简称"土利协议"）。该协议使两国成为"海上邻国"，且从法律角度完成了土耳其大陆架与利比亚大陆架的对接，扩大了土耳其在东地中海的专属经济区范围，打通了土耳其连接非洲的海上走廊，同时卡住了东地中海天然气通往欧洲南部的能源通道。土利协议实质是利比亚民族团结政府以海洋能源经济权益换取土耳其军事援助，单方面赋予了土耳其在东地中海和利比亚沿海开采能源的权利。

土利协议划分两国东地中海边界，触动了埃及、希腊和塞浦路斯的"奶酪"，三国第一时间提出异议，拒绝承认该协议，并强烈谴责土方违反国际法。土耳其军事支持利比亚西部政权，与埃及支持东部武装背道而驰，这是土耳其和埃及之间一个重要的分歧点。而土利协议一方面损害了埃及在利比亚东部的经济利益，另一方面也严重威胁了埃及的边境安全。对此，埃及政府多次发出越境陆战信号，明确表示如果利比亚战局继续不利于东部势力，开罗势必出兵以维护核心利益。[2] 为了避免与伊斯兰世界第一军事大国埃及迎头对撞，已经获得东地中海权益的土耳其选择适可而止，交战双方在联合国斡旋下达成和解协议并组成了联合政府，暂时稳定了利比亚长达10年的内战与动乱。

对希腊来说，首先希土两国之间存在着复杂的历史矛盾，至今在岛屿、领空、大陆架等敏感问题上仍存在争议。而塞浦路斯境内因希腊族人和土耳其族人冲突而引发的北塞浦路斯问题，也依然是希腊和土耳其重要的矛盾焦点。土利协议单方面赋予了土耳其在东地中海更多的权益，直接触动了希腊的海上利益。希腊方面认为土耳其在其周边海域的勘探活动是侵犯希腊主权的行为，并表示强烈反对。

自土利协议签订后，东地中海地区矛盾加剧，战意持续升级。土耳其方面不

---

[1] 董漫远：《利比亚代理人战争的跨地区影响及走向》，《国际问题研究》，2020年第4期，第96—109页。
[2] 马晓霖：《埃及蓄势待发震慑利比亚》，《北京青年报》，2020年7月18日，第2版。

断向东地中海海域派出勘探船,反复挑动东地中海地区国家的"敏感神经",并理直气壮地应对一切反对声音。另一方希腊和埃及一边联合签署海上边界协议,在东地中海划分两国油气钻探专属经济区,一边联合要求联合国安理会审议并否决土利协议,并敦促欧盟对土耳其启动大规模制裁。

## 三、域外势力在东地中海地区的地缘政治角力与影响

东地中海地区由天然气开发引发的争端,既是能源之争,也是地缘之争,与该地区内各国之间的历史渊源、外交战略以及地缘政治格局密切相关,也逃不开域外势力的密切关注、参与介入,甚至受到地缘政治角力的影响。

> 东地中海地区由天然气开发引发的争端,既是能源之争,也是地缘之争;与该地区内各国之间的历史渊源、外交战略以及地缘政治格局密切相关;也逃不开域外势力的密切关注、参与介入,甚至受到地缘政治角力的影响。

### (一)欧盟:主动斡旋、适度制裁、软硬兼施

东地中海天然气开发和输送将使欧洲直接获利。首先,欧盟国家总体能源匮乏,天然气的足量供应将有利于欧洲优化能源结构。其次,目前欧盟国家的天然气供应主要依赖从俄罗斯进口,而东地中海天然气开发和输送将为欧盟拓宽能源供应渠道,更有利于欧盟能源安全。再次,意大利埃尼集团、法国道达尔等多家欧洲能源公司深度参与东地中海油气勘探与开发,和平有序地合作更符合欧盟的经济利益。况且,矛盾的一方希腊和塞浦路斯都是欧盟国家,欧盟对解决地中海争端责无旁贷。

欧盟一方面乐见东地论坛合作推动东地中海资源有序开发,不愿地区战意持续升级,另一方面,也因难民问题对土耳其有所忌惮。因而,对东地中海地区的矛盾采取了"主动斡旋、适度制裁、软硬兼施"的策略。

2019年5月,欧盟理事会发布《欧盟外长关于东地中海形势的声明》,表示要"与塞浦路斯团结一致",要求土耳其"遵守国际法,秉持睦邻友好原则"。7月,欧盟最高决策机构欧洲理事会通过决议,威胁对土耳其实施制裁,暂停双方在航空领域的高级别对话,减少对土耳其的援助。2020年8月,德国外交部长马斯(Heiko Maas)赴土耳其斡旋,敦促土耳其和希腊通过直接对话解决问题。9月,地中海七国领导人峰会在法国科西嘉岛举行。此次峰会聚焦地中海局势,法国与希腊领导人都对东地问题发表了意见。峰会声明称,如果土耳其拒绝对话,与会领导人将支持欧盟制裁土耳其。12月,欧盟国家一致同意对土耳其进行适度制裁,并表示将根据事态发展再作评估。

### (二)美国:战略收缩、支持盟友、增强主导

自奥巴马政府开始,美国便开始对中东地区实行战略收缩政策。特朗普执政

后,"页岩气革命"使美国不仅实现了能源独立,甚至一度成为全球第一的油气出口国,美国因而更不需要在中东地区投入过多精力。但为维护在该地区的核心利益,美国重点强化了在该地区的盟友关系,以增强对中东事务的主导。

2020年1月,美国抛出关于解决巴以问题的"世纪协议"。当年8月起,美国先后推动阿联酋、巴林、苏丹和摩洛哥等四个阿拉伯国家与以色列实现关系全面正常化。国际舆论纷纷预测谁是阿拉伯世界下一个与以色列建交的国家,特别是能源大国沙特阿拉伯将在何时与以色列建交。今后可能会有更多的阿拉伯及伊斯兰国家对以色列转变态度,加强与以方交往甚至与之建立外交关系。美国此举事实上为东地论坛联盟的合作减少了由于"巴以问题"引发的掣肘。东地中海天然气的开发也为促进该地区务实合作提供了合理抓手。

而对土耳其方面,由于近年来土耳其执行"积极进取"的外交政策,且不再刻意维护与美西方关系,美土两国在叙利亚库尔德问题、伊朗问题、巴以问题上存在立场冲突,甚至形成对峙。尤其,土耳其与俄罗斯一度紧密合作,也引发了美西方世界的普遍忧虑。但无论如何,土耳其作为北约成员国,美国依然会对其进行适当安抚,希望土耳其留在北约框架内,避免倒向俄罗斯。

### (三)俄罗斯:高度关注、有进有退、维持影响

冷战结束后,中东的基本格局是美国主导,俄罗斯充当配角。如今,美国在中东地区战略收缩,俄罗斯通过军事介入叙利亚问题,大大增强了在中东的影响,再度成为中东主要域外大国。[1]

俄罗斯对东地中海地区天然气开发始终保持高度关注。一方面,该地区的天然气开发与运输将影响欧洲能源进口,作为目前欧洲最大的天然气供应国,俄罗斯理应对此保持关注并根据形势调整本国能源外交政策。甚至有俄罗斯问题专家认为,俄罗斯在叙利亚军事行动的根本目标就是打掉东地中海大陆架的天然气开发,防止在欧洲市场出现一个对其能够带来巨大冲击的竞争对手。[2] 另一方面,东地中海天然气开发问题牵扯埃及、以色列等与俄罗斯具有历史渊源并保持友好交往的国家,塞浦路斯作为欧盟国家同俄罗斯合作密切,俄罗斯军舰在塞浦路斯进行补给和停靠。

自中东变局和克里米亚危机之后,俄罗斯与土耳其的关系可谓一波三折。克里米亚危机后,俄罗斯曾将土耳其视为"外交突破口"。但是,在2015年11月土耳其击落俄罗斯战机后,俄土关系迅速冷淡。之后,随着土耳其方面道歉、两国元首圣彼得堡会晤等,双边关系有所修复。从2019年11月开始,俄土两国曾一

---

[1] 唐志超:《俄罗斯强势重返中东及其战略影响》,《当代世界》,2018年第3期,第21—25页。

[2] 冯玉军:《国际能源战略格局加速盘整,中国应该如何作为》,凤凰网,2016年8月14日,https://pit.ifeng.com/zhanluejia/special/zhanluejia002/,2021年3月9日登录。

度在叙利亚问题上进行合作。后因叙利亚库尔德问题、叙利亚北部省份伊德利卜问题等，双方矛盾不断乃至兵戎相见，双边关系空前紧张。现在来看两国均有所克制。

因此，在东地中海天然气问题上，俄罗斯将会审慎对待所涉各国，力图维护本国在该地区的根本利益和影响力。

## 四、结语：东地中海地区能源地缘博弈将长期存在

东地中海地区的天然气开发问题错综复杂：从时间维度看，其中既存在历史纠葛，又包含现实争夺；从空间维度看，既存在着地区内各国间的能源外交战略博弈，更有域外势力在该地区的地缘政治角力。能源，作为现代社会经济发展的关键要素，既为人类带来了发展与繁荣，又驱动了经济利益之争，甚至深刻影响着地区乃至世界的地缘政治格局。

作为世界能源宝库，东地中海地区一直是域外大国觊觎和介入的目标，也因而成为二战后冲突最为频仍的热点和难点地区。而油气作为战略资源和现代经济社会命脉，与地缘政治密切关联，并与之形成了相互震荡的共生关系。对诸如东地中海地区此类资源民族主义问题，若只考虑经济利益，或可采用塞浦路斯与以色列、塞浦路斯与埃及之间协商合作的处理方式；但若掺杂地缘政治因素，或许在新能源或替代能源主导市场和经济社会发展之前，抑或在有效的国际规则或新的地区力量均衡形成之前，东地中海地区的能源地缘博弈仍将长期存在。

# 日本无核政策形成过程的新研究

## ——《核武装与知识分子：在内阁调查室诞生的无核政策》介评

董聪利

**内容提要**：日本的无核政策确立于佐藤荣作时期，佐藤也因此荣获1974年诺贝尔和平奖。《核武装与知识分子：在内阁调查室诞生的无核政策》一书将日本无核政策的形成过程划分为萌芽、构筑、确立三个阶段，对"无核三原则"和"四大核政策"的出台过程、以及围绕《不扩散核武器条约》签署问题的国内政治过程等，进行了系统、详细地考察。该书认为，由情报机构内阁调查室发起、由现实主义知识分子完成的核政策研究对佐藤内阁无核政策的确立产生了重要影响。该书不仅是对日本核政策的研究，也兼具日本情报机构研究和知识分子研究的特点。书中征引了大量新近公开或尚未公开的资料，展开了合乎逻辑的论证，对推进日本核政策研究具有重要意义。

**关键词**：佐藤荣作　无核政策　内阁调查室　知识分子　现实主义

## 一、引言

1964年10月16日，中国宣布成功爆炸第一颗原子弹，这令沉浸在东京奥运会欢乐气氛中的日本大为震惊。二十多天后，佐藤荣作（Eisaku Sato）就任日本首相，如何应对中国的核武装成为新内阁面临的重大问题。随后几年，中国继续进行核试验，并于1967年6月成功爆炸第一颗氢弹。佐藤则在同年12月11日的

---

董聪利　北京大学国际关系学院—早稻田大学亚太研究科 博士研究生。

国会答辩中明确提出"不拥有、不制造、不运进核武器"的三项原则,即"无核三原则"。[1] 在佐藤内阁时期(1964年11月9日—1972年7月7日),日本签署了《不扩散核武器条约》(Treaty on the Non-Proliferation of Nuclear Weapons,NPT),"无核三原则"也被写入国会决议。[2] 1974年10月,佐藤被授予诺贝尔和平奖,主政期间确立无核政策是他获奖的主要原因。日本的无核政策是如何确立起来的?《核武装与知识分子:在内阁调查室诞生的无核政策》一书对该问题进行了回答。[3] 该书聚焦于日本内阁直属的情报机构内阁调查室(以下简称"内调"),认为内调委托知识分子进行的核政策研究对无核政策的确立产生了重要影响。

该书作者岸俊光(Toshimitsu Kishi)是日本每日新闻社的记者、评论员,先前主要关注慰安妇等历史问题,2009年至2010年在约翰斯·霍普金斯大学担任客座研究员期间,开始调查日美"密约"问题。[4] 2012年,岸俊光进入日本早稻田大学攻读博士学位,专门研究内调和日本的核政策,该书的原型就是他的博士论文。[5] 内调作为一个情报机构,一直以来因为资料难以获取而未被学界充分研究。岸俊光则发掘了大量尚未公开、由个人私藏的资料,以丰富的一手资料为支撑写成该书,这对我们把握佐藤政府无核政策的形成过程具有重要意义。本文将首先总结该书的主要内容,然后就其贡献、特点和不足之处作出评价。

## 二、主要内容

该书第一部分围绕"内阁调查室是什么"这一问题展开,分三章考察了设立内调的来龙去脉,创立初期实施的中国调查,以及知识分子人脉构建活动;第二部分聚焦于内调的核问题研究报告书,并对佐藤时期无核政策的形成过程进行考察,分析了内调核政策研究与无核政策形成的相关性。终章探讨了日本无核政策的遗留课题。

### (一)"内阁直属的情报机构构想"

《旧金山和约》即将生效前夕,时任日本首相吉田茂(Shigeru Yoshida)认为,独立后的日本应有自己的情报机构。由此,内调于1952年4月9日设立。1952年

---

[1] "不拥有""不制造""不运进"这三项内容早在岸信介(Nobusuke Kishi)担任日本首相期间就已被分别提出,佐藤的贡献在于首次将三者合并,指出它们是日本关于核武器的三项原则。

[2] 1971年11月24日,日本众议院通过《关于无核及缩小冲绳美军基地的决议》(「非核兵器ならびに沖縄米軍基地縮少に関する決議」),其中规定"政府遵守不拥有、不制造、不运进核武器的无核三原则"。

[3] 岸俊光『核武装と知識人:内閣調査室でつくられた非核政策』勁草書房、2019年。

[4] 即搭载核武器的美国军舰停靠日本港口时,日美两国是否需要事前协商的问题。

[5] 岸俊光「日本の非核政策形成と『現実主義者』の役割(1952—1974)——佐藤栄作政権期の内閣調査室『核保有研究』を中心に——」早稲田大学博士論文、2018年。

10月末，绪方竹虎（Taketora Ogata）就任国务大臣兼内阁官房长官，他希望将内调发展成具有卓越的调查分析能力、可协调各省厅情报信息、直通首相及官房长官的情报机构。绪方的构想得到了内调首任室长村井顺（Jun Murai）的认同。同年12月，美国中央情报局（CIA）副局长杜勒斯（Allen Welsh Dulles）也建议日本推进中央情报机构的组织化。然而，绪方曾担任情报局总裁的经历引起日本媒体对言论统制再度复活的高度警惕。[1]在吉田茂亲信的排挤下，绪方于1953年3月卸任官房长官，村井也在同年底被调离。绪方的构想只实现了一部分，内调最终仅维持在以调查分析为主要业务的小部门规模。需要说明的是，内调并非日版的美国中央情报局，但它与美国中央情报局合作密切。每年有部分内调职员应美国中央情报局邀请赴美考察，并接受相应的情报技能培训；内调还与美国中央情报局驻日职员举行联合会议，接触频繁时期双方会晤高达每月六次。

### （二）"内阁调查室的中国调查"

防止日本"共产化"是内调成立时的重要任务，中国也因此被列为首要调查对象。询问战后从中国大陆遣返回国的日本人是内调调查中国的重要渠道。从1953年至1955年的内调资料来看，中国的农业、地下资源开发、铁路网等信息受到内调的关注。此外，访华的日本代表也是内调的问询对象，比如1957年访华的日本物理学代表团。问询内容不仅包括中国物理研究所的规模、主要成员、设备情况、研究课题等，还有中国的飞机场设施、航班安排等一般性信息。除了调查，内调还为批判中国的书籍提供出版支持，试图修正当时日本国内同情共产主义、同情中国的舆论氛围。内调在创立之初就高度关注中国的这一倾向，为其后在中国核试验后立即着手开展核政策研究埋下了伏笔。

### （三）"内阁调查室的知识分子人脉"

内调职员志垣民郎（Minro Shigaki）从1953年起即在杂志上发文批判清水几多郎（Ikutaro Kiyomizu）等进步派知识分子，同时他也积极接近体制派知识分子。东京大学的学生团体"土曜会"是志垣的重点接触对象。该团体反对共产主义革命，主张通过体制内改革建立真正独立的日本。内调为"土曜会"的刊物《时代》提供文章素材、内容指导和出版资助。该团体的很多成员后来活跃于媒体、政府、学界，其中的若泉敬（Kei Wakaizumi）、粕谷一希（Kazuki Kasuya）等人为20世纪60年代内调的核问题研究提供了重要支持。作为国际问题专家的若泉不仅参与了内调的核政策研究，还以个人身份在核政策和冲绳"归还"问题

---

[1] 日本情报局成立于1940年12月，任务是强化政治宣传、思想统制，促进形成支持战争的舆论，系内阁直属的情报机构，1945年12月被撤销。绪方竹虎原是朝日新闻社的主笔、副社长，1944年7月至1945年4月担任日本情报局总裁，日本战败投降后也短暂兼任情报局总裁。

上为佐藤荣作出谋划策；担任综合杂志《中央公论》编辑的粕谷则向志垣推荐了一些现实主义知识分子。[1]

### （四）"无核政策的萌芽与若泉论文"

内调对核问题的关注并非始于20世纪60年代，其机关刊物《调查月报》自1956年1月创刊起就关注了核武器、核能及禁止核试验运动等议题。不过，在中国首次进行核试验之前，内调仅在1960年5月的《调查月报》上简短介绍过中国核研究的情况。并且，池田勇人（Hayato Ikeda）内阁并不看好中国独自开发核武器的能力。

中国进行核试验后，内调立即委托若泉敬开展核政策研究。1964年12月2日，若泉完成《中国核试验与日本的安全保障——关于我国应采取的基本政策的方向》一文。该报告批评了当时盛行的两种对立观点：非武装中立论和日本独立核武装论，认为单独防卫在核时代不可行，日本应坚持日美安保体制，向美国寻求核保护，不应进行独立核武装。但是，日本要拥有高于中国的核开发潜力，可优先发展和平利用核能、使用国产火箭发射人造卫星等项目，向世界展示日本的核潜力。该报告后来被分发至首相官邸等部门。1965年1月，佐藤荣作在日美首脑会谈中提出日本不发展核武器、希望美国利用核武器保护日本。岸俊光认为，佐藤的这一表态与若泉的报告有关。

### （五）"无核政策的构筑与首相献策"

1967年3月8日，参与内调核政策研究的矢部贞治（Teiji Yabe）和佐伯喜一（Kiichi Saeki）向佐藤汇报了他们的研究成果——《我国核政策的问题点》。该报告认为，在可预见的未来，中国的核武器开发对远东战略体制的影响不大，但会在核安全和核扩散问题上对世界造成冲击。在此背景下，报告建议：（1）日本应支持《不扩散核武器条约》、推动实现全面禁止核试验。（2）日本应采取以下安保措施：第一，坚持日美安保体制，最大限度地利用美国的核威慑力；第二，改善日本国民的"核过敏体质"；第三，不进行独立核武装。岸俊光认为，该报告促进了佐藤内阁无核政策的构筑。

---

[1] 在20世纪60年代的日本，围绕安全、外交问题涌现出一股现实主义思潮，代表人物有高坂正尧（Masataka Kosaka）、永井阳之助（Yonosuke Nagai）、若泉敬、卫藤沈吉（Shinkichi Eto）等。在理论上，他们主张核时代的国际政治依然是权力政治，国际和平、国家安全的实现依赖于势力均衡；强调权力来源的多样性，除了军事力量之外，经济力量、科技水平、国民共识、道义等因素也是权力的来源。在政策上，他们反对非武装中立论，主张日本应维持日美安保体制（也可采取其他替代性措施）；反对日本独立核武装，主张依靠美国的核保护；认为与中国建立外交关系符合日本的安全利益，日本政府应积极推动中日邦交正常化。《中央公论》是现实主义者发表言论的重要阵地，粕谷一希对此发挥了重要作用。参见：根津朝彦「編集者粕谷一希と『中央公論』——『現実主義』論調の潮流をめぐって——」、『総研大文化科学研究』第4号、2008年、57—81頁。

同年12月11日，佐藤在国会提出"无核三原则"。在随后的第58届国会期间（1967年12月27日—1968年6月3日），佐藤内阁的核政策被逐渐构筑起来。1968年1月30日，佐藤进一步提出"四大核政策"——遵守"无核三原则"，促进国际核军控，依赖美国的核威慑力，全力推进核能的和平利用。"四大核政策"由若泉敬起草而成，他认为仅提出"无核三原则"是不充分的，"无核三原则"的维持依赖于其他三项政策的实施。在国会答辩中，"无核三原则"与法律、宪法的关系逐渐被确定下来，具体内容是：自卫限度内的拥核、他国核武器的运进并不违宪；"不拥有""不制造"与1955年《原子能基本法》中对核能的开发利用仅限于和平目的的规定有关；"不运进"则与法律、宪法无关。

### （六）"无核政策的确立与核武装研究"

从1963年至1970年内调共委托知识分子撰写了17份核问题研究报告书，[1] 并形成了志垣民郎—楠田实—木村俊夫—佐藤荣作的汇报通道。[2] 其中，1968年9月和1970年1月分两部完成的《关于日本核政策的基础性研究》是内调核政策研究的集大成者。该报告由永井阳之助、蜡山道雄（Michio Royama）等人主持撰写，来自火箭工程、核能技术、军控、国际政治等多领域的专家参与其中。报告从技术、组织、财政、战略、外交、政治六个角度评估日本核武装的可能性，结论认为日本发展核武器并不像人们以为的那般容易，而是困难重重，并且独立核武装并不会让日本更安全，反而会导致国内分裂、外交孤立。简言之，这份诞生于日本决定签署《不扩散核武器条约》前夕的报告全面否定了日本独立核武装这一选项。

围绕《不扩散核武器条约》的签署问题，无论是在负责交涉的外务省内部，还是执政党自民党内部，最初均存在同意签署和反对签署的不同意见，自民党更是在佐藤内阁宣布签署的一周前才就同意签署达成一致。内调也在1969年11月

---

[1] 包括：「原子力潜水艦寄港反対運動の背景——とくに科学者の反対運動について」（1963年5月）、「原子力潜水艦寄港反対運動における学者・文化人の実態」（1963年7月）、「戦後の科学運動と"進歩的"科学者」（1963年12月）、「中共の核実験と日本の安全保障——わが国のとるべき基本政策の方向について」（1964年12月）、「核政策に関する諸問題」（1965年5月）、「わが国の核開発能力について」（1967年2月）、「わが国の核政策をめぐる問題点」（1967年2月）、「日本の核政策と外交——その前提条件」（1967年12月）、「原子力平和利用の現状——放射性同位体および放射線の利用」（1968年2月）、「原子力開発の問題点と体制整備について」（1968年5月）、「日本の核政策に関する基礎的研究（その一）——独立核戦力創設の技術的・組織的・財政的可能性」（1968年9月）、「核戦略の推移と日本の安全保障に関する一考察」（1969年1月）、「本邦におけるウラン濃縮」（1969年7月）、「原子力開発における国際的重要問題」（1969年7月）、「『核防条約』の取扱いについての学者の意見」（1969年11月）、「日本の核政策に関する基礎的研究（その二）——独立核戦力創設の戦略的・外交的・政治的諸問題」（1968年9月）、「中国の核開発の推移とその予測」（1970年2月）。

[2] 楠田実（Minoru Kusuda）和木村俊夫（Toshio Kimura）均是佐藤荣作的亲信。楠田从1964年初开始助力佐藤竞选首相，1967年至1972年担任佐藤的首席秘书官；木村在1966年至1971年担任内阁官房副长官、官房长官，是当时内阁官房的支柱性人物。

初组织14名学者探讨如何应对《不扩散核武器条约》，结果出现了尽早签署论、签署和批准分离论（先签署但尽可能延迟批准）、延迟签署论三种意见，第二种意见的支持者最多。支持签署者肯定条约对核军控的积极意义，认为签署有助于构建日本作为"和平国家"的国际形象；主张延迟签署和先签署但要延迟批准的学者则强调，条约对无核国家不平等，而且条约的未来前景并不明朗。最后，日本在1970年2月完成签署，但国会直到1976年6月才正式批准。

### （七）"无核政策的本质与未来的课题"

1974年10月，日本共同社报道了美国海军少将洛克（Gene LaRocque）在美国国会的证言，即搭载核武器的美国军舰在日本等国家停靠时，无需卸载核武器。洛克证言暴露出日美两国政府在"不运进"原则上存在认识分歧——日本认为搭载核武器的军舰过境日本属于"运进"核武器的情形，日美应事前协商；美国则认为停靠港口、过境不属于"运进"情形，无需事前协商。这一不同理解意味着"无核三原则"可能实际是"无核2.5原则"。

冷战结束后，美国宣布撤去水面舰艇和攻击性潜水艇上的战术核武器。这意味着以后几乎不存在搭载核武器的美国舰船过境日本的可能性，由此美国如何向日本提供核保护就成为一个问题。在朝鲜多次核试验的情况下，2017年自民党议员石破茂（Shigeru Ishiba）公开指出日本应重新思考"无核三原则"。在安全环境和核武器本身都在变化的背景下，未来日本是否还会继续坚持确立于冷战时期的无核政策令人关注。

> 在安全环境和核武器本身都在变化的背景下，未来日本是否还会继续坚持确立于冷战时期的无核政策令人关注。

## 三、特点与贡献

《核武装与知识分子：在内阁调查室诞生的无核政策》一书既是对日本核政策的研究，也兼具日本情报机构研究和知识分子研究的特点。丰赡而稀见的史料、合乎逻辑的严密论证，使得关注以上任一主题的读者皆可从中获致教益。

### （一）日本核政策研究

1. 该书将佐藤时期无核政策的形成过程划分为萌芽、构筑、确立三个阶段，从1965年1月佐藤在核问题上的对美表态，到"无核三原则"和"四大核政策"的出台，再到围绕《不扩散核武器条约》签署问题的国内政治过程，以及佐藤诺贝尔获奖致辞的构思过程，在该书中都得到了比较详细的考察。这使读者能够从头到尾完整地把握佐藤时期日本无核政策的形成过程，同时可以就每一项具体政策的诞生过程进行研究，并对不同政策进行比较。

比如，读者可以看到"无核三原则"和"四大核政策"的出台过程存在差异。通过考察佐藤、楠田等人的日记，岸俊光指出没有迹象表明佐藤事先有意要在 1967 年 12 月 11 日提出"无核三原则"。相比之下，"四大核政策"的提出则是佐藤内阁有计划的主动出击。在野党要求把"无核三原则"形成国会决议，而佐藤等则只希望把它作为佐藤内阁或者自民党的政策。而且佐藤认为，立即形成国会决议很可能会束缚日本与美国就冲绳"归还"问题进行的交涉。为此，佐藤提出"四大核政策"，意在进一步确认"无核三原则"是日本核政策的核心，同时强调实施其他三个政策的必要性。可以说，"四大核政策"反映出日本政府既不能无视国民的反核情感，也不愿把它作为制定核政策的唯一考量因素，甚至想要挑战或者改善国民的"核过敏体质"。

2. 该书披露了内调核政策研究报告书的大量内容，认为内调的核政策研究对佐藤内阁无核政策的确立起了重要作用。读者从中可以看到知识分子反对日本独立核武装的因素有哪些，这可为评估日本核政策的未来动向提供思考的方向和参照。

在国内层面，知识分子认为国民的反核情感最应受到重视，无视这种情感会拉大政治分歧甚至导致政治不稳定，而且也会使核开发在财政、人员组织等方面遇到障碍。国土狭窄、核裂变材料难以制造等因素也不利于进行核试验。在国际层面，知识分子特意探讨了法国核武装的外部条件，认为无论从历史还是文化上，美法关系和日美关系都存在质的差异。因此，虽然美国允许法国拥核，但却未必允许日本拥核，日本拥核很可能会损害日美间的信任关系。而且，亚洲的政治安全环境不同于欧洲，拥核很可能会限制日本的行动自由，加深中国和苏联对日本的猜疑、敌对。另外，避免核战争有赖于敌对双方的危机管理机制，而当时日本与中国尚未建交、与苏联也有北方领土争端。在这样的外交环境下，日本若拥核，反倒会更不安全。

3. 该书还指出，知识分子之所以能够影响核政策与佐藤的个性特征有关。佐藤喜欢"耳学问"，即通过听取专家意见来获得知识，其首席秘书官楠田实更是十分看重与知识界的交流，积极向佐藤引荐知识分子。

### （二）情报机构研究

1. 该书所发掘的资料对推进内调研究具有重要意义。该书充分利用了近年公开的《楠田实资料》（又称《佐藤荣作官邸文件》）、《福留民夫氏旧藏若泉敬相关文件》以及已出版的《佐藤荣作日记》《楠田实日记》。同时，还发掘出大量尚未公开、由个人私藏的内调相关资料，主要包括：记者吉原公一郎（Koichiro Yoshihara）收集的内调资料、志垣民郎保管的内调资料及其日记。该书对这些资料的记述与分析使读者能够比较清晰地把握内调的创立过程、业务内容、活动特点等。关于内调的核政策研究，目前只有《朝日新闻》在 1994 年报道过内调曾撰写《关于日本核政策的基础性研究》。但岸俊光发现，内调在 1963 年至 1970 年共委托知识分子撰写了17份核政策研究报告，而且内调早在1956年就关注了核问题。需要提及的是，岸俊光还协助志垣出版了关于内调的书籍，2020年又组织复制、出版了内调所编写的分析世界政治动向的资料集。[1]

2. 该书强调内调的官方智库属性。内调创立时，媒体怀疑它是实施政治宣传、思想统制的情报局的复活。该书认为虽然在内调初创期，与情报局关系密切的绪方竹虎、古野伊之助（Inosuke Furuno）等人确实与内调有关联，但内调和情报局在制度上没有连续性。该书也指出政治宣传是内调的一项业务内容，但从内部文件来看，内调是要按照政府的意向来引导舆论，但并不试图统制思想。有观点认为，内调是像美国中央情报局那样的谍报谋略机关。[2] 该书指出内调与美国中央情报局存在合作关系，但认为内调是一个以调查分析为主要业务的机构。该书第二部分对内调的核政策研究与佐藤内阁确立无核政策的关联性考察，更突出了内调作为官方智库的角色特征。

3. 与内调的官方智库属性相关，该书揭示了内调与知识分子的关系。不仅指出哪些知识分子曾与内调合作、参与内调的核政策研究，而且提出支援东京大学的学生团体"土曜会"是内调构建知识分子人脉的起点。该书还注意到，内调的知识分子人脉与楠田实建立的知识分子人脉有很大的重叠性，若泉敬就是其中的典型。此外，该书大体勾勒出批判左翼进步派、接近体制派知识分子的内调形象，但也指出志垣民郎曾向进步派学者鹤见俊辅（Shunsuke Tsurumi）提供研究资料，鹤见在20世纪60年代中期曾参加内调的审议员会议，协助内调评估国内外形势。这些细节展露出内调的多面性。

### （三）知识分子研究

1. 知识分子研究在日本十分盛行，此类研究或从思想史的角度分析某一人物或群体的精神世界，或考证知识分子在具体事件或政策中的参与情况。此书属于后者，着力于考察知识分子在无核政策形成过程中发挥的作用。判断特定人物或群体对某一决策的影响力并非易事。该书主要以志垣民郎、楠田实的证言为立论参照，指出内调通过楠田、木村俊夫向佐藤荣作汇报研究报告，若泉敬为佐藤拟写1968年1月的施政方针演说和"四大核政策"等。但是，该书也不片面夸大、拔高知识分子的作用，注意用其他资料进行证伪。比如，志垣民郎认为1967年矢部贞治、佐伯喜一同佐藤的会谈对佐藤提出"无核三原则"产生了影响，该书则认为矢部等人的报告促进了佐藤内阁无核政策的构筑，但从报告书的具体内容等来看，难以证明它与"无核三原则"的提出有关。

---

[1] 志垣民郎（著）岸俊光（編）『内閣調査室秘録：戦後思想を動かした男』文芸春秋、2019年。岸俊光『内閣調査室海外関係資料「焦点」』（全6巻）ゆまに書房、2020年。该资料集预计共36卷，目前已出版6卷。

[2] 吉原公一郎『小説日本列島』三一書房、1963年。松本清張『深層海流・現代官僚論——松本清張全集31』文芸春秋、1973年。吉原公一郎『謀略列島——内閣調査室の実像』新日本出版社、1978年。

2. 该书大体以"现实主义者"称呼参与内调核政策研究的知识分子,可以说是对现实主义知识分子的研究。相较于其他类型的知识分子,学界对日本现实主义者的研究起步较晚,成果也相对较少。既往研究多以欧美现实主义国际关系理论为参照,试图揭示日本型现实主义的特点或比较日本现实主义者在国际政治思想上的异同。[1] 也有研究关注某一特定人物,从思想史路径考察其思想历程或从多个具体议题全面考察其思想内容。[2] 该书聚焦于现实主义者在日本无核政策形成过程中的参与情况,不仅披露了知识分子为内调撰写的报告书,还考察了他们在此之前对核问题的思考。这些工作有利于增进人们对日本现实主义者的认识。

## 四、不足之处

### (一)从该书内容来看,副标题"在内阁调查室诞生的无核政策"可能夸大了内调在无核政策形成过程中的作用

**该书的核心论点是,内调委托现实主义知识分子进行的核政策研究对佐藤内阁确立无核政策产生了重要影响。**

该书的核心论点是,内调委托现实主义知识分子进行的核政策研究对佐藤内阁确立无核政策产生了重要影响。但书中也指出,与内调合作的知识分子也会以个人身份而非通过内调为佐藤荣作进言献策。换言之,内调是知识分子与首相联系、进而影响首相决策的渠道之一,但并非唯一渠道。若泉敬为佐藤撰写施政方针演说、"四大核政策",高坂正尧等人为佐藤撰写诺贝尔奖获奖致辞,这些都是受楠田实所托。而且,若泉等人的核政策研究成果并非仅提供给了内调,有些也被公开发表。[3] 依笔者所见,相较于该书的标题,作者博士论文的题目《无核政策的形成与"现实主义者"的作用(1952—1974)——以佐藤荣作时期内阁调查室的"核保有研究"为中心》更能体现该书的主旨。

### (二)关于内调参与的部分研究说明不够充分

该书终章指出,内调对中日邦交正常化问题的应对十分迟钝。从目前资料来

---

1 神谷万丈「日本の現実主義者のパワー観」、『国際安全保障』2012年3月号、66—81頁。神谷万丈「日本の現実主義者のナショナリズム観」、『国際政治』2012年10月号、15—29頁。土山實男「国際政治理論から見た日本のリアリスト——永井陽之助、高坂正堯、そして若泉敬」、『国際政治』2013年2月号、114—128頁。张帆:《战后日本现实主义国际政治思想的原点——日本型现实主义析论》,《日本学刊》,2018年第2期,第134—158页。

2 张帆:《高坂正尧早期国际政治思想述评》,《国际政治研究》,2012年第2期,第173—184页。酒井哲哉「永井陽之助と戦後政治学」、『国際政治』2014年3月号、70—83頁。五百旗頭真、中西寛編『高坂正堯と戦後日本』中央公論新社、2016年。服部龍二『高坂正堯:戦後日本と現実主義』中央公論新社、2018年。

3 例如,若泉敬曾发文指出日本应当把不拥核作为一张外交王牌,积极开展核军控和平外交。若泉敬「核軍縮平和外交の提唱」、『中央公論』1967年3月号、68—101頁。

看，直到1971年10月《调查月报》上才出现与中日邦交问题相关的文章；志垣民郎也曾表示，1972年中日邦交的恢复令其感到震惊。然而，与内调合作的现实主义知识分子如蜡山道雄、永井阳之助、高坂正尧等人早就主张应尽早实现中日邦交正常化。高坂曾在1964年发文批评日本政府在中日邦交正常化问题上的不作为，主张日本必须尽早作出决断，即使可能会因此而损害日美关系；蜡山于1971年初发表的《为什么应该承认中共》一文也广受关注。[1] 与这些知识分子合作密切的内调，尤其志垣作为维系这条人脉的核心人物，对中日恢复邦交问题如此迟钝，不免让人感到有些诧异。

### （三）对知识分子的特性考察不足

该书整体将参与内调核政策研究的知识分子称为"现实主义者"，但另一方面也使用了"体制派""旧自由主义者"等其他词语，并用这些不同的词语描述同一个人物。当具体到个人如若泉敬、矢部贞治时，读者难免会对他们不同身份（如"旧自由主义者"和"现实主义者"）之间是什么关系、每种身份从哪些地方体现等问题产生疑惑。遗憾的是，作者并未就此作出说明。

### （四）部分章节的结构安排略有不妥

比如第二章以"内阁调查室的中国调查"为题，但在五节正文中，只有一节是与中国调查直接相关的。第二部分按照无核政策形成过程的三个阶段分章展开，大体以时间顺序行文。作者在第四章探讨了若泉敬于1964年12月完成的《中国核试验与日本的安全保障》一文后，却在第五章追溯若泉撰写该文之前对日本核政策的思考，这样的结构安排可能不利于读者连贯地把握叙事的进程。

---

[1] 高坂正堯「中国問題とはなにか」、『自由』1964年4月号、30—45頁。蠟山道雄「なぜ中国を承認すべきか」、『中央公論』1971年2月号、68—83頁。

# 非洲"政治社会"的能动性
## ——《非洲起义：民众抗议与政治变革》述评

孟子祺

**内容提要**：在近年来抗议活动席卷非洲大陆的背景下，《非洲起义：民众抗议与政治变革》一书超越传统西方主流研究范式，提出以"非洲中心视角"来研究世界政治中普遍存在的民众抗议与社会政治变革问题，把学界通常认为不可能出现"现代政治抗议"而不被重视的非洲作为主要观察对象，深刻剖析了非洲近年来日益增多的民众抗议现象，并且提出了在全球财富鸿沟和信息鸿沟持续加深的趋势下，如何推动社会政治变革的问题。作者回顾了历史上非洲的抗议浪潮，梳理出一条新的"人民抗争"的线索，为理解非洲政治现代化的曲折发展轨迹提供了有力的解释。基于对非洲政治经验的梳理和反思，作者提出，非洲的思想和实践案例为解决新自由主义在全球推广以来各国政治普遍面临的"代表性不足"的全球危机，开启了新的想象空间。

**关键词**：非洲中心视角　政治社会　民众抗议　政治变革

2000年5月13日，英国《经济学人》杂志的封面称非洲为"绝望的大陆"（the hopeless continent），2011年12月3日，改称之为"崛起的非洲"（Africa rising），2013年3月2日，再称之为"雄心勃勃的非洲"（aspiring Africa）。对非洲崛起持乐观主义的观察家们，他们将注意力集中在随着经济发展而迅速扩大的非洲中产阶级上，却漠视了仍占人口绝大多数的非洲底层民众。非洲底层民众有哪些政治和经济诉求？他们对未来非洲的愿景是什么？唯有深入了解广大非洲民众所处的

---

孟子祺　北京大学国际关系学院博士生。

社会现实，才能够去理解近年来非洲激增的抗议活动。

在有关近十年来的全球抗议浪潮的研究中，非洲也基本上被排除在讨论范围之外。鉴于非洲在西方中心视角下的世界政治和国际关系叙事中长期被边缘化，这一现象并不令人感到意外：无论是"绝望的大陆"还是"雄心勃勃的非洲"，这些描述都将非洲放在被观察、被治理和被援助、拯救的位置上。正如著名国际关系学者阿米塔夫·阿查亚（Amitav Acharya）和巴里·布赞（Barry Buzan）所言，从19世纪殖民主义时期到两次世界大战期间、冷战和非殖民化时期、再到21世纪全球化时期，国际关系的实践和理论均呈现出中心/边缘二元对立的模式，非西方国家行为体、特别是被视作"野蛮社会"的殖民地的声音和历史被忽视或被边缘化；尽管在民族解放运动开始后，依次独立的边缘国家被逐步纳入到国际关系的关注范围内，但研究者主要还是从中心国家的视角出发，基于大国竞争和操纵第三国的棱镜来看待第三世界国家发生的事件。[1] 由此不难理解，乡村的、保守的、"部落主义"[2]的非洲为什么被认为不会出现"现代政治抗议"。所以，除了北非地区被认定发生了革命性的"阿拉伯之春"之外，撒哈拉以南非洲地区的抗议活动通常被国际媒体粗暴地报道为"骚乱""暴动"，或者被完全无视。

然而，随着21世纪以来全球化不断深入发展，中心国家和边缘国家的财富和权力差距明显缩小、文化权威的分布更为分散[3]，源于19世纪的中心/边缘概念正逐渐被侵蚀乃至瓦解殆尽。因此，阿查亚和布赞提出"全球国际关系学"（Global International Relations）概念，呼吁国际关系学界关注深度多元化的后西方世界秩序，即2008年后出现的"1.2版全球国际社会"[4]，这一主张在非洲研究领域集中体现在有关非洲能动性（African Agency）[5]的研究增多。尽管当前国际关系研究中将非洲视为大国博弈中被动行为体的惯性思维仍旧存在，但非西方国家的声音、思想和实践正在引起全球国际关系学界的广泛关注和讨论。今天非洲的抗议浪潮已经席卷整个大陆，其规模之大、频率之高，使人无法再对其视而不见。据统计，仅2005年至2014年间，40多个非洲国家就发生了近百起民众抗议

---

[1] Amitav Acharya and Barry Buzan, *The Making of Global International Relations*, Cambridge: Cambridge University Press, 2019, pp.3-5.

[2] 部落主义即"tribalism"，是对于非洲人注重集体、族群传统深厚的一种概括，常用来解释非洲出现的冲突现象。参见刘海方：《十周年后再析卢旺达"种族"大屠杀》，《西亚非洲》，2004年第3期，第35页。

[3] Amitav Acharya and Barry Buzan, *The Making of Global International Relations*, p.299.

[4] 根据阿米塔夫·阿查亚和巴里·布赞的分类："1.0版全球国际社会"是指19世纪至1945年的国际社会，"1.1版全球国际社会"指1945年至2008年的国际社会，"1.2版全球国际社会"即2008年后的国际社会。参见 Amitav Acharya and Barry Buzan, *The Making of Global International Relations*, p.4.

[5] 刘海方：《非洲重回世界中心还是大国在非洲博弈？——从全球对非峰会外交说起》，《中国国际战略评论（2019年上）》，北京：世界知识出版社，2019年版，第145页。

活动[1]，非洲城市民众纷纷走上街头，希望从根本上改变非洲国家内部政治和经济上的不平等。这些抗议活动在有望开启新的政治可能性的同时，也带来了诸多值得思考的问题：为什么自21世纪第一个10年以来，非洲民众的抗议活动快速增加？抗议活动背后的驱动力是什么？抗议民众当中以哪些群体为主？如此多的民众抗议活动是否已经推动非洲国家层面的实际变革？民众抗议活动多大程度上转化为有效的政治运动，推动革新并使国内政治向更加良善的方向转型？

这些问题对于理解非洲正在发生的变革十分重要。但长期以来，囿于根深蒂固的西方中心主义研究视角，学术界鲜有研究专门聚焦于非洲民众抗议这一主题。直到2015年，亚当·布兰奇（Adam Branch）和撒迦利亚·曼皮利（Zachariah Mampilly）合著的《非洲起义：民众抗议与政治变革》（*Africa Uprising: Popular Protest and Political Change*）一书横空出世，为理解非洲民众抗议的历史、内容和理论提供了令人耳目一新的分析。布兰奇目前担任剑桥大学非洲研究中心主任，曼皮利为纽约市立大学公共与国际事务学院教授，两人长期从事非洲研究。在本书研究写作阶段，二人分别执教于乌干达马凯雷雷大学社会研究院（Institute of Social Research, Makerere University）和坦桑尼亚的达累斯萨拉姆大学（University of Dar es Salaam）。该书摒弃了近年来大行其道的"非洲崛起"论调，在作者看来，这一论调是基于西方中心视角，鼓吹新自由主义和城市中产阶级成为推动全球变革和进步的主要力量；作者立足非洲复杂的政治、经济和社会变迁本身，研究考察了非洲大陆上更为重要的变更动力——公民抗议现象，具体分析了抗议的具体内容、动因和影响。

## 一、"非洲起义"：殖民时期以来形成的政治变革传统

《非洲起义》一书共有八章，第一章从空间和时间两方面定位了非洲的抗议活动，为读者提供了非洲政治变革传统的鲜明由来。从空间维度来看，布兰奇和曼皮利着重突出了非洲的"整体性"这一前提，否定了传统二分法，即将北非地区排除在所谓"真正的"非洲之外的常规做法。两位作者认为，北非各地发生的抗议事件与整个非洲大陆其他地方发生的抗议事件有重要的相似性；2010—2011年发生在突尼斯、埃及、摩洛哥、阿尔及利亚和利比亚的抗议活动，虽被归为所谓的"阿拉伯之春"，但它们与撒哈拉以南非洲的抗议活动并没有明显差别，反而证明长期以来整个非洲的民众抗议有着持续不断的活力和相互关联性。从时间维度看，该书作者将非洲的抗议浪潮置于抗议政治的历史之河中观察，并将非洲抗议历史归纳为三次浪潮：第一次浪潮是发生于20世纪40年代末至50年代的

---

[1] Adam Branch and Zachariah Mampilly, *Africa Uprising: Popular Protest and Political Change*, London: Zed Books, 2015, pp.70-71.

反殖民主义抗议活动,其高潮是非洲殖民统治的终结;第二次浪潮发生于20世纪80年代末至90年代初,代表性成果是许多一党制国家和军事独裁国家政权的瓦解,多党制民主国家在非洲广泛建立;第三次浪潮当下正在发生,结果还有待观察。

接下来三章分别介绍了非洲大陆的三次抗议浪潮,围绕"政治社会"(political society)在民众抗议中的角色展开分析。"政治社会"这一概念作者借鉴自后殖民主义理论家帕塔·查特吉(Partha Chatterjee)的著作,但为其赋予的内涵与查特吉的定义有所差别。查特吉将"政治社会"与政府形式的权力联系起来,[1] 而该书则用"政治社会"指代非洲城市中由经济上最贫困的人群组成的底层社会,例如失业者、非法就业者、非正式工人等。1948年"阿克拉骚乱"[2](Accra riots)标志着"政治社会"开始成为非洲抗议活动的核心角色,城市成为未来非洲斗争的中心。纵观自"阿克拉骚乱"以来非洲的抗议历史,城市底层民众这一群体在三次抗议浪潮中均处于中心地位。

第一次抗议浪潮发生在非洲非殖民化进程的背景下。加纳政治家、革命家夸梅·恩克鲁玛(Kwame Nkrumah)和法国思想家、革命家弗朗茨·法农(Frantz Fanon)对"政治社会"在抗议中应当扮演的角色持截然不同的看法。恩克鲁玛认为,需要将城市民众抗议纳入到民族主义政党领导的运动中,民族主义政党将"政治社会"、工人阶级、农民等不同的社会团体融合在一起,形成一个单一的民族独立斗争来实现变革;法农认为,城市民众抗议必须处于民族独立斗争的核心,唯有如此才能取得真正的解放,政党精英领导下的民族独立很可能是新殖民主义。被法农称为"游民无产阶级"[3](lumpenproletariat)的"政治社会"是自发且激进的城市起义的先锋,其目标不是有限的改革,而是从政治、经济、社会和文化各个层面推翻整个殖民制度。在这一阶段,城市民众抗议在实践中大多遵循了恩克鲁玛的设想,最有代表性的就是恩克鲁玛在加纳进行的"积极行动"(Positive Action)运动。

第二次抗议浪潮始于贝宁,起因是城市底层民众反对新自由主义结构调整方

---

[1] Adam Branch and Zachariah Mampilly, *Africa Uprising: Popular Protest and Political Change*, p.199.

[2] "阿克拉骚乱"始于1948年2月28日英国殖民当局屠杀加纳退伍军人事件。当日,二战期间在英国军队服役的数百名退伍军人组织街头抗议游行,要求英国殖民当局实现其在战前保证复员军人的生活和工作的诺言。英国殖民当局当场开枪打死三人,打伤数人。在随后发生的大规模民众抗议游行中,殖民军警再次打死数十人,打伤数百人。英国殖民当局的暴行激起了加纳全国的愤怒,民众上街洗劫英国人的商店、袭击警察署和监狱、持续不断地游行示威,抗议活动持续超过一个月。这次具有标志性意义的民众抗议并非是一个偶然、孤立的事件:加纳民众走上街头不仅是出于对英国殖民当局向加纳退伍军人施加暴行的愤怒,更是由于对快速城市化的无所适从,对不断上涨的物价与高失业率的不满,以及对长期压迫性殖民统治的怨恨。"阿克拉骚乱"被非洲裔特立尼达和多巴哥历史学家、政治活动家塞利尔·莱昂内尔·罗伯特·詹姆斯(C. L. R James)称为"点燃加纳革命的火种"。

[3] Adam Branch and Zachariah Mampilly, *Africa Uprising: Popular Protest and Political Change*, p.27.

案。紧缩政策加剧了城市贫困人口的困境,"政治社会"因而成为此次抗议浪潮的关键群体。表面上看,各种利益集团在街头联合起来进行抗议,事实却是"政治社会"被利己主义精英所利用。"政治社会"寻求的是广泛的根本性政治变革,但动员民众走上街头的反对党却旨在利用民众抗议迫使国家改革选举制度、建立多党制,从而使自己能够以竞争者的身份参与选举。工人、学生和非政府组织则致力于与政党结盟,重新获得在发展型国家中享有的特权地位。总而言之,政治精英利用"政治社会"对政府施压后,便对其诉求置之不理了。

第三次抗议浪潮于21世纪初缓慢兴起,在2011年达到顶峰并持续到现在。非洲国家在全球化进程中遭遇了经济萎缩、贫富差距日益悬殊、失业率居高不下等问题,非正式经济(informal economy)成为主要的经济形态。城市贫困人口——特别是社会底层的"千禧一代",由于失业或非正式就业被迫拥有很多"自由"时间并陷入长时间的等待。[1] 面对这些问题,第二次非洲抗议浪潮后出现的多党制政权和新自由主义经济体却无能为力。在这一背景下,非洲民众有意寻求新一轮更深刻和更广泛的变革,由此产生了第三次抗议浪潮。2014年,布基纳法索总统决定通过由其亲信控制的议会修改宪法,从而引发民众的抗议活动,成为了此次抗议浪潮的起点。

在第五至八章中,该书选取了第三次非洲抗议浪潮中的四次抗议活动进行案例研究,其中有2012年"占领尼日利亚"运动、2011年乌干达"步行上班"抗议活动、2005年埃塞俄比亚的城市起义和2013年开始的苏丹"我们受够了"(Girifna)运动。作者具体分析了四个案例中每个抗议活动是如何出现的、抗议者的主要诉求、抗议如何受到社会内部分裂的限制,以及抗议活动结束的方式。这些案例显示,在某些情况下,"政治社会""公民社会"和反对党是可以联合起来进行抗议活动的,但结果也表明,这种联盟是非常脆弱和复杂的。此外,这四场抗议活动似乎都没有使本国发生根本性改变,对如何评价这些抗议活动,作者给出了自己的答案。

> 非洲的民众抗议活动存在历史连续性,这种历史连续性源自于殖民统治时期以来,非洲持续存在的社会和政治结构,"政治社会"是该结构中的核心概念。

## 二、历史连续性:"政治社会"的"起义"

基于对非洲三次抗议浪潮的历史考察,布兰奇和曼皮利提出的主要论点是:非洲的民众抗议活动存在历史连续性,这种历史连续性源自于殖民统治时期以来,非洲持续存在的社会和政治结构,"政治社会"是该结构中的核心概念。

非洲"政治社会"的出现源于殖民统治者强加的城乡隔

---

[1] Ato Quayson, *Oxford Street, Accra: City Life and the Itineraries of Transnationalism*, Durham and London: Duke University Press, 2014, pp.245-246.

离政策：非洲城市为欧洲殖民者所独享，他们拥有公民身份，享有由殖民当局保障的属于"公民社会"的政治权利；农村才是非洲人的生活场所，在这里，酋长拥有习俗权威（customary authority），殖民当局通过操纵酋长实现对农村的控制。然而，发展殖民经济需要非洲人在城市进行工作，因此带动了人口从农村向城市的流动。尽管殖民当局有严厉的措施限制人口流动，城市人口的增长还是很快超过了城市基础设施可承受的范围。除了极小一部分非洲人成为从事合法工作的永久性城市居民外，绝大多数从农村到城市的移民只能选择非正式的，甚至是非法的就业。这些城市底层民众被贬为"臣民"（subjects），不享有任何公民权利，更得不到正式的法律或政治保护，随时可能遭受殖民警察以安全、卫生或发展为名的暴力对待或驱逐。城市底层阶级虽然人在城市，却与农村有着千丝万缕的联系，被殖民当局认为是行动难以预测和琢磨的，他们的居住地——不断扩大的贫民窟和棚户区——更成为殖民当局不断焦虑的根源。随着时间的推移，这种阶级分化在殖民地国家中逐渐被固化，即使在独立之后仍然延续下来，成为现代非洲国家的问题。

"政治社会"概念的理论化，挑战了过往关于民众抗议和社会运动研究中广泛借鉴的"公民社会"模式。前人的研究往往认为，以中产阶级为主体的"公民社会"居于全球抗议浪潮的中心地位，这一认知主要来自于西方的经验。弗朗西斯·福山（Francis Fukuyama）简明扼要地指出，一场全球"中产阶级革命"正在发生：在土耳其和巴西，就像之前在突尼斯和埃及一样，政治抗议不是由穷人领导的，而是由受教育程度和收入高于平均水平的年轻人领导的。[1] 然而，非洲发展型国家的"公民社会"与西方模式有根本性差异。第一，西方的"公民社会"是独立于政府、相对自由的政治和经济空间；而非洲的"公民社会"主要由享有相对特权的城市人口组成，他们与政府联系紧密，享有正式的、法律上或政治上有保障的资源和利益分配。第二，尽管随着"非洲崛起"，非洲的中产阶级不断扩增，但其规模相较于总人口仍然很小，且地位脆弱。在政府官僚机构和半官方机构提供的稳定工作有限的情况下，为维持自身地位，非洲的中产阶级纷纷涌向国际组织、尤其是非政府组织工作。这些组织大多依靠外国资助运作，由它们引领的反腐败等抗议活动往往是外国干预非洲国家内政的一个幌子。所以说，非洲和西方社会不同，不能指望刚起步的中产阶级推进国家的民主改革。

政治行动的形式取决于政治身份，政治身份则由个人与国家权力的关系来定义。"公民社会"中的精英、学生、公务员和正式工人可以获得国家法律对其权利的保障，农村人口受到酋长政治权威的制约。不同于这两类人群，构成"政治

---

[1] Adam Branch and Zachariah Mampilly, *Africa Uprising: Popular Protest and Political Change*, p.186. 该书关于"中产阶级革命"的论述来自 Francis Fukuyama, "The Middle-Class Revolution," *Wall Street Journal*, June 28, 2013, https://www.wsj.com/articles/SB10001424127887323873904578571472700348086, 2021-05-18。

社会"的城市底层民众与国家之间没有正式的法律或政治关系，不接受国家机构及法律渠道的调解。与国家关系正常化的"公民社会"一般采取非暴力集体行动表达自身诉求；而"政治社会"直接与国家政治精英叫板，以走上街头与当权者进行临时的、非正式的、个人化的谈判的方式，来表达改善生存条件的诉求。由于没有正规渠道，"政治社会"通常诉诸于极端且激进的行为，以引起政府和社会其他阶层民众的关注。这样的行动策略往往会招致警察的暴力镇压，从而使抗议演变为暴力形式。

直至今日，民众与警察的暴力对峙仍然是非洲"政治社会"抗议活动的突出特征。持续近三年（2017—2020年）的"反西非法郎"运动（法语：Mobilisation Anti-Franc CFA）几乎在所有非洲法语国家都掀起了示威游行浪潮。运动领袖凯米·塞巴（Kémi Séba）于2017年8月在塞内加尔的反西非法郎集会上，当众焚烧5000面值的西非法郎（约合9.2美元），多名人员在混乱的现场被捕，集会视频在网络上广泛流传，点燃了非洲籍和非洲裔青年愤怒的反法的火药桶。虽然当天逃过警察的抓捕，但在事发后不到10天，凯米·塞巴在遭到西非国家中央银行起诉后被捕，继而因"对公共秩序构成了严重威胁"被判驱逐出境。在2020年10月尼日利亚全国性的"终结SARS"运动（End Special Anti-Robbery Squad）[1]中，警察使用催泪弹、水炮、子弹等驱散抗议者，暴力冲突造成数十人死亡，其中绝大多数是平民。根据现场抗议者证实与媒体报道：10月20日，尼日利亚军方在抗议最激烈的拉各斯市莱基区射杀抗议者致至少12人死亡。[2] 这一新闻虽遭到尼军方否认，但无疑是在民众愤怒的情绪上火上浇油。

非洲的抗议经验表明，"公民社会"模式和全球中产阶级起义的叙述模式是新自由主义的逻辑，它掩盖了更贫穷和更边缘化的阶层在当今全球抗议浪潮中的真正参与。"政治社会"有着悠久的抗议和斗争历史，在非洲长期盛行的"政治社会"抗议模式正在全球范围内扩散，不应继续被淹没在传统的叙事之下。

## 三、第三波非洲抗议浪潮：青年的"等待"与政治变革

尽管非洲的抗议历史能够通过"政治社会"这一行动主体贯穿起来，但作者同时也强调，抗议活动发生在错综复杂、充满对立和矛盾的政治与社会现实中，很多抗议活动虽都带有反殖民主义色彩，但也并不存在某种统一的反殖民主义精

---

[1] "SARS"是尼日利亚"反抢劫特别行动队"的英文简称，全称是"Special Anti-Robbery Squad"。第一次"终结SARS"抗议活动发生在2017年，但抗议活动发生后，尼日利亚政府并未解散反抢劫特别行动队，仅下令其进行改组。尼日利亚政府对反抢劫特别行动队的纵容，为2020年第二次"终结SARS"抗议活动的爆发埋下了祸根。

[2] 胡毓堃：《尼日利亚的"SARS病毒"：反警察暴力抗议背后难解的困境》，澎湃新闻，2020年10月27日，https://www.thepaper.cn/newsDetail_forward_9730253，2021年5月18日登录。

神。抗议的形式和意义可以多种多样，具体取决于抗议者的身份、诉求及与其他社会和政治团体的关系。即使是在"政治社会"内部，不同人群（青年人、非正式就业者、失业者、非法居住者）也有不同的关切、策略和目标，他们之间存在着复杂而紧张的政治关系。[1] 此外，各国选择的抗议形式不同导致各自走上了不同的非殖民化道路，从而也影响了后殖民时代的非洲政治。

第三波非洲抗议浪潮中，"政治社会"中的青年人愈发成为抗议活动的主力。如今非洲大陆三分之二以上的人口年龄在24岁以下。然而，由于失败的新自由主义经济政策、糟糕的社会治理和政治不稳定等因素，非洲青年普遍面临失业的困境，即使就业也大多为非正式的就业，因此，他们无法承担起成年人的社会角色，从而长期陷入"等待成年期"[2]（waithood）。随着非洲的青年人口不断增加，这一人群的机会空间持续收缩，越来越多的非洲青年成为"不稳定无产者"[3]（precariat），这不是一个短暂的过渡，而是不断延长的、可能成为其一生的状态。当非洲青年开始相信克服"等待成年期"困境需要彻底的社会和政治变革时，推动变革的潜力便应运而生。城市底层青年形成一股脱离传统政治框架的力量，他们独立于政党的政治庇护关系，也不在受保护的"公民社会"的框架中，即使和政党结盟，也只是为实现具体利益的临时结盟。

可惜的是，这股潜力很少能够转化为真正的社会和政治变革。第三波非洲抗议浪潮中，除了导致城市空间的安全化和军事化，以及活动家和反对派政治家遭到镇压与限制外，几乎没有为发生抗议活动的国家带来任何明显的变革。按照"公民社会"模式来看，社会运动应该是有组织的、有纪律的和非暴力的，并且只有当按照抗议者的要求实现国家的具体改革时，抗议活动才可以被称作是成功的和有意义的。依照这一标准，往往无法实现目标、甚至目标本身就不明确的非洲抗议活动，几乎没有任何历史意义。

不过，"政治社会"与"公民社会"对政治变革的愿景本身就有着质的差异，采取抗议行为的驱动力和特征也并不相同。"公民社会"的政治愿景是改革主义的，着眼于促使国家进一步保障公民权和巩固"公民社会"的地位，有明确的目标和严格的领导，而驱动"政治社会"抗议的不是对政治改革所持有的具体设想，而是出于对改善生活条件的迫切需求。他们遭到国家的暴力压制，在现有的政治

---

[1] Adam Branch and Zachariah Mampilly, *Africa Uprising: Popular Protest and Political Change*, p.14.

[2] 阿尔辛达·翁瓦纳（Alcinda M. Honwana）使用"waithood"（waiting for adulthood）这一概念来描述非洲青年在有能力成为成年人之前，所经历的长时间的等待期。在这段时期，他们的身份既非受抚养的儿童，也不是真正的成年人。参见 Alcinda M. Honwana, *The Time of Youth: Work, Social Change, and Politics in Africa*, Boulder & London: Lynne Rienner Publishers, 2012。

[3] 有关"不稳定无产者"的讨论参见 Judith Butler, *Precarious Life: The Powers of Mourning and Violence*, London & New York: Verso, 2006; Guy Standing, *The Precariat: The New Dangerous Class*, London: Bloomsbury Academic, 2011; Micheal Curtin, and Kevin Sanson, *Precarious Creativity: Global Media, Local Labor*, California: University of California Press, 2016。

机构中代表性不足，他们改善自身生活境遇的需求迫切而激进。"政治社会"抗议寻求的目标是笼统而极端的，即颠覆现有的整个社会和政治制度，看起来是不可预知的和破坏性的。并且，"政治社会"抗议又大多缺乏组织和领导，更多地呈现出自发性的特征，没有明确的替代性政治方案。如此导致几乎所有发生在非洲大陆的抗议活动都在国家暴力的打压下消散，抑或是在精英们的领导下陷入种族主义或民族主义暴力之中。这也是西方国际关系学界认为非洲的抗议活动并非"现代政治抗议"所持的一个主要批评观点。

的确，民众街头抗议大多并非是一个高瞻远瞩的战略行动，而是出于纯粹的愤怒和绝望。公共集会、示威游行、公开声明等抗议行为是一个释放愤怒和压力的阀门，走上街头的城市底层民众只知道自己对现状不满，但并不明确自己未来应如何安排。这样来看，无论抗议发生在哪个国家、由哪个群体主导、具体诉求如何，鉴于"政治社会"自身的属性特征，非洲的抗议活动几乎不可能在全社会掀起真正的政治变革。然而，衡量抗议活动成功与否不应该只看重于此。在尼日利亚政治学家克劳德·阿克（Claude Ake）的启发下，作者提出非洲抗议活动的真正价值在于它们对非洲社会的政治意识和想象力的影响。[1] 在非洲，正式的民主化有时反而是独裁者为了讨好国际观众、通过表面的体制改变来转移民众抗议注意力的诡计。政治意识和政治想象力才是政治变革的必要前提和坚实基础。缺乏这两者的有力支撑，即使实现了民主化也不过是虚有其表。

> 非洲抗议活动的真正价值在于它们对非洲社会的政治意识和想象力的影响。

## 四、网络运动：数字化时代下的抗议新趋势

《非洲起义》出版于2015年，书中对非洲抗议活动的统计截止到2014年，案例分析中最近的也发生在2013年。其后，得益于技术的不断发展，社交网络在非洲民众的抗议活动中发挥了越来越重要的作用。这一趋势随着非洲人口结构的年轻化和"政治社会"中青年比例的上升而日益显著。脸书（Facebook）、推特（Twitter）、油管（Youtube）等社交网络平台如今成为青年线上交流的主要场所。参与抗议活动的青年对社交媒体的利用主要体现在三方面：抗议开始前，通过社交媒体发布活动倡议和集会时间、地点等信息；抗议进行期间，通过网络直播或实时动态发布的方式，与关注者进行交流，激发旁观者的参与热情；抗议结束后，通过网络转发和分享使事件和不满情绪持续发酵。

---

[1] Adam Branch and Zachariah Mampilly, *Africa Uprising: Popular Protest and Political Change*, p.186, quoted from Claude Ake, *Democracy and Development in Africa*, Washington, DC: Brookings Institution Press, 1996, p.135.

仍然以近期最具代表性的"反西非法郎"运动和"终结SARS"运动为例，这两次抗议活动的主体都是青年。在"反西非法郎"运动中，领袖凯米·塞巴于2016年底在脸书平台上第一次动员有组织的国际抗议活动，并于2017年1月7日成功在多国召集了集会、示威或演讲，范围涉及科特迪瓦经济首都阿比让、马里首都巴马科、塞内加尔首都达喀尔、刚果（金）首都金沙萨、布基纳法索首都瓦加杜古、摩洛哥乌伊达市以及伦敦、布鲁塞尔和巴黎等欧洲城市。抗议活动现场和活动家演讲的照片和视频在社交网络平台上广泛传播，特别是凯米·塞巴当众点燃一张5000面值西非法郎的照片和视频引发了大量的网络转发和媒体报道，使得抗议活动获得了更多青年的支持，也吸引了一些有影响力的公众人物的关注，抗议运动的规模不断扩大。

分别发生在2017年和2020年的"终结SARS"运动也离不开网络的助力。2017年，尼日利亚民众就在推特上发布带有"终结SARS"标签（#ENDSARS）的推文，并推动其成为热门话题。2020年"终结SARS"运动的导火索是一段"反抢劫特别行动队"（SARS）警察暴力执法的视频，视频中一名反抢劫特别行动队警察在尼日利亚德尔塔州的某酒店门口枪杀一名年轻小伙，该视频在社交媒体上疯狂传播。推特上"终结SARS"的话题标签重现，加速了该视频的热传并导致事件迅速发酵，最终引爆2020年10月8日全国性的抗议活动爆发。此次抗议活动在社交媒体上得到众多尼日利亚乃至国际知名人士的声援和支持，美国著名歌手蕾哈娜（Rihanna）就带着"终结SARS"话题标签转发了此次抗议活动图片。

将社交网络作为抗议活动组织的平台也带来了一个附加效果，即抗议活动呈现出跨地域性的新特点。美国政治学家西德尼·塔罗（Sidney Tarrow）提到："游行不像罢工那样，需要利用某种关系来阻止劳动或扣留产品以吸引支持者，它可以迅速地从一个地方蔓延到另一个地方，并联合许多社会参与者。"[1] 而社交网络的出现和流行便利并加速了这种联合，真正实现了无穷的远方、无数的人们都和我有关。"反西非法郎"运动的集会不仅出现在西非和中非法郎区国家，更是跨出了非洲大陆，蔓延至法国、英国和比利时等二十多个欧洲国家。借助社交网络，示威者能够于同一日集合在各自的城市，遥相呼应，使社会运动的影响力进一步扩大。

## 结语：从非洲经验到全球实践

总体来看，《非洲起义》一书为非洲研究者提供了将非洲城市民众抗议概念化的理论框架，提醒读者以非洲中心视角关注非洲"政治社会"的能动性。非洲这块大陆是特殊的，同时又蕴藏着丰富的可能性，包括启发全球政治变革的可

---

[1] [美]西德尼·塔罗：《运动中的力量：社会运动与斗争政治》，南京：译林出版社，2005年版，第134页。

能性。

近年来，发生在西方国家的民众抗议运动也更多地展现出非洲"政治社会""起义"的特点，例如法国"黄背心"运动（法语：Mouvement des gilets jaunes）和起源于美国非洲裔社区的"黑人的命也是命"运动（Black Lives Matter）。虽然参与者、发生地点和起因都不尽相同，但两场运动所采取的方法和形式却有相通之处。它们都运用脸书和推特等社交网络上的热门话题或标签进行宣传和快速召集民众；均无特定的领袖、政党或工会领导，而是依托松散的去中心化组织架构；诉求也都不固定，或宽泛或时常出现变动。"黄背心"运动最初的导火索是法国政府上调燃油税导致油价上涨引发民众不满，后来抗议群体的诉求扩大至提高最低工资、取消紧缩政策、提升底层民众和中产阶级的购买力、提高政府透明度、要求总统马克龙下台等等。"黑人的命也是命"运动也不仅限于抗议美国警察针对非洲裔族群的暴力执法，还包括抗议美国乃至国际社会对黑人的暴力和系统性歧视，关注黑人女性、黑人非法移民、黑人残疾人等黑人群体的诸多权利保护问题。这两场社会运动也不再是和平抗议，而是暴力示威：法国和美国街头警民对峙的画面，巴黎香榭丽舍大街上商铺遭抢劫和打砸的场景，以及华盛顿特区国家广场周围的林肯纪念堂等建筑遭破坏的照片，至今仍让人记忆犹新。从"黄背心"运动和"黑人的命也是命"运动的特点来看，可以说两者与非洲城市民众的抗议模式有很多相似之处。这两场运动至今都仍在持续，只不过受到新冠肺炎疫情的影响，线下抗议处于暂停状态，抗议者的精力也被疫情分散。至于这两场运动目前取得的成果，相较于付出的代价，法国政府和美国政府作出的让步或改善可以说十分有限。

始于21世纪第一个10年的非洲抗议浪潮不会很快结束，即使发展过程有起有落，只要国家的政治和经济变革没有达成民众的要求，社会运动就不会消失。对此，以经济合作方式日益深入非洲广阔社会生活的中国各方行为体来说，必须要有清醒的认识，并做好相应的功课。受西方中心话语体系影响，很多中国学人已经不再将亚非拉作为"国际视野"、而是"言必称美国"了，更不必说对于非洲"既不知情、也不关心"的青年一代学生！[1] 中国需要格外努力从"西方中心视角"转换为"非洲中心视角"来理解真实的非洲。

---

[1] 刘海方：《从创生史看全球非洲研究危机：中国范式及其出路》，《区域国别研究学刊》（第2辑），北京：商务印书馆，2012年版，第114—136页。

# 《中国国际战略评论》征稿启事

《中国国际战略评论》(*China International Strategy Review*)是由北京大学国际战略研究院主办的每年两期的刊物。刊物主要发表国际战略相关领域的学术研究和政策研究成果,既包括"大战略"层面的宏观评论展望,也涵盖对现实国际问题的微观分析探讨;既以国内学者的论述为主体,又向海外学者的真知灼见敞开大门。刊物致力于为中国的对外战略决策提供智力支持,引导公众全面、准确、理性地认识国家安全与国际战略问题,尤其重视兼具战略性、现实性和开创性的科研成果与国际事务评论。热诚欢迎海内外学者惠赐佳作。

来稿内容依次包括:题目、作者姓名、内容提要(250—400字)、关键词(3—5个)、正文。文章篇幅(不包括注释)为8000—10000字,注释(页下注)务须规范谨严。另请提供作者简介及详细通信地址。刊物仅接受原创性稿件,来稿文责自负,恕不退稿,稿件寄出3个月后未收到用稿通知可自行处理。刊物出版后即付稿酬,并赠样刊两本。刊物将逐步实行双向匿名审稿制度,对来稿有删改权,如有异议,请来稿时注明。

投稿请以电子邮件方式将文章电子版发至编辑部电子信箱:gcisr@pku.edu.cn。

《中国国际战略评论》编辑部